农业产业化联合体的
协同机制与绩效评价

王艳荣　王　瑞　著

THE COLLABORATIVE MECHANISM AND
PERFORMANCE EVALUATION OF AGRICULTURAL
INDUSTRIALIZATION CONSORTIUM

人民出版社

目　录

序 ………………………………………………… 孔祥智 001

第一章　导　论 ………………………………………… 001
　　第一节　问题的提出 …………………………………… 001
　　第二节　研究目的和意义 ……………………………… 005
　　第三节　文献综述 ……………………………………… 007
　　第四节　研究思路、研究方法和体系框架 …………… 014
　　第五节　研究的主要创新 ……………………………… 019

第二章　相关概念界定和理论基础 …………………… 021
　　第一节　农村一二三产业融合的内涵 ………………… 021
　　第二节　联合体的内涵与特征 ………………………… 028
　　第三节　联合体协同机制的定义与特点 ……………… 030
　　第四节　相关理论 ……………………………………… 032

第三章　安徽省农业产业化联合体的发展现状和存在的问题 ……………………………………………… 044
　　第一节　农业产业化发展的历史阶段 ………………… 044

第二节　联合体的发展现状 049
第三节　联合体存在的问题 055
第四节　被调查联合体现状分析 062
第五节　本章小结 094

第四章　农业产业化联合体形成的动力机制研究 095
第一节　内部动力机制的形成 096
第二节　外部动力机制的形成 102
第三节　联合体形成模式分析 107
第四节　本章小结 119

第五章　农业产业化联合体的利益链接机制研究 121
第一节　联合体中利益相关者的角色分析与利益诉求 121
第二节　联合体中利益相关者存在的问题与利益冲突 129
第三节　基于 Sharply 值的联合体收益分配模型 137
第四节　联合体利益相关者利益链接机制构建 148
第五节　联合体利益链接机制的案例分析 160
第六节　本章小结 164

第六章　农业产业化联合体的治理机制研究 165
第一节　联合体的治理结构 165
第二节　联合体的治理机制 168
第三节　联合体的治理机制中存在的问题 173
第四节　联合体治理机制对组织稳定性的影响 177
第五节　典型案例分析及经验借鉴 195
第六节　本章小结 201

第七章　农业产业化联合体的发展绩效评价研究 …… 202
　　第一节　联合体绩效评价思路构想 …… 203
　　第二节　联合体协同发展绩效评价及路径优化 …… 205
　　第三节　联合体经营绩效评价 …… 218
　　第四节　家庭农场对联合体的满意度及影响因素分析 …… 229
　　第五节　基于"发展—制度"二重性下联合体绩效变化原因
　　　　　　分析 …… 246
　　第六节　本章小结 …… 273

第八章　农业产业化联合体发展的路径选择 …… 275
　　第一节　优化利益机制，推进联合体一体化发展 …… 275
　　第二节　完善治理机制，提高联合体治理能力 …… 278
　　第三节　完善保障措施，厚植联合体的发展优势 …… 280
　　第四节　研究展望 …… 283

附件1　联合体龙头企业问卷调查 …… 285
附件2　联合体农民专业合作社问卷调查 …… 295
附件3　联合体家庭农场问卷调查 …… 302

参考文献 …… 311
后　记 …… 319

序

农民收入低下及其与城镇居民的差距大是制约中国经济社会发展的重要因素之一。道理很简单,一条腿长一条腿短,无论如何也走不快。这个问题早在20世纪90年代末学界、政界就有深刻的认识,于是有识之士就提出"三农"的概念。2005年,我和庞晓鹏、朱信凯等教授合著《中国三农前景报告2005》,出版社要求把书名翻译成英文,当时,各种报刊对"三农"的翻译,有的是"Agriculture, Rural Areas and Peasants",有的干脆为汉语拼音"Sannong"。我和庞教授专门找时任人大农业与农村发展学院院长温铁军教授请教:"'三农'这个词你是拥有版权的,怎么翻译才符合你的想法?"他给的答案是:Three Dimensional of Agroissues。温教授认为,必须跳出农业看农业,从农业、农村、农民整体上看农业问题。农业是一个特殊产业,具有公益性特点,农产品价格不能过高,保障生产者利益很困难,因此,必须从整体上解决"农"的问题,而不是单纯解决"农业"问题。新旧世纪交替时期,农业部门传出自嘲的"笑话":土管部门管耕地,供销社管农业生产资料,粮食部门管稻谷,商务部门管销售,外贸部门管出口,农业部门管什么?管土地之上、稻穗之下的部分,所以农业部即稻草部。这当然只是一个善意的笑话,但说的恰恰是当时农业发展的困境。

我一再强调,改革开放以来,中国农业农村发展中的重要思路都是来源于农民,都是农民的创造。突破上述困境的思路也是来自于农民。20世纪90

年代,山东诸城农民率先提出"贸工农一体化""商品经济大合唱""农业产业化"。1996年2月3—5日,中华全国供销合作社全国代表会议在北京召开,时任中共中央总书记江泽民同志致贺信,指出:"引导农民进入市场,把千家万户的农民与千变万化的市场紧密联系起来,推动农业产业化,这是发展社会主义市场经济的迫切需要,也是广大农民的强烈需求。"这是中央层面第一次明确提出农业产业化问题,从而把诸城经验向全国推广。1998年10月召开的中国共产党十五届三中全会指出:"发展农业产业化经营,关键是培育具有市场开拓能力、能进行农产品深度加工、为农民提供服务和带动农户发展商品生产的'龙头企业'。要引导'龙头企业'同农民形成合理的利益关系,让农民得到实惠,实现共同发展。要充分利用现有的农产品加工、销售企业,不要盲目上新项目,避免重复建设。"[①]可见,当时的农业产业化模式主要是"龙头企业+农户",实际上,诸城的经验也是如此。

从今天的眼光看,农业产业化无疑对二十多年来农业产业质量的提升起到巨大的推动作用,但其"元"形态——"龙头企业+农户"具有天然的缺陷。这个政策的假设前提是龙头企业和农户之间的利益关系是一致的、同向的,但现实中却是相反的。道理很简单,龙头企业和农户之间是买卖关系,买的价格高了,农民利益增加,企业利润空间变小;反之,农民利益减少,企业利润空间增大。于是,龙头企业和农户之间的契约关系一度成为学术界研究的热点问题。专家们出了不少主意,但最终解决这个问题的还是农民。农民在实践中逐渐认识到,要解决小农户和大企业的利益关系不对等问题,必须自己组织起来,于是,农民专业合作社就在农业产业化的大背景下发展起来了。当然,有的龙头企业也牵头组织合作社,实际上也能起到协调二者之间利益关系的作用,在这方面,苑鹏研究员在她的文章里已经有了十分精彩的论述,我就不重复了。

---

① 参见会议所通过的《中共中央关于农业和农村工作若干重大问题的决定》,https://www.gov.cn/test/2008-07/11/content_1042403.htm。

序

农民专业合作社的大发展及其在农业产业进程中所发挥的主导作用,雄辩地证明了合作社是适合农业产业的现代企业制度,发达国家无不是这样。美国的农场一般要加入4—5个合作社,每种农产品一个地区一般只有1家合作社垄断经营。至于欧洲一些人口规模比较小的国家,如丹麦,一种农产品一般只有1个合作社经营,如丹麦皇冠集团就是一家以生猪饲养、屠宰、加工、销售为主要业务的合作社,是目前欧洲第一、世界第二大生猪屠宰公司,每年生猪屠宰量占丹麦全国的93.6%,占欧洲屠宰量的8.2%,占世界屠宰量的2%,是世界上最大的猪肉出口公司。从近10年的发展经验看,"龙头企业+合作社+农户"已经成为农业产业化的主要形式,部分大型合作社已经成长为省级甚至国家级龙头企业。而龙头企业除了主动联结或组建合作社外,有的还创造出新的利益联结模式,如广东温氏集团与养殖户共同投资,形成利益共同体,我称之为"龙头企业的合作社化";有的则在产业链条上把各个利益主体都联结在一起,形成更大的利益共同体,被称为"农业产业化联合体"。

农业产业化联合体的原产地是安徽省宿州市,也是农民的伟大创造。当然,这里的"农民"是广义的,是农业从业者,包括龙头企业、农民专业合作社、家庭农场、专业(服务)大户等,这些主体在竞争中获取自己的利益,但过度竞争会造成利益耗散,大家总体上得不偿失,于是便联合在一起,形成"联合体"。当然,在实践中也存在着多种联合模式,如本书中提到的企业主导型模式、产融联合型模式、松散联结型模式、股份合作型模式、政府推动型模式和市场联合型模式等,我在这里就不重复了。按照我的观点,这种联合实际上是一种新的合作,联合体实际上是一种农民专业合作社联合社形式,我在2016年参加《中华人民共和国农民专业合作社法》[①]修改时,就建议

[①] 《中华人民共和国农民专业合作社法》于2006年10月31日第十届全国人民代表大会常务委员会第二十四次会议通过,2017年12月27日第十二届全国人民代表大会常务委员会第三十一次会议修订,自2018年7月1日起实施。

新增加的联合社一章应该包括现实中出现的这些新的合作形态,但没有被采纳。

现实中的农业产业化联合体很快就呈现出旺盛的生命力和蓬勃发展的态势。2015年8月,安徽省政府办公厅发布《关于培育现代农业产业化联合体的指导意见》,在全省范围内推广这种新的合作形式;同年12月,安徽省农业委员会等9家机构联合发布《安徽省示范现代农业产业化联合体评选管理暂行办法》,实际上是发布了农业产业化联合体的标准。据我掌握的资料,河北省、江西省、江苏省、宁夏回族自治区等省(自治区)先后发布省级文件在本省建设农业产业化联合体。2017年10月,农业部等6家机构联合发布《关于促进农业产业化联合体发展的指导意见》,在全国范围内推进农业产业化联合体建设。

遗憾的是,学术界对农业产业化联合体的研究却严重滞后。好在安徽农业大学经济管理学院的王艳荣教授于2017年申请了国家社会科学基金项目"产业融合视角下农业产业化联合体的协同机制及效益评价"(17BJY087),对这一问题进行了较为系统的探讨,本书即该课题的最终成果。该成果的最大特点是对安徽省农业产业化联合体进行了普查式调查,共调查了合肥等9个市的100家联合体,发放龙头企业、合作社、家庭农场等经营主体问卷700份,收回82个联合体的574份有效问卷。这样庞大的调查工作量,应该说超额完成了国家社会科学基金一般项目的要求。本书正是在大量扎实的调研工作的基础上完成的学术成果。这些年来,很多学者热衷于用二手数据库,用复杂的计量经济模型求证简单的经济学问题,实际上是玩数学游戏,这样的文章可能发表在国际重要刊物上,却对中国现实问题的解决毫无贡献。像本书这样以大量调研为基础的学风和研究手法,很值得年轻一代的学者们借鉴。范文澜先生曾拟对联云"板凳需坐十年冷,文章不写半句空",对于农业经济管理专业的学者而言,没有调查研究这个"坐冷板凳"的功夫,即使勉强写出来的文章也是拾人牙慧,对解决现实问题毫无用处,更谈不上理论贡献。

序

2023年3月,我在安农学术交流期间,王艳荣教授嘱我作序,却之不恭,又先睹为快,简单地写了上面的文字,一是介绍问题的来龙去脉,二是表达阅读书稿后的感受。至于本书的内容,就不需要我介绍了。

是为序。

孔祥智

2023年6月22日,时值夏至

第一章 导 论

第一节 问题的提出

党的二十大报告提出"加快建设农业强国,扎实推动乡村产业、人才、文化、生态、组织振兴",准确把握乡村产业发展的着力点,推动农村一二三产业融合发展,是党中央对新时代"三农"工作作出的重要决策部署,是实施乡村振兴战略、加快推进农业农村现代化的重要举措。自2015年中央一号文件首次从国家层面提出推进农村一二三产业融合发展以来,相关指导意见、发展规划和工作方案等支持政策陆续颁布,较好地促进了我国农村一二三产业融合发展,为农业现代化和乡村振兴提供了有力支撑。2015年12月,《中共中央 国务院关于落实发展新理念加快农业现代化实现全面小康目标的若干意见》对农业产业融合、农业绿色发展、乡村政治体制改革、乡村居民生活和收入做了指导,使农业农村发展在重大环境变革下,稳步走向现代化道路。[①] 2016年1月4日,《国务院办公厅关于推进农村一二三产业融合发展的指导意见》要求"树立创新、协调、绿色、开放、共享发展理念,构建以市场需求为导向,以完善利益联结机制为核心,以制度、技术和商业模式创新为动力的一二三产业交叉融合

---

① 参见《中华人民共和国国务院公报》2016年第2期,https://www.audit.gov.cn/n4/n18/c81029/content.html。

的现代农业产业体系"[1]。2019年6月,国务院印发《关于促进乡村产业振兴的指导意见》,提出要以实施乡村振兴战略为总抓手,以一二三产业融合发展为路径,聚焦重点产业,聚集资源要素,加快构建现代农业产业体系,为农业现代化奠定坚实基础。2022年2月,国务院印发《"十四五"推进农业农村现代化规划》中提出,要坚持立农为农,把带动农民就业增收作为乡村产业发展的基本导向,加快农村一二三产业融合发展,把产业链主体留在县域,把就业机会和产业链增值收益留给农民。

农村一二三产业融合发展指的是农产品生产、加工和销售服务的融合。融合,就是紧密关联,相互依存,相互促进。2016年12月,《国务院办公厅关于进一步促进农产品加工业发展的意见》指出,进一步促进农产品加工业发展对促进农业提质增效、农民就业增收和农村一二三产业融合发展,对提高人民群众生活质量和健康水平、保持经济平稳较快增长有着十分重要的作用。[2] 农村一二三产业融合发展促进乡村振兴,源于由农村产业融合带来的正外部性效应、农业规模经济和范围经济。在纵向上,要打造农业的全产业链,推动产业向后端延伸,向下游拓展,由卖原字号向卖品牌产品转变,推动产品增值、产业增效。在横向上,要促进农业与休闲、旅游、康养、生态、文化、养老等产业深度融合,丰富乡村产业的类型,提升乡村经济价值。

农业产业化联合体(以下简称"联合体")是现代农业发展中经营主体的创新和三次产业有机结合的探索,是农业产业化组织形式的新成果(李锦斌,2015)。联合体作为国家重点扶持的农业项目,其本质是在适应农业发展方式转变的要求下,通过农业经营组织的创新,构建起与之相适应的新

---

[1] 参见《中华人民共和国国务院公报》2016年第2期,https://www.gov.cn/xinwen/2016-01/04/content_5030570.htm。

[2] 参见《中华人民共和国农业部公报》2017年第1期,https://www.gov.cn/xinwen/2016-12/28/content_5153904.htm。

型农业经营体系。联合体的发展探索了农村一二三产业融合发展的实现路径,是发展现代农业、促进农民增收的重要途径,也是推进乡村振兴的重要载体。

2012年,安徽省宿州市探索建立以龙头企业为核心、家庭农场为基础、专业合作社为纽带的紧密型利益共同体,开展联合体培育,联合体雏形显现。2016年底,中央农村工作领导小组袁纯清等同志就联合体的缘起现状、发展模式、运行方式、经验成效等,到安徽省开展专题调研,认为现代农业产业联合体对促进农村一二三产业融合发展,推进农业供给侧结构性改革,具有创新性意义,取得了明显的成效,展示出广阔前景,并提出联合体是创新现代农业经营体系生动实践的论断。2017年,农业部等六部委联合印发了《关于促进农业产业化联合体发展的指导意见》,明确提出了要大力支持发展联合体,此后联合体得以在全国大力推广,特别是在农业大省取得了较为出色的成绩。2018年3月,农业部办公厅、国家农业综合开发办公室、中国农业银行办公室联合印发《关于开展农业产业化联合体支持政策创新试点工作的通知》,通知中表示将从用地、金融等方面重点扶持河北、内蒙古、新疆、安徽、河南、海南、宁夏七个省、自治区的联合体发展。2019年,农业农村部副部长刘焕鑫、党组成员吴宏耀、总经济师魏百刚在国务院新闻发布会上回答记者问题时提到该年全国发展联合体1000多家,农业产业强镇800多个,联合体已成为产业兴旺、乡村振兴的重要增长极。2020年,农业农村部乡村产业发展司印发《2020年乡村产业工作要点》,提出将扶持并推介一批主导产业突出、原料基地共建、资源要素共享、联农带农紧密的联合体。2020年,《全国乡村产业发展规划(2020—2025)》进一步强调联合体应明确权力责任,建立治理结构,促进持续稳定发展。2021年6月,《关于加快农业全产业链培育发展的指导意见》中强调并支持龙头企业担任"链主",提高联合体全产业链的竞争能力。[①] 近年

---

① 参见《农业农村部印发〈意见〉 加快培育发展农业全产业链》,http://www.xccys.moa.gov.cn/gzdt/202106/t20210622_6370123.htm。

来，各省份亦出台相关文件支持联合体发展，如安徽省深入贯彻落实国务院《关于促进乡村产业振兴的指导意见》，按照省委、省政府关于乡村产业发展的决策部署，对标对表脱贫攻坚和全面建成小康社会目标，以实施农产品加工业"五个一批"工程为抓手，以建设长三角绿色农产品生产加工供应基地为契机，以农村一二三产业融合发展为路径，聚集资源要素，强化创新引领，联合体取得长足发展。

截止到2020年底，全国已培育联合体7000多个，涵盖粮食、林木、畜禽和果蔬等二十多个主导产业，涉及农业产业链各环节，支持带动农业企业1.2万家[1]，依法登记的农民专业合作社数量达到222.1万家[2]，县级以上示范社达到15.7万家，国家示范社近7300家，纳入全国家庭农场名录系统的家庭农场超过300万个，县级以上示范家庭农场数量为11.7万[3]。近年来，国家高度重视并鼓励和积极引导联合体各主体的发展，如何推动联合体可持续发展已经成为一个重要课题。

现阶段农村一二三产业融合发展仍然存在宏观经济结构性失衡以及分散的小规模农业家庭生产经营使产业融合缺乏承载主体等诸多问题。联合体的出现不仅是现代农业发展中经营主体的创新和三次产业有机结合的探索，更是能够有效带动分散经营的小农户以及避免城乡二元体制下产业链被人为割裂等制约因素影响的重要举措，联合体作为多条产业链、供应链融合的一体化农业规模经营组织联盟，能够实现多种形式的适度规模经营，促进产业链效益最大化，这是农业产业化组织形式的新成果，也能够缓解现阶段三产融合所出现的问题，促进三次产业的融合。联合体有资金，有技术，有市场，有人才，通

---

[1] 参见农业农村部：《对十三届全国人大四次会议第9341号建议的答复》，http://www.moa.gov.cn/govpublic/XZQYJ/202107/t20210707_6371192.htm。

[2] 参见国家市场监督管理总局综合规划司：《2020年全国市场主体发展基本情况》，http://www.samr.gov.cn/zhghs/tjsj/202106/t20210611_330716.html。

[3] 参见农业农村部：《对十三届全国人大四次会议第4954号建议的答复》，http://www.moa.gov.cn/govpublic/FZJHS/202106/t20210622_6370120.htm。

过建基地、促种养、抓加工、拓渠道、塑品牌,延长产业链,提升价值链,打造供应链,联动家庭农场、农民专业合作社、种养大户等农业新型经营主体共同发展,是乡村产业振兴的主力军,是推动农业农村经济发展的重要力量,对于实现农业现代化、促进乡村振兴有重要意义。

虽然联合体在全国的发展方兴未艾,但是从联合体的组织联盟特征研究视角来说,当前联合体发展仍存在诸如龙头企业、合作社以及家庭农场等经营主体参与联合体动力不足、融合度不高、利益分配不合理,以及联合体内部信息获取不及时(李红波等,2020)[①]、各地区联合体之间发展水平差异性较大等问题,这些都极大影响了联合体的稳定性,不利于联合体的发展与推广。因此,龙头企业、农民专业合作社以及家庭农场三方经营主体的协同已经成为联合体可持续健康发展的关键,这对于推动联合体进一步发展具有重要的现实意义。

因此,在我国农村一二三产业融合的背景下,迫切地需要探寻复合型产业融合组织模式的创新形式,而联合体则是深化农村改革实践创新中的探索,更需要在理论层面加以研究深化。本书拟针对上述有关问题提出相应弥补和改进。

第二节 研究目的和意义

一、研究目的

本书拟在分工与协作理论、新制度经济学理论、利益相关者理论、治理理论以及绩效评价理论分析的基础上,选择安徽省 100 家粮油类、畜牧类、果蔬类等联合体为研究对象,探讨联合体的发展现状及存在问题,从动力机制、利

---

① 参见李红波、窦祥铭:《宿州市农村一二三产业融合发展存在的问题及对策》,《乡村科技》2020 年第 31 期。

益联结机制和治理机制的角度揭示联合体的协同机制;从组织成员的行为角度,构建协同评价指标体系,综合评价联合体的协同效应,分析不同类型联合体的协同效应差异原因,进一步明确联合体的发展方向,为促进农村一二三产业融合发展的组织模式创新提出政策建议。

问题1:现阶段联合体的发展现状究竟如何?

问题2:联合体的协同机制研究中如何研究动力机制、利益联结机制和治理机制?

问题3:构建怎样的联合体协同效应评价指标体系?

问题4:如何有效评价联合体的协同效应?

问题5:联合体协同效应差异产生的原因是什么?

问题6:针对联合体协同机制及协同效应存在的问题,如何解决?

二、研究意义

理论意义:本书以联合体组织发展规律为基础,构建联合体这类农业生产经营组织联盟协同机制的研究路线,综合运用相关理论,通过博弈分析、计量分析等定量研究方法,从理论层面进一步厘清联合体的协同机制,为新形势下农村一二三产业融合的运作模式提供坚实的理论基础,这对于充实农业产业化组织理论研究有一定的价值。

实践意义:本书通过对联合体的协同效应评价,提出促进联合体组织可持续发展的合理建议,可有效解决联合体内部链接松散的现状、农业生产盲目性和利益分配不合理等问题,促进农业专业化分工,强化联合体的协同机制,同步提高联合体的运作效率和经营效益,有效增强联合体的整体竞争优势,这对于推动具有中国特色的现代农业经营组织模式创新具有重要的现实意义。

第一章 导　论

第三节　文献综述

一、国内研究现状

农村一二三产业融合的着力点是创新农村产业融合的方式,而联合体是农村一二三产业融合的一种具体表现形式。以往研究多集中在分析归纳、案例剖析等描述性研究,主要体现在以下几个方面。

(一) 关于农村一二三产业融合研究

农村一二三产业融合内涵与特点的研究。农民家庭和农民专业合作社是农村一二三产业融合平台和载体(韩俊,2015;党国英,2015),农村一二三产业融合效果最显著的实践范本是农民专业合作社(林建华,2015);不断增强农民福祉、促进农业高质量发展、实现乡村振兴以及推进农业农村现代化是农村一二三产业融合的根本目的(肖卫东,2019;杜志雄,2019)。农村一二三产业融合可简单认为是一种经营方式(宗锦耀,2015)[①],同时也是使农村产业经营各环节融会贯通,构建龙头企业、合作社等各个经营主体和谐共生的产业生态体系(张照新、赵海,2013)[②]。江泽林在《深入推动农村一二三产业融合发展》一文中强调,未来推动农村一二三产业融合发展要做到:完善利益分配体系,构建紧密型利益联结机制;聚焦要素需求,完善要素供给政策体系;培育市场主体,激发融合发展市场活力;强化应急管理,有效应对各种风险挑战。按照这四个方面的工作要求,进一步加快农业农村现代化的步伐。

农村一二三产业融合路径或模式的研究。国家发展改革委员会宏观经济

[①] 参见宗锦耀:《以农产品加工业为引领推进农村一二三产业融合发展》,《农村工作通讯》2015年第13期。

[②] 参见张照新、赵海:《新型农业经营主体的困境摆脱及其体制机制创新》,《改革》2013年第2期。

研究院和农经司课题组(2016)、姜长云(2015)①、苏毅清等(2016)②学者研究了农村三产融合的主体、方式、方向,近年来其他众多学者丰富了农村一二三产融合类型和路径的研究成果。如李晓和张明生(2023)③认为产业化联合体主体深度融合、跨界配置产业元素深度融合、多元化产业发展载体深度融合的实现是促进农村一二三产业融合发展的主要路径,农旅、种养等多种结合的推进模式是融合发展的主要类型;徐建华和林洪波(2020)认为,明确农村一二三产业融合发展的路径选择非常重要,这其中包括培育壮大新型农业经营主体、增强农业科技的推广应用力度和政策支持力度、完善农村基础设施建设以及以党支部领办合作社构建农民分享产业链增值收益机制;杨凤鸣、曹巍和刘宏亮(2020)认为农村一二三产业融合类型应选择以渗透型、延伸型和重组型三种融合模式为主,并提出三产融合包括加强农产品市场营销、加大营销宣传力度以及打造人才培养体系三个方面。

农村一二三产业融合发展的效应与机制研究。破解农业发展难题、繁荣农村经济、促进农民增收是农村产业兴旺的必然要求,现有的理论研究认为农村一二三产业融合对实现这三个方面具有重要作用(马晓河,2015④;李国祥,2016;张义博,2015)。如姜峥(2018)认为农村一二三产业融合发展能够带来农业产业结构优化效应、农业多种功能拓展效应、农村要素配置的改进效应、农民收入增长的促进效应等一系列正面效应。此外,针对农民收入增长效应,王丽纳和李玉山(2019)认为,区域农村一二三产业融合发展能够显著促进农民收入提高,并且产业融合水平高低的地区差异与农户收入存在显著的正相关性。因此,实现农村一二三产业融合发展收入效应最大化更要注重农村的

---

① 参见姜长云:《推进农村三次产业融合发展要有新思路》,《客观经济管理》2015年第7期。
② 参见苏毅清、游玉婷、王志刚:《农村一二三产业融合发展:理论探讨、现状分析与对策建议》,《中国软科学》2016年第8期。
③ 参见李晓、张明生:《浙江农村一二三产业融合发展的路径分析与提质对策》,《浙江农业科学》2023年第8期。
④ 参见马晓河:《推进农村一二三产业深度融合发展》,《中国合作经济》2015年第2期。

第一章 导 论

区域差异性。在农村一二三产业融合发展机制研究方面,该类研究较为丰富,如宗成华(2019)认为,在新的经济背景下,农村一二三产业融合发展驱动机制主要由四项资源驱动以及两项能力驱动构成,资源驱动包括自然资源、社会资源、人力资源、政府资源等,能力驱动包括创新驱动、利益联结驱动等;李明贤和刘宸璠(2019)认为构建利益联结机制是实现农村一二三产业融合的关键,明确了当下建立利益联结机制的首要任务是持续促进农民增收。此外,有些学者从三产融合增值空间的角度对农村一二三产业融合发展机制进行了研究,如万宝瑞(2019)认为,当前农村一二三产业融合发展,增强三产融合增值空间的关键在于要充分运用市场的力量,做强第一产业,大力培育农产品加工业等第二产业,加强"互联网+三农"基础设施建设,把更多的产业增值留在农村。

(二) 联合体组织优化问题研究

现有研究论证了联合体组织形式的优势(禤燕庆、王斯烈,2016),芦千文(2017)认为,不同经营主体联合经营是未来农业经营组织创新的重要方向,目前农业经营组织创新的经验做法主要包括完善服务体系、机制设计、示范引领等。但是,如果不重视联结小农户、合作关系不对等问题,不仅会使组织面临着内部利益联结弱化、成员分化风险,也与政府支持其发展的政策目标相背离,在一定程度上抵消了组织创新的前期绩效(尚旭东、吴蓓蓓,2020)[1]。

(三) 联合体运行机制研究

联合体运行机制的研究成果日益丰富。孙正东(2015)[2]认为,联合体成为一个有机整体是基于产业链和价值链的专业分工,其利益共享和风险共担

---

[1] 参见尚旭东、吴蓓蓓:《联合体组织优化问题研究》,《经济学家》2020年第5期。
[2] 参见孙正东:《联合体运营效益分析——一个经验框架与实证》,《华东经济管理》2015年第5期。

机制约束了各农业经营主体的经济行为,联合体理应进一步得到政府的支持、引导和监督管理;陈定洋(2016)[①]认为,联合体运行机制是通过产业联接提升规模集聚效应,通过要素联接保障农产品质量安全,通过利益联接让农民分享产业链收益,进而契合农业供给侧结构性改革的目标与要求;王志刚和于滨铜(2019)[②]认为,联合体是中国农村纵向产业融合的高级形态,具有产业链多元交叉融合、高度专业分工与紧密形态下要素共享三大特征,其纵向一体化组织边界源于中间品市场的产品定价与交易成本,并通过内化纵向外部性与化解双边际效应获得产业及供应链整体效益提升,契约分工、收益链接与要素流动是促进其增效的主要运行机制。

二、国外研究现状

国外对于产业融合的相关研究集中体现在产业融合机制(Youngjung Geum,2016;Françoise Lemoine,2015)、合同农业的研究(Namil Kim,2015;G. Pisano,2012)、合作农业的研究(Fredrik Hacklin,2013)等方面。

(一) 产业融合机制

从总体发展趋势而言,产业融合所带来的国内生产总值(GDP)、就业和全球产出中所占的份额取决于融合产业中农业本身所占份额并呈现正相关关系。因此,产业融合总值的增长主要是由与农业供应相关的总量推动的(Aldona Mrówczyńska-Kamińska 等,2019)[③]。Robert Hinson 等(2019)[④]认为

[①] 参见陈定洋:《供给侧改革视域下联合体研究——产生机理、运作机制与实证分析》,《科技进步与对策》2016 年第 13 期。

[②] 参见王志刚、于滨铜:《联合体概念内涵、组织边界与增效机制:安徽案例举证》,《中国农村经济》2019 年第 2 期。

[③] Aldona Mrówczyńska-Kamińska, Bartłomiej Bajan, "Importance and Share of Agribusiness in the Chinese Economy (2000-2014)", *Heliyon*, 2019.

[④] Robert Hinson, Robert Lensink, Annika Mueller, "Transforming Agribusiness in Developing Countries: SDGs and the Role of FinTech", *Current Opinion in Environmental Sustainability*, 2019.

第一章　导　论

根据可持续发展的目标,产业融合的转型至关重要,金融科技与其他(绿色)技术以及数字化农业的整合在生产方面发挥着重要作用,有利于可持续发展目标的实现。Golnar Behzadi 等(2018)[1]运用两阶段随机规划模型对猕猴桃供应链的实际案例进行研究时,发现稳健和弹性策略的混合组合对于缓解供应侧中断风险最为有效。此外,随着猕猴桃易腐性风险的增加,风险管理策略相对改善了预期利润方面的偏差。据此,Golnar Behzadiet 等(2018)还认为产业融合的供应链风险管理是一个日益发展但被忽视的研究领域。

(二) 合同农业的研究

近年来很多相关研究表明,小生产者虽然没有被动地被排除在外,但当与大生产者共存时,由于利润有限,通常会选择退出合同农业(Ze-ying Huang 等,2018)[2]。Giel Ton 等(2018)[3]认为随着时间的推移,合同农业发展需要产生实质性的收入影响。企业和农民都面临着生产经营的风险,虽然小农户可以从合同安排中受益,但是最贫困的农民却很少被包括在内。Catherine Ragasa 等(2018)[4]在研究合同农业对加纳最贫困地区玉米种植方案的盈利能力和潜在影响时,发现其收益率的增加不足以补偿更高的投入要求和计划下的资本成本,尽管产量更高,但生产 1 吨玉米的成本在合同农业计划下比没有合同农业计划的玉米农场高,是非洲其他国家的两倍,甚至更多。

---

[1] Golnar Behzadi, Michael Justin O'Sullivan, Tava Lennon Olsen, Abraham Zhang, "Agribusiness Supply Chain Risk Management: A Review of Quantitative Decision Models", *Omega*, 2018.

[2] Ze-ying Huang, Ying Xu, Di Zeng, Chen Wang, Ji-min Wang, "One Size Fits All? Contract Farming Among Broiler Producers in China", *Journal of Integrative Agriculture*, 2018.

[3] Giel Ton, WytseVellema, Sam Desiere, Sophia Weituschat, Marijke D. Haese, "Contract Farming for Improving Smallholder Incomes: What Can We Learn from Effectiveness Studies?", *World Development*, 2018.

[4] Catherine Ragasa, Isabel Lambrecht, Doreen S. Kufoalor, "Limitations of Contract Farming as a Pro-poor Strategy: The Case of Maize Outgrower Schemes in Upper West Ghana", *World Development*, 2018.

根据Sachiko Miyata等（2012）的研究,虽然很少有证据表明公司更愿意与大农场合作,且承包经营有助于提高小农场的收入,但关于可以纳入此类计划的农民人数仍然存在疑问。因此,合同农业带动小农户的能力仍存在欠缺。

（三）合作农业的研究

当前学术界关于合作农业的研究包括合作社的治理结构、合作社的信任与承诺、合作社的社会与环境绩效、合作社与投资者所有制企业（IOF）的比较、合作社的融资问题和妇女合作社的问题等6个主要研究方向（Jianli Luo等,2020）。如Zu-hui Huang等（2016）[①]通过"情境—结构"分析框架厘清了产业经济学领域中情境特征与治理结构之间的关系,确立了分别以普通农民为主导、以农村精英为主导、以企业为主导、以相关组织为主导的四类合作社,并通过应用logit概率模型研究了各种态势特征对合作社的影响,结果发现技术环境和制度环境对合作社治理结构有显著影响。Dhananjay Apparao等（2019）[②]认为,承诺对农业合作社很重要,因为成功的农业合作社的一个先决条件是农民成员愿意向合作社提供原料、资金和管理投入。S. T. Buccola（2014）[③]认为合作社是由其成员共同拥有的公司。合作社存在于贷款、保险、电力供应和许多其他服务领域,但是它们主要与农民所需的化肥和燃料等投入品的供应以及农产品的加工和销售有关。然而与上述观点不同的是,对于合作社结构的主要选择是投资者

[①] Zu-hui Huang, Bin Wu, Xu-chu Xu, Qiao Liang, "Situation Features and Governance Structure of Farmer Cooperatives in China: Does Initial Situation Matter?", *The Social Science Journal*, 2016.

[②] Dhananjay Apparao, Elena Garnevska, Nicola Shadbolt, "Examining Commitment, Heterogeneity and Social Capital within the Membership Base of Agricultural Co-operatives—A Conceptual Framework", *Journal of Co-operative Organization and Management*, 2019.

[③] S. T. Buccola, "Agricultural Cooperatives", *Encyclopedia of Agriculture and Food Systems*, 2014.

所有制企业（IOF），即由公司资本提供者拥有的公司。近年来，组织结构出现了既具有传统合作社的特征，又具有产业组织特征的组织结构。Jurat Ismail 和 Xianhua Wei（2013）在新疆5个地区对农民存贷结构、贷款趋势以及农民对农村合作金融的需求和意愿的问卷调查的基础上，分析了新疆农村合作金融的现状和存在的基本问题，结果发现新疆农村合作金融生态环境差、南北疆发展差距大、基层农村合作金融机构缺乏等结论。Gulen Ozdemir（2013）在研究妇女合作社时发现妇女合作社是创造就业机会、不纳税的非政府组织，它们被视为地方发展的一种手段，并引导妇女加入这类组织。

三、研究述评

从国内的研究现状可以看出，国内从农业产业融合角度研究联合体发展问题的较少，目前关于联合体发展研究的高水平文献数量较少且尚未进行系统的整合，从协同发展方向对联合体研究的视角不够开阔。学者们在农村一二三产业融合的内涵、机制等方面已取得共识，但在农村一二三产业融合组织模式探索等问题上依然存在分歧。研究趋于从宏观层面向微观层面拓展，侧重于联合体发展的对策分析，定性研究居多，而对联合体组织联盟成员行为、组织成员协同发展等具体细化的内容研究相对有限。目前，学术界对联合体研究基本呈现出理论研究强于实证研究的现状，即便一些研究采用了实证分析，但重复性研究较多，创新略显不足。因此，联合体发展研究在内容和方法上都存在着不足之处。

从国外的相关研究来看，国外三种主要的农业产业化组织形式研究已经较为成熟，但合同农业的发展并未达到良好的效果，时至今日合同农业仍难以带动分散经营、效益低下的小农户，组织利益联结松散，导致违约现象不断出现，国外学者的研究对于以上所出现问题基本上能达成一致。因此，如何创新构建一个既能促进产业融合，又具有紧密利益联结机制的组织形式,成为农业产业化发展战略成功的重要因素,但综合农业企业、合作社等组织的研究成果来看,目前鲜有从农业产业组织模式创新角度开展研究的文献。

农村一二三产业融合作为我国农业农村现代化发展中极为重要的一环,在促进农村产业兴旺和农民增收等方面具有重要的作用,但产业融合发展始终受到组织模式的钳制,因此,这又是一个始终未能完全解决的问题。现阶段,关于农村一二三产业融合的研究文献较多,这为国家制定相关政策提供了有力依据,不同领域的专家学者对农业产业融合的研究起点各不相同,现有研究成果虽然很多集中在从产业融合视角探讨农村一二三产业融合的产生条件、融合机制、融合类型和融合效果等方面,然而,就联合体而言,其成立发展时间较短,从产业融合的视角对联合体进行的研究相对较少。就研究内容而言,现有研究中,针对联合体的形成机制进行的研究存在局限,组织模式与协同效率等相关研究较少。就研究方法而言,也不同程度地存在着用特定区域和个案研究推断整体的问题。因此,本书拟针对上述有关研究领域的空白和问题做出相应弥补和改进。

第四节 研究思路、研究方法和体系框架

一、研究思路

本书研究的联合体协同机制是指联合体各节点[龙头企业、合作社、家庭农场(专业大户)]间通过信息共享、利益共享及风险共担等运作机制,来实现联合体整体收益和运行效率同步优化的过程。因此,本书选择从动力机制、利益机制及治理机制三方面构建联合体的协同机制。

第一章:介绍本书的选题背景,研究的国内外综述、研究思路、研究方法和体系框架,以及研究的主要创新点。

第一章 导 论

第二章:相关概念界定和理论基础。本章界定了研究的相关概念,包括农村一二三产业融合、联合体和联合体协同机制等;介绍相关理论,包括分工与协作理论、新制度经济学理论、利益相关者理论、产业组织理论、绩效评价理论、多功能农业以及治理理论等。本章通过对相关理论进行分析和总结,为后续的研究奠定了理论基础。

第三章:安徽省农业产业化联合体的发展现状和存在的问题。本章总结了农业产业化发展的历史阶段,总述安徽省联合体的发展现状以及存在的问题,以参加调查问卷的联合体为研究对象,描述性分析联合体的发展情况并进行相应的总结。

第四章:农业产业化联合体形成的动力机制研究。本章围绕内部动力机制、外部动力机制和联合体形成模式三个方面研究联合体形成的动力机制。通过联合体发展的典型成功案例分析当下联合体的形成模式,理论与实践结合,开展联合体形成的动力机制研究。

第五章:农业产业化联合体的利益链接机制研究。本章介绍了联合体中利益相关者(龙头企业、合作社、家庭农场)的角色与利益诉求,挖掘出联合体中利益相关者的利益冲突与存在问题。其次,运用 Shapley 值法研究联合体中各主体的利益分配,并引入模拟数值进行实证分析,通过修正后的 Shapley 值法设计合理的利益共享契约,以维持联合体关系的稳定性。最后,通过博弈模型的构建,对博弈模型进行分析,在此基础上构建出联合体利益相关者利益协调机制。

第六章:农业产业化联合体的治理机制研究。本章分析了联合体的治理结构,界定了组织稳定性的概念,结合渠道关系理论和渠道治理理论构建结构方程模型来分析渠道治理机制对联合体组织稳定性的影响。通过对安徽省新联禽业联合体的治理结构和机制分析,总结其治理经验。

第七章:农业产业化联合体的发展绩效评价研究。本章从协同绩效、经营绩效两个方面对联合体的发展绩效评价进行了研究。从资源共享、制度规范、合作关系和组织稳定四个维度构建联合体协同绩效指标体系,采用物元可拓法对协同绩效水平进行定量测度和比较;从经济效益、社会效益和生态效益三个维度构建经营绩效指标体系,并采用熵权-TOPSIS法对安徽省9个市县82个联合体进行了综合评价;提高农民收入是联合体存在的重要目的之一,本章利用LASSO方法与多分类有序Logistic回归模型,深入探讨影响家庭农场对联合体满意度的因素,并从政策导向性经济组织的视角,解释联合体绩效评价的结果。

第八章:农业产业化联合体发展的路径选择。本章针对安徽省联合体发展现状与当前存在的问题,结合本书研究结论提出了解决当前联合体发展所存在问题的相应对策和建议。

二、研究方法

本书主要采用理论探讨与实证分析相结合的研究方法,具体包括以下几种。

(一) 问卷调查法

联合体主体[龙头企业、合作社、家庭农场(专业大户)]的问卷调查,选择联合体建设较好的市县,选定100家粮油类、畜牧类、果蔬类联合体进行深度调查研究,采用半结构式问卷作为研究工具,问卷包含开放性问题,主要调查联合体的经营规模、经营状况、经营风险、生态保护、带动能力等发展现状、联合体利益联结机制类型、各主体的参与意愿及影响因素等,并建立数据库。

(二) 博弈分析法

利用Shapley博弈分析法研究联合体的利益分配,这是研究利益分配相对较成熟的方法;根据各种类型合作联盟收益状况的解析解,通过模拟解析解中主要参数的数值,进行算例仿真计算,分析联合体中各成员应得的分配收益值,创建联合体中三方博弈的框架和体系,可以更加切合实际地柔性解决联合体协同机制中的利益链接决策信息问题。

(三) 计量模型分析

使用 LASSO 回归实现变量选择的目的,再利用多分类有序 Logistic 回归模型研究家庭农场对联合体满意度的影响因素;选用基于 bootstrapping 的结构方程模型研究联合体组织稳定性影响因素,对每一个潜变量设置相应的可直接观测题项,并且通过问卷调查的方式获取观测数据,结构方程模型是检验一个假想因果模型准确和可靠程度,测量变量间因果关系的强弱的理想方法;选择物元可拓法和 TOPSIS 分析法对协同绩效水平进行定量测度和比较。

(四) 案例分析

通过 G 粮油产业化联合体的组织演变,说明政策导向型经济组织的绩效波动是由组织运作所嵌入的发展逻辑与制度逻辑之间的二元冲突造成的;通过安徽新联禽业联合体的治理机制分析,总结联合体的治理经验与启示;通过肥西县的联合体各方的利益冲突,并且针对肥西县联合体发展的现状构建利益协调机制,为实践发展中的联合体提供解决路径。

三、体系框架

本书在综合分析国内外学者关于产业融合成果的基础上,运用博弈理论、系统理论、新制度经济学理论、经济数学等有关原理,以实际调研为依据,遵循"背景分析—提出问题—分析问题—解决问题"的基本思路,技术路线图见图 1-1。

农业产业化联合体的协同机制与绩效评价

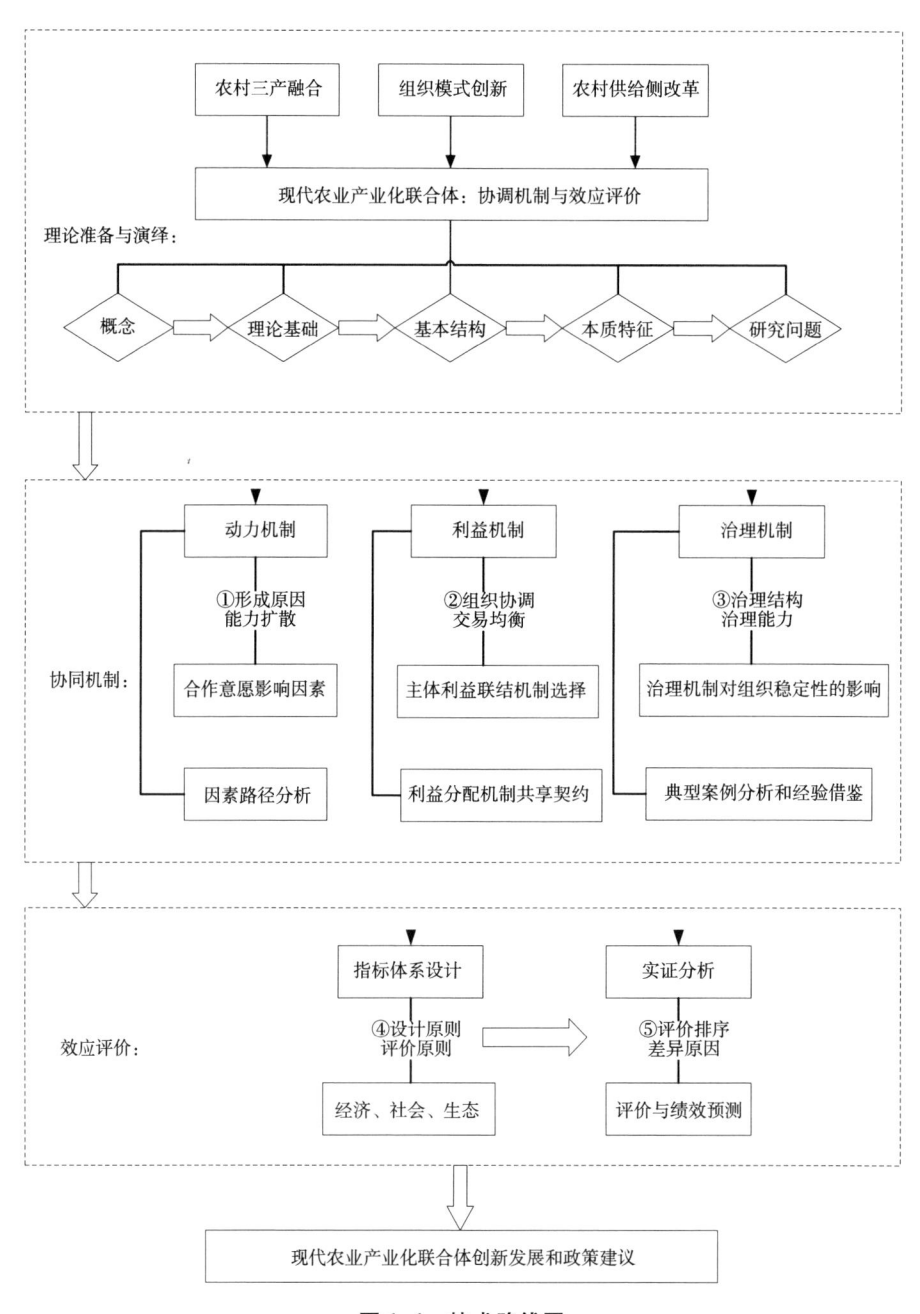

图 1-1　技术路线图

第一章　导　论

第五节　研究的主要创新

一、研究视角的新颖性

第一，本书基于协同发展的思想，针对现阶段联合体发展提出的问题，构建了联合体协同机制的研究框架，以提高组织运行的稳定性与效益。从目前研究现状来说，从协同机制与协同效应的角度研究农村一二三产业融合模式的成果还未见报道。

第二，基于联合体形成—稳定—协同发展的路线，针对联合体协同机制的动力机制、利益链接机制、治理机制、运行效益评价等内容进行分析，为提升联合体组织稳定性、运行效益、协同效益，为推动联合体可持续发展提供对策建议。

二、研究成果的创新性

本书研究内容具有清晰的逻辑层次关系，所构建的协同机制能全面考虑联合体主体的利益关系，从经济、社会、生态角度去反映联合体的协同效应，内容体系科学且全面。

（一）构建了联合体三方利益链接的博弈模型

现有针对农业组织模式的研究中，以公司加农户等双主体平面博弈为主，本书基于联合体多主体协同发展的现状，以博弈模型为研究工具，将参与联合体的农业龙头企业、农民专业合作社和家庭农场三个经营主体都纳入到博弈分析模型当中来，使一般双主体平面博弈拓展为三主体的空间博弈，这一方面拓展了三主体空间博弈的应用范围，另一方面对构建利益关系紧密的联合体具有一定指导作用。

（二）构建了新型联合体绩效评价指标体系

从国内外文献来看，关于联合体指标体系构建的文献仍然较少，大多数文献主要集中于联合体组织优化问题以及运行机制的研究，其绩效评价的研究内容较少。基于此，由于充分考虑到联合体组织运行效益包含社会、生态等多个层面，构建了属于本书的联合体组织运行绩效的评价指标体系。因此，设计指标体系时，本书考虑到了综合性、实用性和可操作性的结合，建立了一个集财务指标、社会指标以及生态指标于一体的评价指标体系。并且为了检验指标体系的科学性，本书综合运用了定性、定量分析方法进行测评，保障其合理性和科学性。

三、研究方法的综合性

从研究内容上看，本书所要进行的理论探讨和实证分析的内容都是开拓性的；从检验研究假设所需的研究方法上看，本书综合运用了博弈分析、计量分析与典型案例作为研究手段，通过收集联合体主体的调查问卷，为开展联合体的协同机制及效益评价的实证研究夯实了基础。因此，本书在研究方法体系上具有综合互补性特色，有助于提高理论研究的解释力、对策建议的代表性和实际应用价值。

第二章 相关概念界定和理论基础

第一节 农村一二三产业融合的内涵

一、产业及产业融合

产业融合与产业链延伸、产业结构调整的概念容易混淆,实际上三者之间既有联系又有区别。本章将深入剖析产业融合的内涵,并且与产业链延伸、产业结构调整两个概念相区别,这将对农村一二三产业融合内涵与特征的释义有进一步的解释作用。

(一) 产业的内涵

产业是在生产发展的过程中,在社会分工发展的基础上,逐步形成和发展起来的,是分工协作的结果。所谓产业,国内通常定义为同类企业的集合,但由于同一企业有许多不同特征,以不同视角去审视企业的各类共同特性,可将同一企业划归于不同的"产业",这将导致"产业"划分的随意性及企业产业归属的杂乱性。因此,王俊豪(2011)将产业界定为"使用相同原材料、相同工艺技术或生产产品用途相同的企业的集合",这种定义既可以适用于广义的第一产业(农业与畜牧业)、第二产业(制造业)、第三产业(服务业)的概念,也可以适用于较狭义的概念,如石油产业、机械产业等。通过这种产业的定义与划分,能够以"产业"作为基本的分析单位,分析各产业部门间的供给与需求关系,分析产业间均衡状态,揭示出社会经济总量失衡的具体原因,以便采取相应政策措施,促进社会再生产各环节、各部门的均衡发展。

（二）产业的分类

为了正确认识产业的本质,从多角度探索产业发展的规律性,根据产业研究的目的不同,产业分类方法也是多样化的。产业分类方法举其要者有三次产业分类法、两大部类分类法、标准产业分类法等。

三次产业分类法是由英国著名经济学家阿·格·费歇尔首先创立,并依据产业发展类型对产业进行具体划分。克拉克在借鉴费歇尔的理论基础上对三次产业结构进行实证分析,发现三次产业之间发展的经济规律。三次产业分类法将产业分为三个层次:第一次产业通常包括种植业、林业、畜牧养殖业和渔业在内的农业,且劳动的对象通常取自于自然。第二次产业通常包括电燃气业、制造采矿业、机械和供给业等,主要是对取自于环境的物质进行加工。第三次产业通常由两大部门构成,即服务业部门与物品流通部门,其行业主要为生产和生产服务性质,其中还涉及到医疗、养老、教育等服务的各行业部门。这一产业分类方法获得了学界的普遍赞同,并一直延续至今。三次产业分类的主要原则是把全部经济活动按照客观序列与内在联系,划分为第一产业、第二产业和第三产业,这是欧美和日本等工业发达国家普遍采用的一种产业分类法。然而,三次产业在经济学理论上存在局限,即产业归类不同,如库兹涅兹将运输、煤炭、供水等产业纳入第二产业,但其他统计中将其纳入第三产业。我国于1985年也首次对1984年的第三产业做出了统计,国务院转发了国家统计局关于建立第三产业统计的报告。国内目前也比较流行对三次产业划分的提法,从众多学者研究的理论当中不难发现此种划分方法贯穿始终。本书主要采用三次产业分类法这种方法。

两大部类分类法主要是按照再生产过程各产业间的关系所进行的分类,又叫生产结构分类法。但是此类方法在实际运用的过程中依旧存在着一些局限性:从分类种类看,该方法未能将一切的物质生产领域与非物质生产领域包含进去;从产品的界定角度看,有些制成品难以在两大部类中被确定为哪种类型。由此产生了农轻重产业分类法,此种分类方法是生产结构分类法在经济实践中具体的应用,主要是以物质生产的不同特点为标准,将产业分为农业、轻工业、重工业,此类方法具有比较直观及简便易行的特点,同时对于研究社会工业化实现进程具有较大的实用价值。但是也存在局限性,如没有将全部物质生产部门包括进去,涵盖面不全,此外农轻重三者的界限越来越模糊,产业划分更加困难。而霍夫曼产业分类法的主要目的在于区分开消费资料产业和资本资料产业以及其他产业,并且制定了具体的划分标准,如某产品用途有75%以上是资本资料时将其归纳为资本资料产业,有75%以上是消费资料时将该产业划分为消费资料产业。

标准产业分类法是具有权威性、完整性、统一性的产业分类方法,同时也分为国际产业分类标准、国家产业分类标准和地区分类标准。最早的标准产业分类是在1952年制订的《社会保障最低标准公约》出现的,该条约对于国际间全部的经济活动的产业分类进行了明确的规定。随着各国经济的交往日益频繁,联合国为了统一各国的经济统计标准,在1971年颁布《全部经济活动国际标准产业分类索引》,并将国际间的全部经济活动分为十大类。目前通行的是1988年第三次修订本。标准产业分类法的优点在于能够对全部经济活动进行分类,并使其规范化,同时有利于分析各国的产业结构,此方法与三次产业分类法较类似。

此外,还有多种产业分类方法,例如,按对生产要素的需求种类和依赖程度可分为劳动密集型产业、技术密集型产业、知识密集型产业;按产业发展时间可分为传统产业和新兴产业;按产业在国民经济中发挥的不同作用可分为基础产业、支柱产业、主导产业以及先行产业;按产业发展趋势划分,可分为成长型产业、朝阳产业和衰退产业;等等。

(三) 产业融合

产业融合是指处于农业、工业、服务业、信息业等不同类型产业之间相互融合、相互带动,使下游产业成为高端产业的重要组成部分,进而形成一个新的集合体。在交易成本的共同作用下,产业融合对市场行为的影响体现在组织调整策略层面上,促进了组织内部结构的创新。组织结构开始由纵向一体化逐渐向横向一体化、混合一体化、虚拟一体化发展。从制度经济学角度来讲,组织进行纵向一体化是组织内部交易成本大于外部市场交易成本的结果,而横向一体化注重与外部组织的合作与共存,与外界的交易是非纯粹的市场交易。现代化经济体系通过融合发展模式创新推动产业融合发展,如农业全产业链发展融合模式、农业产业链延伸融合模式等,增强农业在产业价值分配上的谈判能力,实现产业升级。

(四) 产业结构调整

产业结构调整涉及产业结构的合理化与高级化两方面。总体上来说,产业结构的调整是循序渐进的,即随着历史的演进而渐趋优化,受到市场经济规律的制约(由供给和需求共同决定)。有效实现产业结构转换和升级就必须达到产业结构合理化和高度化的统一。产业结构合理化是产业结构高度化的基础,只有先合理化,才能达到高度化,任何脱离合理化的高度化都是一种虚高度化。从产业结构发展过程来看,产业结构合理化和高度化是相互渗透、相互作用的,要实现产业结构高度化,必须首先实现产业结构合理化,而且产业结构发展水平越高,其产业结构合理化的要求就越高。因此,在目前的农村三产融合概念中,产业融合的重要推动力是产业结构的调整,主要标志为在农业领域实现"农牧渔结合、农林结合、循环发展、优化农业产业结构"的目标,实现农业的提质增效。

（五）产业链延伸

产业链延伸表现为产业向上下游拓深延展，带动相关主体尽可能地参与进来，实现产业链条上的资源要素优化配置。产业链延伸的实质是将不同产业的相关资源进行整合。理论研究发现，实现产业链延长的目标需要以产业结构的调整和优化为前提，产业链延长的主要目的是实现产品附加值的增值。如今农业产业链延伸依旧是三产融合的最主要形态，而与以往农业产业化相比，三产融合中的农业产业链延伸更注重新技术等无形要素在产业各环节的应用，以及为农村服务行业特别是农业生产性服务业提供专业化服务。农业产业链延伸表现为以一产为中心，通过二产促进一产联结三产，或者通过三产促进一产联结二产的形式。

二、农村一二三产业融合的内涵

农村一二三产业融合通常是指农业内部各部门充分协作，并且使农业的第二产业与第三产业采用相互融合、交叉重组等方式形成农业新型组织方式。目前的农村一二三产业融合呈现以下特点。

第一，从融合主体来看，新型农业经营主体包括农民合作社、龙头企业、家庭农场、专业大户、农业社会化服务组织，他们是农村一二三产业融合的主体。不同的经营主体类型在农村产业融合发展的过程中所发挥的作用和效果是截然不同的。

第二，从融合方式来看，主要形式有两种。第一种是以农产品加工业为代表的第二产业来带动第一产业发展，并通过第二产业与第三产业相连结实现的融合。即以农业生产为中心，将农业产业链上的农产品生产资料、农产品加工和农产品销售及其相关服务行业连接起来，通过两端延伸、中间拓展使产业链得以延伸，实现产加销一条龙，农工贸一体化，提高农产品附加值，使农民能够从农业产业链中获得更多收入。第二种是以休闲农业为代表的第三产业促进第一产业发展,使第一产业直接链接第三产业进而带动第二产业的融合。即以农村田园风光和农业生产活动等为资源开展农事体验、乡村旅游活动,并通过对特色农产品和乡土特产进行加工销售带动第二产业的融合。以农业为客体,通过农业与二三产业的融合发展,使农业延长了产业链条,实现了价值增值,同时拓宽了农民就业渠道,促进农民就业增收。

第三,从融合目的来看,融合是为了打破农业生产、加工、销售等各环节相互割裂的状态和产业间界限,促进产业链延长和价值链跃升,实现产业链各主体的紧密结合,衍生出新的商业模式。产业融合通过生产方式或经营方式的改进和优化,最终创造出更多的价值增值并能回馈农业,实现农民增收,最大限度保证利益增值留在农村。

第四,从利益链接的形式上来看,融合的利益链接形式多样,不仅是原有的产加销一体化形式的对接,更是通过资源要素的集聚使相关生产经营主体都参与到新的融合产业当中,形成诸如订单农业、股份合作等新的利益链接模式,在实现链接的过程中,契约合同以及分配机制的稳定运行尤为重要。建立利益链接的风险防范机制,谨防农产品增值的利益被二三产业窃取,损害农民利益。合作中让农民成为股东,遵循平等互利、合作共赢原则,采用"保底收益+按股分红"等方式,保障农民收益。

农村一二三产业融合的核心是"融合",关键是以市场需求为导向,在与农业具有产业关联的各部门间实现协同配合,更好地发挥地域资源优势,建立完善的利益链接机制,使处于产业链上的各利益主体能够形成相互协作,促进农产品初级与精深加工业、农业生产性服务业的发展,并能达到增强集体经济的功效。此外要创新产业链与小农户的利益链接模式,鼓励小农户以持有的生产资源要素入股合作社,提升小农户在产业链中的谈判能力,最终实现让农户真正分享到加工、销售环节的收益。

农村一二三产业融合与农业产业化在其内部都是依靠各自的利益链接方式实现产业体的运行。但是,农村一二三产业融合相较于农业产业化,其内涵更为丰富,主要表现在以下几方面。

第一,多元化农业经营主体。农村一二三产业融合的产业链中包括小农户、家庭农场、专业大户、农民专业合作社、农业龙头企业、经营性农业服务组织等多类农业经营主体,相互之间构成不同的利益联结,共同推动产业链的发展壮大。如北京"小毛驴"农业发展模式、乡村休闲旅游模式及不断发展的社区支持农业等,新产业、新业态、新模式的不断融合,促进农村地区的产业发展。

第二,产业发展模式更加多样化。目前大致分为以下几种模式:第一种模式表现为农业产业内部资源的整合,例如种植业、养殖业与水产业等各产业之间的相互融合,上下游之间彼此建立联系,实现资源环境的保护以及促进农民的增收;第二种模式表现为农业与其他产业之间形成的交叉融合,这种模式将农业作为基本载体,在此基础上植入文化、休闲、民宿旅游等概念,形成交叉型融合模式;第三种模式是农业产业链延伸型融合,主要以农业生产为中心向产业链条前后方向进行延伸,形成产加销一条龙服务;第四种模式是将先进技术融入农业的发展模式,例如"互联网+农业"、信息农业等模式。

第三,更加注重城乡融合发展。农村一二三产业融合带动工商资本及城市资源要素源源不断地流入农业农村,并将工业、服务业产业逐渐向县域地区、重点产业乡镇及一批特色产业园区集中,在县级层面进行全盘规划,培育一批农产品加工、市场交易、休闲旅游、文化农业等特色小镇,打造农产品加工、贸易、旅游等综合性产业融合体,实现城乡资源要素的双向流动,同时也为满足城乡民众的需求提供物质基础,一定程度上有利于缩小城乡发展差距,也有利于农村一二三产业融合与新型城镇化之间的双向促进和协调发展。

第二节 联合体的内涵与特征

一、联合体的定义

农村一二三产业融合的着力点是创新农村产业融合的方式。联合体作为一种新型农业生产经营组织联盟,是农村产业融合方式创新的典型模式,是农村一二三产业融合的具体表现。

联合体是在多年的农村制度改革的基础上演化而来的,由于联合体内部具有良好的分工协作机制、完善的管理制度以及不断改善的内部利益联结机制,从而使联合体的发展模式得到迅速推广。基于此,本书重新定义了联合体的概念,即联合体是以家庭农场为生产基础、专业合作社为服务纽带、龙头企业为经营引擎形成的纵向一体化交叉融合,以产业链为基础的专业分工、生产要素的共享、契约合同协议下的稳定交易而形成的众多产业链与供应链相结合的农业规模经营管理组织联盟,具有劳动经济、规模经济和范围经济的组织特征。联合体的发展在理论上能够有效探索农业生产经营中存在的生产力与生产关系之间、农业与其他产业之间、各要素之间"脱节"等重要问题。

二、联合体的内涵

自改革开放以来,我国农业经营组织在传统自发组织基础上不断创新,出现了"公司+农户""公司+基地+农户""公司+中介组织+农户"和"公司+农民专业合作社+农户"等多种模式。本书的研究对象为现代农业经营组织最新模式,即"龙头企业+合作社+家庭农场"模式。随着国内消费结构与产业结构转型升级,以往单个主体单打独斗的市场竞争方式难以应对市场需求的变化速度。因此,联合体是为了适应市场竞争、消费结构升级、新型经营主体发展的需要而发展到新阶段的必然产物。

联合体是农业发展新阶段最新的主体类型,是在众多主体当中优化选择组合而成的,并行于组合主体行列的新事物。联合体是多个主体之间按照一定原则而组成经营联结组织最新模式。

联合体并非涉农主体间简单地形式累叠结合,单纯的产业链条上下游之间的稳定的买卖关系、合同契约如"企业+农户"或者"企业+农民专业合作社+家庭农场"的组织形式并不能全部归为新型联合体,它们与传统一体化模式下的企业、合作社、家庭农场的单链连接组织不同。在联盟建设中,龙头企业充当供应链终端和生产引擎,促进许多不同职能的合作社与一定生产规模的家庭农场之间形成紧密的管理组织联盟。龙头企业可以为许多家庭农场或合作社获得稳定的农产品供应,家庭农场或专业大户与许多合作社建立了稳定的服务交易合同关系。联合组织以龙头企业为中心,形成纵向交叉连接网络结构。从传统的"一对一对接"模式向"多体交错"模式的转变,形成了纵向产业融合的高级形态,然后扩大规模经济,加强范围经济,实现更全面的比较优势。

三、联合体的特征

(一) 经济结构市场化参与程度更高

传统的农业经营个体只是被动地参与到市场环节当中,即使在"龙头企业+农户"的组织模式中,农户也是被排除在市场之外。联合体则是组织成员共同参与市场经营竞争。以市场需求为目标,龙头企业最先嗅出和判断市场环境,市场决定了商品生产的标准规格,农业企业则制定生产和销售的规划。家庭农场和合作社为适应市场而逐步规模化和扩大化,按照定制标准而进行专门统一的生产,保证农产品规格。联合体成员之间为了提高市场利润降低产业内循环的交易成本,使联系较单一且市场竞争主体联结更为紧密。

(二) 组织体系分工分层

相比较而言,从单一经营主体进化到产业联合体模式的组织经营方式,是农业发展的一大飞跃,创造和提高了农业生产力。联合体各主体之间的比较优势和互补特点产生了分工与分层协作,这种新型联合体的组织方式不是简单地将上下游主体捆绑在一起,而是使农业企业、专业合作社、家庭农场(农业大户)有机融合实行一体化经营,使主体定位功能合力而互补,产生了"1+1+1>3"的效果。农业企业直接连接市场,农民专业合作社匹配好社会化的涉农服务,家庭农场或农业大户在农企的市场定制下,在专业合作社的农业服务指导下,进行标准专业化定向生产。联合体的分工分层协作使农业产业链更为顺畅,农业产业内部融合更为紧密,也使各联合主体都能获得预期的稳定的增收效果。

第三节 联合体协同机制的定义与特点

一、联合体协同机制的定义

联合体是一个多主体的联合组织,其运行过程中所面临的组织协同管理问题是组织可持续发展的关键问题。本章在"协同理论"的基础上定义联合体协同机制:在联合体内各成员基于分工协作、互利共赢、风险共担原则,采用契约合同、联合体章程的约束,并在联合体内设置包含合作交流系统、决策管理系统、风险控制系统、利益协调系统等在内的协同机制,实现联合体内的各资源要素在时间、空间和结构功能上进行有序结构调整,促进各成员间的相互配合与协作,达到优化联合体内部的资源配置要素的目的,最终实现农业产业高质量发展,具体包括动力机制、利益链接机制、治理机制。

二、联合体协同机制的特点

（一）任务分工清晰明确

联合体协同机制对于联合体内各成员的职能做出明确划分，使其按照各自所拥有的生产要素情况进行分工。各自工作职能按照联合体章程要求进行，并且设定违约、保障等机制，保证各自成员按照任务分工履行职能。龙头企业需充分发挥带动作用，及时为家庭农场及小农户提供生产资料及市场信息，需充分将成熟的经营管理体制、种养殖技术、市场需求信息给予家庭农场方，同时积极承担社会责任，主动提升家庭农场方在联合体内的话语权。合作社需发挥联合体的纽带作用，将龙头企业生产技术授予家庭农场方，同时将家庭农场方的优质农产品运送至龙头企业方。家庭农场方需按照企业提供的生产标准进行生产。联合体中各利益主体各司其职，分工明确。

（二）协同合作效率较高

联合体内部协同机制的建立使农业产业链的合作效率大幅提升。这种机制不仅确保了生产与需求信息在产业链中的顺畅流通，而且促进了联合体内资源和要素的自由流动，有效打破了产业发展的界限，如联合体内合作交流系统的建立，为家庭农场和龙头企业之间搭建了生产与合作的桥梁，通过内部的信息共享平台，各成员能够及时获取彼此的需求信息，进行相互调整，从而避免了不经济行为的发生。决策管理系统的引入，使联合体的所有成员都能积极参与到决策过程中，这不仅增强了家庭农场在联合体中的参与感和归属感，也提升了他们的决策权。风险控制系统明确规定了家庭农场在面临自然灾害等不可预见风险时的损失承担方式，这为家庭农场提供了更多的安心保障，使他们能够更加专注于生产活动。利益协调系统为生产过程中的盈利分配提供了明确的规则。当各方就分配标准达成共识时，将有助于各方更加和谐地进行生产经营活动,共同分享联合体发展带来的利益。

(三) 生产运行成本较低

协同发展能够促使联合体内部各生产要素(人力资源、资金、技术、市场信息、土地、劳动力等)在各成员间合理流动,实现资源合理配置。对于家庭农场方来说,改变了传统的单打独斗模式,在生产经营时能够得到来自龙头企业方的生产技术及先进的管理经验的支持,大大提升了生产效率,降低了生产成本。而龙头企业方在合作社的帮助下降低了与家庭农场方的交流成本,并且在建立合作关系后能够获得稳定的、安全的、高质的绿色农产品。而合作社利用当地的资源集聚优势,能够快速聚集当地的家庭农场方与企业进行对接。总体上来说,联合体协同机制的建立降低了各方的生产运行成本,极大地促进农业产业化发展,增加了农民收入。

第四节 相关理论

一、分工与协作理论

亚当·斯密认为分工社会化是经济向前迈进的动力,是提升劳动生产效率、促进公民财富累积的主要方式。分工的初始阶段是社会化的分工,即人与人之间的需求交换;社会化的分工提升演化为企业组织,企业组织通过在企业内部重新组织的社会分工实现了内分工对外部市场外分工的代替;企业与企业主体间分工演化成为产业,继而演进到产业间的彼此融合。由此而知,分工是生产效率和生产力发展的推手,即主体间的分工深化总是被后一个更大范围的主体分工内部化,但并不妨碍或消灭原有分工的存在。分工的意义在于交换价值进而提升效率。农业演化分裂而成的工业和第三产业本身就是社会化分工的局面。如今分工的价值需求交换无时无刻不在发生。联合体则是农业内部需求和交换分工的结果,农业内主体间各自拥有的优势和需求分层分化形成产业链条上的各段小节,需要发挥各自的优势才能最大化运行。

农产品从田间地头走到市场货架是农业主要流通形式,这需要三方职能运转的发挥。联合体内部成员分类就是按照各自的优势长处进行的职能分工,农业企业是面向市场的主体,家庭农场负责直接的农业生产,而农民专业合作社则是连接两者之间的纽带。

二、新制度经济学理论

(一) 交易费用理论

任何交易都不是免费的,需要付出一定代价,即交易成本。成本考量是主体之间生存的根本界限。威廉姆斯将交易成本主要概括为三个方面,即资产用途专属性、交易不确定性和交易频繁程度,构成了交易成本理论体系。资产用途专属性,一般是指投入过程中可循环利用但不易流通变卖的固定性成本,例如大型农机只能作为特定用途使用,一旦专用性成本投入过大,可回收性和可置换性一般面临着被套牢的风险。交易不确定性影响成本高低主要是指信息的不完全和不平衡性,这种信息投入成本易产生机会主义和道德风险,影响主体间有效合作和沟通,同时会增加成员间交易猜忌与隔阂。外部性和交易费用则直接影响着交易的积极性,当交易成本过高,正外部性不足,各方主体不愿为另一方产生负外部性投资,就会使交易成本上升。农业产业化内部资源交换费用压缩是各主体共同追求的目标。农业利润的产出只能是原始产品与销售商品之间的利润差价。刨除各种生产、服务、加工和物流销售方面的成本,利润在主体间按照一定分配原则归为各方。各方主体只有降低产业内部的交易成本以及各主体间的合作成本,才能获取更大的利润来进行剩余分配。为此考量专用资产的合理配置和循环利用,信息共通共享和规模化降低交易环节和产业端过渡成本等是交易成本理论在农业范畴方面的具体运用。

农业产业自身实力相对于其他产业利润产出比较弱,在农业产业内部如果流转交易环节过多,势必会稀释总体利益,使利润分散。联合体的成立则将分散的繁杂的环节进行更大程度的简化,减少过多的中间环节,尽可能压缩交易成本对总利润的消耗,追求更低的成本就等同于实现最大化的利益。农业企业和农产品生产者的直接对接,降低了原材料的采购成本。农民对农资的直接采购则减少中间环节,增加价格透明机制,投入成本相应减少。合作社直接连接使服务类支出和投入稳定且价优,对于各方主体而言,合作的本质是通过降低交易成本而实现自身利益的最大化以及价值增值。

(二) 产权理论

当今,经济学家越来越重视产权理论在经济发展与运作中进行,而产权理论的主要代表性人物是1991年诺贝尔经济学奖得主科斯,他被西方认为是产权理论的代表性人物。科斯的产权理论的核心是:所有经济交流活动的前提都是制度安排,这本质上是在人与人之间行使某些行为的一种权利。而现代的产权理论能够有效实现外部性内在化的产权制度安排。产权理论的核心思想是企业的产权人如果能够对产品销售的剩余利润享有一定的占有权,那么产权人就会用较强的动机去提升企业的利润。并且产权对于提升企业经济发展的效率具有明确性、可操作性、专有性等特征。此外科斯认为,合理的制度是一切经济交往活动的前提,在市场当中建立产权交易市场是产权制度的客观要求。科斯理论形成大致分为两个阶段。其一是在20世纪30年代,科斯发表了《企业的性质》一文,指出在市场机制运行的过程中存在一些摩擦,而制度创新则是克服这种摩擦的重要方式。其二是20世纪50—60年代,科斯发表《社会成本问题》一文,文中正式论证了产权的经济作用。科斯产权理论对资本主义市场经济的发展发挥重要作用。此外其他学者在科斯产权理论基础上不断发展,英国经济学家马丁和帕克经过大量的研究以及综合广泛比较之后发现,企业私有化后的平均效益在完全竞争市场上显著提高,在垄断市场上则没有看见明显的改善。

(三) 制度理论

玛丽·道格拉斯是制度理论的开创性人物。制度理论的核心概念在于,组织结构和流程倾向于获得意义,实现自身稳定,并不是以预期的效果和效率为基础。在民主制度中,她认为制度本身是一个个体的有机体生命,它首先会进行分类和选择,然后形成认同和机遇,最后扼杀所有不合理的制度。制度理论具有合法性、普遍性、强制性三个明显的特征。公共政策的合法性主要表现为公众和社会组织团体对其要求的绝对服从。公共政策的出台通常是为了解决社会中的矛盾,使处于社会中的各成员按照公共政策的规则行事,保证社会秩序的稳定运行。公共政策的普遍性深入到社会各级和社会所有人,这是其他社会组织所无法比拟的。而其他社会组织的政策与公共政策相比,目标群体非常有限。公共政策的强制性主要体现在政府作为社会的强制力量,通常情况下能够对一些政策的制定与实施起到保障作用,对社会部分合理利益提供便利,对不合理部分起抑制作用。但该制度在政策执行过程中也存在一些缺陷。许多政府部门在政策流程设计过程中的行为规律有明显的差异,主要体现在日常工作实践当中。政策过程中的主要行动是众多和定期的小行动的汇集或结果,在这些小行动中,不同个人和各级政府机构的部门发挥着重要作用。在社会秩序运行过程中,政府的不同部门和个人为政策提供各样的建议,只为在国家目标、政治目标、组织目标等概念特征领域保持部分一致。现代组织理论的发展为制度分析提供了理论基础。制度模型已逐渐成为政策分析的主要方法,代表了当前政策分析的最新趋势和研究走向。在经济制度深入改革和经济高速增长的今天,农业作为我国的基础产业部门也面临着巨大的变革,在以乡村振兴为背景下的农业产业融合化不断加深的情况下,政府采用合适的政策制度使各新型经营主体间紧密配合就显得尤为重要。

（四）委托—代理理论

非对称信息博弈论是委托—代理理论建立的基础,代理关系起源于"专业化的存在",当存在专业化时就可能会出现一种关系,在这种关系当中,代理人相对于委托人存在信息优势。委托—代理理论认为,社会中的委托关系是普遍存在的,委托人与代理人明确或含蓄地订立合同,赋予代理人一定的管理决策权,并代表其从事一些商业活动。但实际情况并非如此,在信息不完全对称的情况下,合同是不完整的,因而经常会出现道德危机和逆向选择。另一方面,该理论认为通过绩效评价体系转移组织战略目标和具体任务,指导代理的生产管理行为与客户目标协调,能够降低代理成本,提高管理效率。同时,该理论认为可以建立激励机制,根据利益分享和风险分享的原则,鼓励管理者为自身和组织寻求最大利益。契约精神在农业生产的运用和强化是社会进步的一大表现。联合体是诸多农业个体的集合,在契约精神的指引下,不仅可以使各主体间形成清晰有序的排列组合,也可以强化各自的分工职责。尤其是在各农业主体信息不对称、实力差距悬殊和职能分工不同情况下,按照严格的契约行事对于各方都是公平无误的。

三、利益相关者理论

利益相关者理论是企业战略制定时需要遵循的原则。斯坦福明确提出"利益相关者"理论概念,之后瑞安曼、弗里曼等学者在不断的探索中使其初步形成了比较完善的理论框架。企业认为除了为股东服务之外,"利益相关者"的支持也非常重要,弗里曼出版了《战略管理:利益相关者管理的分析方法》一书,明确提出了利益相关者管理理论。与传统的股东至上原则相比,该理论认为,无论何种企业类型的发展都不能与各种利益相关者的投入或参与分开,企业所追求的是利益相关者的整体利益,而不仅仅是某些主体的利益。克拉克森认为,企业是属于比较复杂的利益相关者关系网络系统。国内学者结合上述观点,认为"利益相关者"是指对企业生产活动进行一定特殊投资并承担一定风险的个人和群体,其活动可影响或改变企业的目标,或受企业实现目标过程的影响。20世纪90年代之后,利益相关者理论影响逐渐扩大,并被广泛地运用到企业绩效评价、公司治理、企业财务管理等管理活动中,利益相关者对企业的管理与经营都产生了深远影响。企业相关者理论为本章理顺不同利益相关者主体之间的利益关系与利益冲突提供了分析框架。

四、产业组织理论

1959年,产业组织理论这一概念在贝恩的专著《产业组织理论》中首次被提到。从此,产业组织理论开始盛行,同时也被称为哈佛学派产业组织理论。该组织理论主要从微观经济学的角度出发来研究市场与厂商之间的关系。此外,产业组织理论作为经济学的一个分支理论,还涉及研究企业架构及企业市场行为等内容。产业组织理论在微观经济学的基础上考察市场的发展和企业内部结构的变化。立足点在市场,在此基础上分析企业在竞争和垄断情况下组织内部的治理框架等方面的内容。此外,该理论对生产要素的固定投入研究较深,主要体现在鼓励依赖于产业发展的企业市场自由竞争,提倡企业内部要不断加强组织经营管理,实现资源优化配置,最终提升企业及产业链整体的经济效益。通过内部管理效率的提升,企业不光能够实现规模经济降低成本,同时还可以避免在过度竞争环境下出现效率低下等问题。产业组织理论提出的最终目的就是为了实现规范的市场竞争秩序、企业效益和社会福利得到增加。而其基本特点在于结构行为绩效,且所应用的场景主要在描述某个企业和某个具体市场所处的环境时。通常情况下,采用指标法将企业面临的环境进行具体细化。例如,企业所面临的环境包括:买卖双方的数量以及经济规模、市场中产品的差别化程度、企业的竞争环境等指标。站在产业组织的角度上考虑,厂商的市场行为比较单一,主要集中在定价、费用和竞争等方面。

产业的基本要素是企业,所以要根据企业的内在特点来开展产业组织的理论框架分析。农业产业化的分析应依托农业产业的基本单位——农户来展开进行。每个农户都应是理性的,会以效用最大化为目标参与市场竞争,且和企业生产经营的利润最大化目标保持一致。因此,把农户用作分析农业的基本单位、企业作为产业组织的基本单位在理论和实践中都是可行的。

五、绩效评价理论

关于绩效评价理论的出现最早可追溯到20世纪初。随着西方资本主义发展的不断成熟,绩效评价理论的发展也不断完善,该理论不断发展的主要目的就是为了提升企业的生产效率,并且能够对企业在生产经营过程中所取得的业绩进行定量分析。关于企业绩效评价的概念,国内学者对此定义不一,财政部统计司认为:绩效评价是指运用数理统计和运筹学等学科,选取特定的指标,并且进行定性与定量分析,最终做出客观、公正和准确的综合评判。

研究企业战略管理的学者认为,绩效评价的主要目的是为企业服务并以此来设计相应评价指标体系。在现代市场经济条件下,依照知识经济时代的要求,在企业管理已经步入到战略管理时代的背景下,企业绩效评价体系设计的方法多元化,这样便于对企业一定时期的经营成果绩效、员工的工作绩效、管理者的管理绩效进行价值评判。除此之外,对于企业拥有的资源的配置效果进行综合评判,不但有利于企业的所有者决定企业下一步的发展战略,而且也能使企业经营者及其他利益相关者根据企业绩效评价结果进行有效决策,敦促企业改善经营管理,提高经济效益水平。

而研究财务管理的学者则认为,企业绩效评价是在会计与财务学科的基础上,利用现代科学技术方法来发现企业内部的经营管理问题并预测未来企业发展前景的一门科学。企业经营绩效评价主要目的就是为了实现企业的生产经营盈利,其核心是比较投入与所得,力求用尽可能小的投入去获得尽可能大的回报。而绩效制定的依据总体上按照各主体工作量完成度及完成效果来判断,即绩效是过程和结果的集合,而绩效评价的根本任务是对价值创造进行过程管理,最终目的是提高企业价值创造的质量。因此,绩效评价首先应是对价值创造过程的评价,而非结果的度量,将绩效评价的重心放在结果而非过程上只会事倍功半。

本章认为,联合体绩效评价是指评价主体(龙头企业、合作社、农户)为了实现一定的目标,选择相应的评价指标体系,根据特定的标准,借助专门的方法,对联合体一定期间的经营绩效(或价值)作出评定的一种管理活动。

六、农业多功能理论

农业多功能理论出现的背景与经济全球化的发展以及世贸组织的政策规则紧密相关。20世纪80年代末90年代初,日本提出了"稻米文化",由此农业多功能性的概念才被提出。1992年在联合环境与发展大会上通过了《21世纪议程》,并且采用了农业多功能性的提法。1996年世界粮食首脑会议在通过的《罗马宣言和行动计划》中明确提出将考虑农业多功能性的特点,希望由此能够促进农业与农村的健康可持续发展。此外,在关税及贸易总协定(GATT)第八轮谈判(乌拉圭回合)中,农业问题受到了很大的重视并被纳入世界贸易多边谈判,而谈判的主要内容则是如何促进农产品国际贸易自由化。而《农业协议》的主要功能涉及到制度性保障,一定程度上对此后成立的世界贸易组织(WTO)具有一定的约束作用。随着国际化发展水平的逐渐提高,国际贸易自由化大趋势不可逆,因此,各成员对农产品贸易自由化表示认同,但是对实现农产品贸易自由化的方式方法存在着不同的意见和看法,各成员则是有各自的利益和不同的主张。目前,许多国家为了保护本国农产品的竞争优势而对其进口农产品实行贸易壁垒措施,提高关税或者通过各种途径提高农产品的质量检测标准,达到保护本国农产品的目的。此外,国家各种直接或间接对农业支持的资金常常不计入成本,极易造成国际贸易价格扭曲,所以各国对此争议颇多。农业多功能性的问题便由此而来,在一些国家还上升到了农业政策和法律的高度。

概括起来说,农业多功能性指农业的主要作用在于提供农副产品、保持政治稳定、稳定社会秩序、传承历史文化、促进经济发展。除此之外,还具有生态与环境功能、文化与休闲功能、就业与社会功能、政策与示范等功能。各个功能相互依存、相互促进,共同维护农业有机系统的稳定运行。此外,农业功能的多样性有很多种划分类型,由于农业功能多样性问题是实践层面问题而不仅仅是一个理论层面的问题,因而人们按其社会属性角度划分为四大类型。

(一) 农业的经济功能

农业的经济功能主要体现在为社会提供农副产品,同时还要满足人们对食品质量安全和生存发展的需求,确保国家的食品安全;此外,产业发展的过程中还需为工业提供基本的原材料,即原料供给功能,主要是为以农业产品为原材料的工业提供原料供给。农业原料的供给功能将农业与工业紧密联接。农业原料供给不光为国民经济的发展提供大量的粮食和农副产品等基本生活资料,同时为工业的发展提供大量的丰富原料。此外,还有许多依赖农业发展而兴起的产业,如观光农业、文旅农业、休闲农业等。

产业旅游功能。主要是依赖于农业地区存在的自然禀赋及其功能紧密交织在一起而产生经济效益的一种经济功能。例如,利用优美的农业景观和干净的空间环境吸引游客前来观光并为农业生产者提供收入来源。在乡村振兴的发展背景下,休闲农业的发展模式将成为农村地区产业振兴的重要发展模式,主要是利用农村地区特有的资源禀赋条件并将农事活动与旅游相结合,生产经营者提供必要的生活设施,让游客从事农耕、收获、采摘、垂钓、饲养、亲子、团建等活动,享受回归自然的乐趣。未来农业产业旅游功能将发挥更大作用,同时也将为乡村振兴提供重要的推动力。

农民收入保障功能。农业生产是农民获得经营性收入的基础。自21世纪以来,城镇化率的不断提升使农业人口非农就业人数逐渐增加,农民的工资性收入显著提高,但目前绝大多数农民的主要收入来源依旧是经营性收入,并且无论是从城镇化的角度还是从正在逐步弱化的二元户籍制度的长远角度看,总体上呈现出一个从事农业的人口下降而农业规模化逐渐提高的趋势。目前,在农村真正务农的人员将近3亿,发展现代农业来保障农产品供给,那么经营性收入对农民而言就显得更加重要。

拉动内需市场功能。农民具有双重消费身份,既需要购买生活资料,又需要购买生产资料,农民对市场形成的拉动作用同时体现在消费品市场和生产资料市场上。由于目前国内经济增长日渐乏力且各国也越来越倾向于采取贸易保护主义,结果就是出口越来越难。因此,未来的消费增长需求点总体上来说将会往农村转移(广大农民是拉动内需的重要力量)。

资本贡献功能。这不仅是农业的贡献也是农业长期以来的牺牲,为工业的发展提供支撑。

(二) 农业的生态功能

农业的生态功能主要表现在农业对生态环境的改善上,主要包括:自然资源利用形成的潜力释放功能,主要是通过特色优质农产品体现出来的。民以食为天,而农业则是提供国民所需食物的主要来源,只有实现农业的健康绿色发展才会生产出质量优良的绿色农产品。而目前由于石化农业的推行,虽然粮食产量得到了大幅度提升,但是随之而来就是土壤板结、二氧化碳增多、地下水质污染严重等问题,因此恢复农业的生态功能显得尤为重要。良好的生态不仅可以为人类提供生态系统农产品,同时也可以为人类的生存与发展提供基础产业支撑。

(三) 农业的文化功能

我国有着历史悠久的农耕文明,产生了优秀的民俗文化,形成了有美学意境的和谐理念和艰苦奋斗、开拓创新的先进精神,这些都可以称为农业文化乃至民族文化的瑰宝,也构成了农业的民俗文化的传承功能和人文精神的教化功能。而农业的文化功能,可以通过具有地域特征的农产品品牌体现出来,通过品牌的塑造可以提升农业的形象和竞争力。同时,农业的休闲体验功能主要是一种体验活动,与上述其他功能一起达到获得参与感的目的。

(四) 农业的社会功能

农业是国民经济的基础,也是国民经济中最基本的物质生产部门,农业产业的发展是农业地区社会保障的稳压器。目前,由于经济发展的不平衡,导致城乡基本公共服务尚未实现均等化,农业地区依旧是为城市及本地区的产业发展、人口生活性需求提供可持续利用的生产资料,因此农业的社会稳定性作用不言而喻。

农业多功能理论所涉及的众多方面可为农村地区一二三产业融合发展提供新思路。未来多功能农业将成为重要发展趋势,涉及到农业资源、农业环境、农村文化、农村社会建设等各个领域。但多功能农业也需要在一定程度上适应绿色中国发展环境,主要表现在在不损害生态和不突破环境容量的前提下,将零散的、闲置的、不合理的农业资源转化为充分合理利用的状态,打破原有农业资源利用边界。例如,通过开发农业的多种功能来调整农业产业结构,同时依托农业的多样性功能,大力发展农村一二三产业,可以有效提升农民的收入水平,促进农村一二三产业的融合。农业功能多样性的展现,不仅仅是农业自身功能多样性的一种表达,更重要的是反映了农业自身功能的多样性对国民经济相关部门和社会发展相关领域的一种重要关联作用。在市场经济条件下,要通过创造和转化发展条件,将这些价值通过有效的条件转化,通过市场交换将其转换成经济价值,以拓展农业劳动者的增收渠道,以拓展现代农业发展的新空间。我国在2007年的中央一号文件中明确提出要充分发挥农业的多样性功能,党的十八届五中全会关于"十三五"规划建议中又提出这一要求,表明多功能农业已成为党的强农、惠农、富农政策的内容。发掘农业的多样性功能,大大拓展了发展现代农业和建设美丽乡村的视野和思路。

七、治理理论

治理理论是西方国家经济社会变革与发展的产物,它于20世纪90年代兴起,当时西方国家遭遇了市场失灵和政府失灵的局面,政府期望通过"治理理论"来扭转经济萧条。随后治理理论成为学界研究热点,逐渐被广泛应用到各个领域。治理是治理理论的核心概念,它提倡多元主体共同参与管理公共事务,其并未完全否定政府的作用,而是给予了政府新的角色定位。多元主体之间通过相互依赖、相互合作,形成一种网络化体系,使组织的管理更加合理有效。治理理论的主要创始人之一是詹姆斯·罗西瑙,他将"治理"认定为社会管理领域中的一系列能够有效发挥作用的机制,这其中既包括正式的政府机制,也包括非正式、非政府的管理机制。格里·斯托克提出了关于治理的五种主要观点:"治理"意味着一系列来自政府但又不限于政府的社会公共机构和行为者;"治理"明确指出在为社会和经济问题寻求解答的过程中存在界限和责任方面的模糊性;"治理"明确肯定涉及集体行为的各个社会公共机构之间存在的权力依赖;"治理"是指行为者网络化的自主自治;"治理"认定办好事情的能力并不在于政府的权力或权威。国内学者俞可平认为:"治理是一种公共管理活动和公共管理过程,它包括必要的公共权威、管理规定、治理机制和治理方式。"

第三章 安徽省农业产业化联合体的发展现状和存在的问题

第一节 农业产业化发展的历史阶段

农业产业化是20世纪80年代部分地区在探索解决农业发展深层次矛盾、促进市场农业发展实践中,逐步摸索出的一种农业经济组织形式。所谓农业产业化,就是以市场为导向,以农户为基础,将农民的农业生产活动与农业相关企业的生产经营结合起来,形成产业化生产,以及上、中、下游相互联结的产业链,实现种养加、供产销、农工商一体化经营的经济运行方式,提高农产品附加值,促进了我国农业的进步与发展。这种一体化经营的经济运行方式,是我国农村生产力发展的内在要求,是农业和农村经济改革与发展的必然趋势,是实现有中国特色社会主义农业现代化的有效途径。

实践证明,农业产业化经营有利于解决农业和农村经济发展不适应市场经济要求的深层次矛盾。具体来讲,农业产业化经营有下列四点意义和作用:(1)它把千家万户的小生产与千变万化的大市场连接起来,提高了农业市场化的程度。(2)把一家一户的分散经营与健全的社会化服务结合起来,形成了不改变家庭经营格局的规模经营和规模效益。(3)把传统的生产方式与现代的科学技术融合起来,加速了农业现代化的进程。(4)把农产品生产与农产品加工、销售联结起来,提高了农业的综合效益。正是因为这种经营方式是农业生产力发展的内在要求,所以推进农业产业化必将促进农业科学技术的推广与应用,促进农产品的深度加工和多次增值,促进农民收入的持续稳定增长,促进农业向社会化和现代化转变,进一步促进农村集体经济持续、快速、健康地发展。

农业产业化主要有以下三个特征:第一,依托农业龙头企业的引领带动作用,依靠企业自身的资本、技术等优势带动农民专业合作社和家庭农场的发展。第二,通过对资金、技术、土地等资源要素的合理配置,各类经营主体的合作关系更加稳定,各方的交易成本和违约风险大幅度降低。第三,农业龙头企业、合作社、农户等各类经营主体之间分工明确,相互配合,形成优劣势互补。

安徽省农业产业化的发展按照时间顺序大致可以划分为三个发展阶段,分别是探索起步阶段、发展阶段、转型升级阶段。下面将以安徽省为例,介绍农业产业化发展的历史阶段。

一、农业产业化的探索起步阶段(1980—1990)

1988年,安徽省委、省政府提出了"一个稳定增长(粮食生产),两个加快发展(乡镇企业、开发性农业)"的政策。随着我国市场化改革进程的不断推进,农业生产经营主体意识到,只有联合起来发展,才能顺应我国市场经济的发展要求,才能增加经营收入。只有联合起来发展,农业龙头企业通过大批量采购的方式从农户手中采购农产品,企业才有了稳定的供应来源,而农户也才有了稳定的销售渠道,可以极大地降低双方的交易成本,也有利于降低市场交易风险。农业企业可以及时了解市场的供求信息,通过订单的形式向农户采购大量农产品,带动农户走向市场,加强了农户与市场之间的联系,发挥了引领带动的作用。农业龙头企业负责将采购的农产品进行加工并对外销售,农民负责提供生产所需要的农产品,这样就形成了产加销一条龙服务链,延长了农产品的产业链,提高了农产品附加值,这种运营模式使交易成本大幅度降低,各经营主体共同面对市场所带来的风险,同时实现利益共享。

在安徽省农业产业化的探索过程中,将农民的生产活动与企业的生产经营结合起来,形成了"公司+农户"的发展模式,然而这种模式在推广过程中也出现了许多问题,比如农业龙头企业与农户之间缺乏充分的信任、农产品质量差、交易费用高等。为了解决这些问题,安徽省又开始了新的发展模式探索,注重发挥种养大户、经纪人、协会的作用,把他们结合起来,此后,"龙头企业+大户+农户""龙头企业+经纪人+农户""龙头企业+协会+农户"等新的组织模式开始出现,加快了安徽省农业产业化的发展进程,一定程度上提高了安徽省农业的产值,推动了安徽省农业的稳定发展。

二、农业产业化的发展阶段(1990—2010)

1992年,中国确立了社会主义市场经济体制的改革目标,社会主义市场经济的兴起为农产品生产和销售创造了良好的政策和市场环境,市场经济的拉动促进了我国农业现代化的进一步发展。在市场经济环境下,农产品的供需关系需要在市场中以价格的形式表现出来,作为农产品销售和生产源头的农业龙头企业和农民,则需要及时调整其产业和种植结构,提高农产品产量和农产品的社会化服务水平,以适应市场需求的变化,更好地发挥市场经济的优势。1997年,安徽省把"一个中心"(增加农民收入)、"两个大力"(调整农村产业结构、推进农业产业化经营)作为引导思想,出台了《安徽省关于实施农业产业化战略的决定》等文件。在这一时期,安徽省实施了"121强龙工程"[①]

---

① "121强龙工程"即经过3年的努力,到2007年,实现:全省年销售收入超10亿元的龙头企业由目前的5家发展到10家;年销售收入超5亿元的龙头企业由目前的10家发展到20家;年销售收入超亿元的龙头企业由目前的66家发展到100家;每个主导产业至少培育1个年销售收入超5亿元的龙头企业;每个市培育一批年销售收入超亿元的龙头企业;每个县至少培育1个年销售收入超5000万元的龙头企业。

第三章　安徽省农业产业化联合体的发展现状和存在的问题

和"215 行动计划"①,在政府的引导下安徽省农业产业化又获得了进一步发展,对安徽省农业产业化的建设具有重要的推动作用。安徽省于 2007 年出台了《农民专业合作社法》,农民在政策的支持下开始自发地成立合作社,迅速增多的合作社的数量,也衍生出以合作社为桥梁的农业生产组织方式,于是"龙头企业+合作社+农户"等类似发展模式开始出现。2008 年,十七届三中全会首次提出将"家庭农场"归为我国农业的规模经营主体之一,家庭农场作为农产品的主要生产基地,可以为农业龙头企业规模性供给粮食作物、经济作物等农作物的产品原料、加工品,这为联合体的诞生打下了良好的主体基础。随着广大农户的积极参与,安徽省的家庭农场数量日益增多,在与农业龙头企业合作发展中,逐渐形成了"龙头企业+家庭农场"的模式。在这一阶段,政府以政策和立法带头推进,通过鼓励农户积极组建合作社和家庭农场,不断衍生出农业生产和经营的新型组织模式,为联合体的产生埋下了伏笔,也极大地推动了安徽省农业产业化的进程,有效地促进了安徽省农业现代化的建设。

三、农业产业化的转型升级阶段(2011 年至今)

2011 年 4 月,商务部办公厅、财政部办公厅发布了《关于 2011 年开展农产品现代流通综合试点有关问题的通知》,鼓励地方政府在政策上支持农业产业化发展,安徽省亦十分重视农业产业化的建设。2012 年,我国发展进入了新常态,我国的农业产业化开始向质量与效益看齐,只有农产品质量提高了才能得到消费者的认可,这也有利于提高安徽省农业总产值,有利于增加生产者的收入水平。2012 年 9 月,安徽省首创"以农业企业为核心,家庭农场为基础,农业合作社为纽带"的现代农业经营组织联盟——联合体。这一概念的

---

① "215 行动计划"即全省供销社系统以培育和壮大农业产业龙头企业为重点,经过 4 年的努力,力争到 2008 年底,实现:省级龙头企业从目前的 7 家发展到 20 家;省社级龙头企业达到 100 家(不包括省级龙头企业);年销售收入 5 亿元的重点龙头企业 5 家。

提出,在安徽省产生了深远的影响。宿州市是安徽省第一个典型试验区,当地粮食产业化联合体的建设取得了卓越的成效,随后这种农业生产组织模式在安徽省各地推广,各个地方都开始着手建设联合体,掀起了一股农业改革的热潮,进一步推动了安徽省农业现代化发展的进程。

安徽省政府为推进安徽省农业产业化的发展,从2013年起,依次出台了《关于扶持农业产业化龙头企业发展的意见》《关于培育联合体的指导意见》《安徽省推进农业产业化加快发展实施方案(2017—2021年)》等相关文件,由此可以看出安徽省对联合体的培育和发展尤为重视,近年来,安徽省也组织了安徽(合肥)农业产业化交易会,吸引了大量来自全国各地的农业龙头企业前来参加。目前,安徽省联合体的数量也在逐渐增多,队伍也在不断壮大,逐渐在全省普及。未来联合体在现代农业化建设中将成为核心推动力量。

我国农业产业化组织模式随着农业产业化探索进程而不断演变,改革开放以来实施的家庭联产承包责任制,最大程度激发了农户的生产积极性,但农户成为独立的农业生产经营主体后,它会导致农业生产的非标准化和非组织化等问题。农副产品的市场化也使"小农户"与"大市场"之间的矛盾日益突出,主要表现为农户所供给的农产品同市场需求不匹配,缺乏市场竞争力以及难以应对市场风险,这对农民收入提高与农业高质高效发展有一定影响。为了解决上述问题,各地探索出农业产业化这一路径,也形成了许多农业产业化组织模式,本书从组织模式的一体化程度出发,对我国常见农业产业化组织模式与运行机制进行比较分析(见表3-1)。

表3-1 常见农业产业化组织模式与运行机制

组织架构 组织模式类型	经营主体 (核心)	服务主体 (纽带)	生产主体 (基础)
完全一体化组织模式	股份合作制企业		农场
	合办型企业		农场
	龙头企业		租赁雇佣型农场

续表

组织架构 组织模式类型		经营主体 （核心）	服务主体 （纽带）	生产主体 （基础）
非完全一体化 组织模式	准一体化 组织模式	龙头企业		家庭农场
		龙头企业	基地	农户
			联合体	
		龙头企业 （企业集团）	合作社 （合作社联合社）	家庭农场 （种养大户）
	低一体化 组织模式	龙头企业		农户
			中介组织	
		龙头企业	合作社(自办型、合办型、领办型)	农户

第二节 联合体的发展现状

一、联合体发展的现状分析

从 2012 年安徽省宿州市开始联合体试点再到 2017 年 11 月农业部、国家发改委、财政部、国土资源部、人民银行、税务总局联合印发了《关于促进联合体发展的指导意见》[①]，联合体在全国不断地推广和普及，这说明了联合体是通向农业现代化的一条新道路，是现代农业的催化剂。联合体的发展一定程度上加快了农村的三产融合，带动了当地的经济发展，活跃了当地各个农业经营主体之间的经济往来，大大延长了农产品产业链，提高了农产品的附加值，农民可以享受到产业链所带来的增值收益，有利于提高农民的收入水平，改善农民的生活质量。目前，联合体已经成为推动安徽省农业现代化发展的关键力量，有

---

① 参见《关于促进农业产业化联合体发展的指导意见》，https://www.gov.cn/xinwen/2017-10/26/content_5234551.htm。

利于提高农业总产值。安徽省推进联合体发展的主要做法体现在以下几方面。

第一,应时而生,把握联合体发展之"势"。农业现代化的建设进程中,需要有联合体这样的组织来推动。近几年,我国的农业生产经营方式发生了很大的变化,比如出现了土地流转、入股、托管等新的生产经营方式。土地流转有利于农民将土地出租出去,生产者可以获得足够多的土地进行生产经营活动,有利于生产者扩大生产规模,进行适度规模经营,从而取得规模效益。为顺应当下新的农业形势的发展,新型农业经营主体也开始转变自己的运营方式:以前是以生产经营合作为主经营,现在慢慢转向以要素合作为主经营;以前是各新型农业经营主体地域合作比较分散,现在转向了各新型农业经营主体地域合作比较紧密。联合体的成立有利于弥补各个新型农业经营主体独立经营的劣势,各个新型农业经营主体分工明确,相互协作,共同推动着联合体的发展,共同承担着市场带来的风险,共同分享着联合体的利益。

第二,培育主体,夯实联合体发展之"基"。新型农业经营主体在现代农业发展中扮演着越来越重要的角色,新型农业经营主体的素质决定了联合体发展的未来,因此,培育一批有知识、懂技术的新型农业经营主体是社会发展的必然。新型农业经营主体主要包括农业龙头企业、农民专业合作社、家庭农场。新型经营主体自身素质的高低很大程度上会影响到联合体的发展,新型农业经营主体是产业化联合体发展的新生力量。安徽省十分注重新型农业经营主体的培育,坚持把培育新型农业经营主体作为发展现代农业和联合体发展的基础性工作,推动安徽省农业现代化的进程。2013年在全国率先出台了培育家庭农场意见,大力发展规模适度的农户家庭农场,鼓励发展种养结合的生态家庭农场,开展省级示范家庭农场认定,并规定了评选标准。在相关政策的引导下,越来越多的家庭农场开始学习先进的农业知识和农业技术,争做示范家庭农场,安徽省的家庭农场建设质量得到显著提高。出台促进农民专业合作社发展意见,加强合作社规范化建设,创建一批示范合作社。农民专业合作社也加强内部管理,完善内部管理制度,开展农业技术培训,员工的农业技术服务水平得到了显著提升。出台扶持农业产业化龙头企业发展意见和培育龙头企业"甲级队"意见,按照行业和类别相结合的方式,组织开展"甲级队"评选,提升农业龙头企业的引领带动能力。农业龙头企业在农业政策的指引下,获得了飞快的发展,截至2020年底,安徽省联合体数量有1941家。

第三,加强扶持,聚合联合体发展之"力"。2015年在全国率先出台了《关于培育农业产业化联合体的指导意见》,整合相关政策,助推联合体发展。一是开展示范创建。安徽省根据不同的行业、产业制定了示范联合体的评选办法,对示范联合体进行动态管理,择优录选。通过进行联合体的示范创建,可以让更多的新型经营主体积极参与到联合体的构建中来,鼓励联合体提高自身发展质量,争做新时代联合体示范的典范。截至2019年,共评选省级示范联合体999家。二是加强资金支持。联合体的发展需要大量的资金,联合体有了资金,可以更好地扩大生产规模,改善农业设备,提高农产品产量,质量也会得到保障。安徽省也对农民专业合作社、家庭农场和农业龙头企业提供了相应的资金支持,重点解决联合体内新型农业经营主体融资难、融资贵问题。2019年,通过财政、金融等渠道支持联合体发展的资金超过15亿元。三是搭建发展平台。通过搭建人才支持、主体培训、融资服务、信息服务等四个平台,着力解决联合体人才缺乏、经营主体素质不高、融资成本过高、生产经营信息不对称等问题。通过搭建这四个服务平台,一定程度上提高了联合体内部人才和各类经营主体的素质,融资渠道更加多样化,同时,可以很好地了解到准确的市场信息。

二、联合体取得的成效

(一)促进了农村一二三产业融合发展

联合体促进了农业一二三产业融合发展。在农业生产过程中,可以很好地做到上、中、下游的紧密配合,全产业链模式的生产可以降低联合体的市场风险和交易成本,有利于多元要素融合共享。订单农业的发展,使农业龙头企业可以从农户那边获得稳定的原料供应,从此农业龙头企业不用担心原料供应问题。农民专业合作社主要提供技术服务,为家庭农场提供技术指导,提高了家庭农场的劳动生产效率,保障了农产品的质量,农民专业合作社也有了稳定的服务对象。家庭农场在农业龙头企业和农民专业合作社的帮助下,获得了充足的资金和技术支持,农户生产积极性大幅度提升,农产品产量也大大提升,农民收入水平也大大提高。运用"公司+农户"的经营模式,促进了农民生产积极性,有利于农民集中生产,使农业生产更加趋向标准化,取得规模效益,加快了农村一二三产业的融合发展,带动了当地经济的发展。如宿州市灵璧县唯农牧业联合体,它以发展农牧结合农业为核心理念,实现了规模化养殖——生产有机肥——种植农产品——农产品加工、包装、销售等一体化发展模式,并且开展连锁专卖、市场批发、农超对接、电子商务"四位一体"的农产品营销网络,是成功推动农村一二三产业融合发展的典范,同时,也给企业带来了经济效益和社会效益。

(二) 加快了农业新型经营主体的培育

安徽省在联合体发展进程中,通过政策、资金的支持,鼓励新型农业经营主体的发展,新型农业经营主体作为联合体的重要组成部分,有利于推动联合体的建设。因此,大力培育新型农业经营主体有利于推动安徽省农业现代化的发展。对农业新型经营主体进行技术培训和农业知识培训,不仅提高他们自身素质,还有利于提高联合体成员的质量。同时,积极构建各农业经营主体之间的合作机制,完善联合体内部的利益机制,推动着联合体朝着规范化、制度化的方向发展。各类农业经营主体之间应当分工明确、相互协作,共同承担市场风险,共同享受利益。每个农业经营主体都有其优劣势,采用这种组织形式,可以更好地结合其优势,促进产业链接,延长农产品产业链,提高农产品附加值,提高安徽省联合体的经济效益。截至 2020 年底,安徽省农业龙头企业总数达到16091家,其中,国家重点农业产业化龙头企业有62家,农民专业合作社和家庭农场数量突破10万个,各类新型经营主体有了长足发展,各类新型经营主体已经成为推动安徽省农业发展的核心力量。

(三) 推动了农业适度规模经营

规模经济是联合体获得整合效益的内生动力,通过合理配置联合体内部的资源,实现资源的有效利用。随着农业龙头企业生产技术的改进,农业技术水平不断提高,农业生产率也大幅提高,由于农产品需求的增多,从家庭农场购买的农产品增多,致使家庭农场需要生产更多的农产品,在这种情况下,家庭农场通过扩大生产规模来种植农产品,有利于扩大其生产规模,提高农产品产量。农业龙头企业在资金方面给予了家庭农场强有力的支持,帮助他们解决了资金问题,家庭农场有了足够的资金之后,可以承租更多的土地和购买农业生产设备,使其劳动生产率提高,有利于农业适度规模经营,从而获得规模效益。农业专业合作社也为农场提供专业生产技术、信息等,有利于农户适度规模经营。例如,安徽省铜陵县四洋集团联合体中四洋公司负责技术研发服务,四平食品公司负责食品加工服务,铜陵农超公司负责营销,其他主体负责生产,延长了公司的产业链,进行集中生产经营活动,规模效益大幅度提高。

(四) 农业社会化服务水平提高

联合体内部成员的优劣势互补使生产经营变得更加专业化、市场化、规模化,改变了以前一家一户的个体劳动的状况,提高了生产效率,提高了农产品产量,农产品质量也得到了保障。农业龙头企业以高于市场价的方式通过向农户采购可供生产的农产品,并进行加工生产或者直接将其进行销售,提高了农产品的社会化水平。这样既让农民有了稳定的收入,也给企业带来了利润,加强了农户和企业之间的联系。联合体既是经营平台,也是社会服务平台,服务内容涉及农资供应、作业环节、加工、销售等,可以更好地服务于社会,满足了社会需求,提高了安徽省农业竞争能力。安徽省宿州市埇桥区的意利达种植联合体,通过鼓励合作社与家庭农场进行入股,并对其进行托管,对农民进行技术培训,对外提供信息咨询服务,开展农资连锁经营与配送服务,扩大了自身的社会影响力,提高社会化服务水平,树立了良好的企业形象,取得了显著的成效。

(五)农产品质量得到保障

农产品质量安全事关人民群众的身体健康和生命安全。目前,农业生产过程中的农药、化肥的不合理使用以及人为因素等原因,致使我国农产品质量安全隐患问题依然存在。安徽省联合体通过整合农业资源,对农产品的采购、生产、加工、销售等全过程进行质量监控。在生产过程中,制定了生产标准,规范生产流程,确保农产品质量安全;在加工环节中,实时抽取农产品进行样品检测,对农产品实施动态管理,保证农产品质量安全;在销售环节中,提高物流水平和冷藏技术,延长农产品保质期。安徽省政府积极推广绿色生产、标准化生产,提高了联合体内部各类经营主体的质量安全意识、绿色生产意识。安徽省宿州市蔬乐园瓜菜产业联合体龙头企业,在育苗智能温室中进行科技育苗,每年向家庭农场提供大约 2000 万株优质育苗,让家庭农场进行耕种,每亩实现节本绩效 3750 元,亩均收入 2 万余元,人均亩均纯收入双过万,大大提高了家庭农场的生产质量,提高了生产绩效。2020 年,安徽省已经新培育了 1390 个"三品一标"农产品,绿色食品总数居全国第 2 位。已经创建了 4 个中国特色农产品优势区,并且还创造了 21 个省级特色农产品优势区,取得了显著的成效。

(六)农民收入增加

越来越多的新型农业经营主体加入联合体,成为联合体的一员,联合体的规模不断扩大,数量不断增加。联合体加强了农业龙头企业与农户之间的经济往来,也提高了农民的收入水平,促进了安徽省农业经济的发展,同时,也加强了农户与大市场之间的联系,可以及时获取市场信息,解决信息不对称问题。联合体通过不断完善自身的产业链、要素链、利益链,为联合体成员谋福利,保障了联合体内部成员的切身利益,家庭农场收入不断增长。砀山县兴达生猪联合体由龙头企业投资300万元兴建了一个年产20万吨的饲料加工厂,以每斤低于市场0.1元的价格供给联合体成员,每头商品猪节省饲料款50—60元,通过药品、疫苗集中采购和使用,每头商品猪节省16元,公司以高于市场价0.2元/斤价格收购,每头商品猪增收40元,三项合计家庭农场每头猪增收110元以上。砀山县兴达生猪联合体在生产经营中降低了交易成本和市场风险,联合体中的各个成员都获得了较高的收益,联合体中的各个成员的收入水平显著提高。

第三节 联合体存在的问题

一、新型经营主体的共性问题

第一,城乡"二元"体制的制约。一方面,农业新型经营主体不愿建设农村,"进城"观念浓厚,不利于我国农业新型经营主体的建设,加上城市消费水平高,农民难以在城市中落户生存,限制了农民向城市流动;另一方面,大多数农民不愿放弃自己农村的土地,农民的土地流转意愿不强,不利于农户规模化生产。城乡"二元"体制的制约,影响了联合体的发展,不利于联合体规模的扩大和农业专业技术人才的引进。

第二,农业相关制度不完善。一个组织的健康发展离不开完善的制度支撑,联合体的健康发展同样离不开制度的支撑。目前,安徽省联合体的制度建设并不完善,主要表现在以下四个方面:一是协商对话机制并未真正建立,农业产业化联合体内部各成员并没有平等的话语权,在联合体中,农业龙头企业的负责人同样也是联合体的负责人,所作出的决策大多是农业龙头企业决定的,合作社、农户并未参与其中,有时候会忽略其他成员的利益,平等的协商对话机制还有待完善。二是利益分配制度不完善,利益分配不合理容易造成联合体内部成员之间的经济纠纷,造成成员之间关系破坏,比如农民土地经营权入股、参与联合体的持股分红等分配不合理。三是会议制度不完善,理事会和监事会长期不开会讨论运营情况,会议制度形同虚设,联合体成员自身权利难以行使。四是土地是农业发展的最基本要素,农业生产离不开土地,我国在农业生产建设性用地方面,尽管出台了相关政策,但在实际的落实中仍然面临较大困难。安徽省大多数农业设施用地在基本农田保护区范围之内,难以获得政府等相关部门的批准,由于农民土地流转过程中只能获取固定租金,因此,农民流转土地的欲望也不强烈,并且联合体用于生产的建设用地不能用作抵押,限制了其融资能力。

第三,农村金融和保险发展相对滞后。资金对于联合体的发展尤为重要,农业生产规模的扩大离不开资金支持,资金是联合体发展的物质基础,农业保险是联合体的保障,可以减轻农民承受风险的压力,可以更好保护农民的利益。农业自身的众多特性要求贷款具有灵活性,有些金融机构无法提供这种贷款,无法满足农民的资金需要。农业的自然影响因素也会影响农业的发展,比如旱涝灾害、泥石流等自然灾害都会影响农业生产,经营农业的联合体承担了很大的风险,致使金融机构对联合体的贷款要进行严格的审核,在进行科学评价后才能决定是否发放贷款以及贷款金额。经济实力相对薄弱的联合体能够提供的抵押物品少,这成为了他们贷款的障碍。对于安徽省而言,有许多家庭农场、农民专业合作社和一些小型农业企业在发展过程中存在融资难的问题,他们缺乏金融借贷的担保抵押物,很难获得金融信贷机构资金的帮助,而小额信贷无法满足各个经营主体的资金需要,一定程度上阻碍了联合体的发展;农业保险存在着覆盖面小、金额赔付少、农民参保意识不强等问题,难以充分发挥风险保障的作用。

第四,农业人才较为缺乏。联合体的发展需要有农业专业性人才的支持

第三章　安徽省农业产业化联合体的发展现状和存在的问题

和帮助,在联合体发展过程中,由于农民教育水平的限制,盲目在土地上进行生产经营,加上专业技术不到位,容易造成资源的浪费。专业的农业人才、先进的农业技术、完善的农业设施对于联合体的发展具有重要意义。目前,安徽省缺乏农业技术性人才,40岁以下的劳动力多向城市聚集,而45岁以上的中老年成为了联合体的主力军。这样的情况反映出一个问题:农业产业劳动力年龄结构失衡,缺乏后备人才,科学文化素养较低成为制约农业产业化联合体发展的因素之一。

目前,农业产业的生产过程协调统一度不高,例如存在小农户投机行为的产生、联合体内信息传递系统的不完善导致生产产品与市场需求的不匹配、小农户在联合体中的决定权不高等现象。如此一来,农业的生产效率就会降低,导致农业成本提升,进而引发农产品附加值不高等问题。因此,在农业产业化的发展过程中,只有在联合体内部建立完善的协同机制,加强农业产业化联合体内各利益主体的协作,才能促使农业持续发展。

二、新型经营主体的个性问题

新型经营主体在联合体的建设中,自身也存在着种种弊端,农业龙头企业是联合体的发展的核心力量,具有带动作用。目前,安徽省农业龙头企业的总体数量居于全国前列,但总体来看,企业的生产经营规模较小,其带动能力不强。缺乏规模较大的农业龙头企业,缺乏带动作用的领军企业;农业龙头企业以加工初级产品为主的偏多,而以精深加工为主的企业数量偏少,多以劳动密集型、技术含量低的行业为主,产业链短,产品的附加值不高;农业企业离农倾向明显,当经济下滑、农产品价格下降时,有些农业企业无利可图,纷纷放弃农产品生产,从而生产其他非农产品,同时也使农民利益受损,不利于安徽省联合体的发展。

安徽省农民专业合作社总量少、规模小,存在合作社虚化现象。农民专业合作社管理人才不足,管理制度不完善,缺乏联结农业龙头企业和家庭农场的能力,社会化服务水平较低,难以满足上、下游农业经营主体的需要。在决策方面,合作社成员参与积极性不高,最终决策权掌握在极少数高层领导者手中。合作社中的信息不对称使合作社与其成员之间的关系变得紧张,降低了成员与其合作社进行交易的信心。因此,农民专业合作社在联合体的建设中也发挥着重要作用。

家庭农场作为联合体的生产基地,为联合体提供充足的农产品,通过订单合同的形式从农户手中收购所需的农产品。在家庭农场生产过程中,农户自身缺乏先进的农业生产设备,农产品产量不高;大多数农户由于缺乏资金,没有足够的资金购买先进的生产设备,限制了农业生产规模的扩大;并且在土地流转方面,由于不规范的土地流转流程,导致多数农民不愿意长期出租土地,这样容易造成家庭农场土地经营的规模难以扩大,不利于家庭农场生产规模的扩大,难以取得规模效益。

三、农业产业联合体存在的突出问题

当前,安徽省联合体的发展尚未成熟,总体发展水平偏低,仅省内部分地区或一些规模较大的联合体发展成效明显,联合体发展过程中存在的问题较为突出,集中体现在联合体"三个链接"脱节、政府对联合体成员政策扶持力度不足、工作统筹协调能力较差、品牌意识不强、市场信息闭塞等五个方面。

(一)"三个链接"脱节

第一,产业链脱节。打造农产品产业链,有利于提升农产品品质,可以使农产品交易成本降低,有利于降低市场风险。目前,安徽省农产品生产、加工环节仍然以小型农业龙头企业为主,缺乏规模较大的农业龙头企业,大部分农业龙头企业分散经营,规模较小,很难取得集聚效应。这些农业龙头企业多以初级产品生产为主,精深加工的农业龙头企业少之又少,精深加工等附加值高的环节有待提高,旧的经营方式依旧存在,没有被完全打破,而农民专业合作

社、农业龙头企业没有形成适度的规模化生产,对农业资源的整合能力不足。同时,农业龙头企业对相关的市场信息获取能力差,对市场信息不能准确把握,加上传导机制目前尚不健全,在做决策方面,会因信息不充分而导致决策失误,不利于安徽省联合体的建设。

第二,要素链脱节。联合体在生产过程中,需要先进的农业生产设备作为物质基础,而由于缺乏新型农机、灌溉、仓储烘干等农业先进大型设备,一定程度上阻碍了联合体生产效率的提高以及生产规模的扩大。土地要素是联合体扩大生产规模的关键,伴随联合体的不断发展,扩大规模成为了当务之急,但土地流转成为了难题。联合体,特别是种植类产业化联合体,对流转的土地要求规范、稳定并且成片,这样才能进行机械化耕作,提高经济效益。农民还存在"两怕"的问题,不愿把土地承包出去,这就使联合体很难获得足够的土地进行集中生产经营,很难实现规模经营,取得规模效益。目前,安徽省农业保险还不够完善,存在覆盖范围窄、保额不高、补贴较少的问题,无法满足联合体发展的需要。联合体的发展需要高素质的农业专业人才,目前,安徽省在农业专业人才培育方面欠缺政策引领,许多青年大学生不愿投身于农业领域,农村劳动力短缺。资金要素不足,联合体的发展需要大量资金的支持,目前,安徽省部分经营主体由于无法进行信用评估,金融机构很难为他们提供充足的贷款,不利于联合体的发展。

第三,利益链脱节。安徽省大多数联合体内部利益联结机制不健全,其结构还比较松散。农业龙头企业是联合体的发展的核心力量,具有带动作用。农业龙头企业的负责人在做决策时,并没有重视其他经营主体的利益诉求,容易导致"各自为政"的情况出现,未能将其他经营主体的利益联结在一起考虑,这种关系是极其不稳定的,如果出现市场风险或者自然灾害,容易引发矛盾,直至联合体解体。农民专业合作社连接着农业龙头企业和家庭农场,其沟通桥梁作用不明显,它自身的规模不大,其运行机制不规范,在实际运营中,并没有起到良好的联结纽带的作用。加上农产品市场价格的不稳定性,农户在生产经营中很难及时掌握市场信息,受价格冲击大:当市场价格过高时,农户可能会考虑眼前利益,违背合同要求,直接将农产品销往市场,赚取更高的利润,不诚信、违约的问题严重;当市场价格低时,农业龙头企业不愿收购农产品,违背合同要求,一定程度上损害了农户的利益。大部分加入联合体的成员都是为了通过联合体的平台给自己争取更多的利益和必要的技术、资金支持,以此实现自身利益最大化,这种利己主义的想法必然会对联合体的发展产生不良影响。在成员只考虑短时间内实现自身利益最大化的情况下,他们不会站在联合体的角度去考虑整体的进步与发展。农业生产具有周期性和季节性,是不可能在短时间内获得巨大效益的。成员在利益的驱使下忽视农业发展的客观规律,很可能对自身利益造成损失,甚至成为退出联合体的导火索。

(二) 政府对联合体成员政策扶持力度不足

联合体是农业农村发展的重要推动力,它是农村发展的新尝试,是解决"三农"问题的重要力量,需要强有力的政策作为保障。联合体要想获得飞速的发展离不开政府政策的扶持,尤其是有利于联合体内部各个经营主体发展的相关政策,通过加大对联合体的政策培育力度,有利于加快安徽省联合体的发展进程。目前,安徽省出台了扶持联合体的相关政策,一定程度上推动了安徽省联合体的发展,但在具体落实中也出现了一些问题。一方面,在政策的执行和审核中,有些地方出现审核不严的问题,比如有些带动能力不强的龙头企业,盲目成立联合体,以达到享受优惠政策的目的,在这种条件下成立的联合体往往组织机制是不健全的,发展目标也是不明确的,很难做到各成员之间的实质性融合。相关的农业政策之间脱节现象比较突出,政策之间衔接性较差,如农业企业经营用电问题,尽管省里已经有相关规定出台,但是至今没有落实到位。另一方面,安徽省出台的农业优惠政策更加倾向于农业龙头企业,而政策中关于农民专业合作社、家庭农场的扶持政策比较少,并没有认识到农民专业合作社、家庭农场也是联合体未来发展的一部分,很难调动他们的生产积极性。

(三) 工作统筹协调能力较差

联合体是农业发展过程中的重要力量,具有工作量大、涉及面广的特点,在联合体发展过程中,由于农户对于联合体的运营模式了解还不够充分,所以需要付出大量的时间和金钱把这些农户组织到一起。各类经营主体之间要有明确的分工,各部门之间要紧密配合,各部门充分发挥各自的功能与作用,从而保证相关工作的正常开展。在联合体发展过程中,不仅需要协调各部门的发展,而且需要统筹全局,兼顾各个经营主体的利益。安徽省联合体在发展中出现了许多问题,比如,联合体内部各部门之间的协调能力较差、分工不明确等,但这些问题出现的原因更大程度上是联合体主体之间没有做好统筹全局的规划。各部门间相互协调能力较差,一定程度上阻碍了联合体的发展。

(四) 品牌意识不强

品牌化是农产品实现高额附加值,进而获得高额利润的关键。任何产品要想在市场上占据有利地位,离不开品牌的宣传与推广,通过品牌的宣传,人们才能更好地了解农产品的各个方面的信息。近年来,安徽省注重品牌化发展,出台多种有利于品牌化发展的政策,大力推进品牌建设。但是,安徽省在农产品品牌建设中存在着诸多问题,比如一个农产品品牌建设所需时间较长,投资的成本较高,并且品牌的影响不能迅速传播,见效慢,许多联合体内部成员的品牌意识比较薄弱,没有认识到品牌建设的重要性,在品牌建设上投入较少,导致农产品在市场中所占的份额少,虽然有大量优质农产品,但是具有较大影响力的品牌较少。

（五）市场信息闭塞

在市场竞争中，掌握充分的信息有利于决策者做出更好的决策。信息闭塞是阻碍农业发展的主要原因，安徽省联合体的建设还并不完善，没有足够的能力掌握市场中的有利信息，降低了联合体决策水平，造成农产品结构与市场需求结构不一致，导致买卖困难的局面。

第四节　被调查联合体现状分析

一、调研问卷设计

本书采用问卷调查的方式实证研究联合体的协同机制与绩效。选择安徽省作为样本地的原因在于安徽作为农业大省和联合体的发源地，联合体发展相对成熟，具有代表性。本次调查的范围涵盖皖南、皖中、皖北。由于联合体是由农业龙头企业、合作社、家庭农场共同组成的一个联合性的组织，导致本次调研耗时长、难度大，课题组对每一个联合体内的龙头企业和专业合作社各发放一份问卷，家庭农场发放5份问卷，共计发放700份问卷，实际回收82个联合体的574份有效问卷，有效回收率达82%。

调查问卷根据联合体内成员的组成情况（龙头企业、合作社、家庭农场）进行设计，对被调查的联合体共发放三种类型的调查问卷：联合体龙头企业问卷调查、联合体农民专业合作社问卷调查以及联合体家庭农场问卷调查（见附件）。调查问卷内容主要包括两个部分：一部分是被调查联合体成员的基本情况，如姓名、年龄、经营类型等，由此了解联合体成员的基本特征；另一部分从联合体产生的经济效益、社会效益和联合体内资源共享、制度规范情况及执行情况等方面入手调查联合体运行现状，同时对联合体成员关于联合体稳定性认知状况进行调查。本部分的题目维度与分布，如表3-2所示。

第三章　安徽省农业产业化联合体的发展现状和存在的问题

表 3-2　主体部分的维度与分布

题号 问卷内容	调研对象 龙头企业	合作社	家庭农场
基本情况	1—7	1—6	1—5
联合体产生的经济效益	8—10	7—9	6—10
联合体产生的社会效益	11—16	10—13	11—14
联合体产生的生态效益	/	/	15—20
联合体内资源共享情况	17、18	14—18	21—25
联合体内制度规范情况	19—30	19—29	26—28
联合体内制度执行情况	31—36	30—44	29—32
对联合体稳定性认知状况	37—42	45—51	33—37
与联合体内农户的关系	43—45	/	/
与联合体内合作社的关系	46、47	/	/
其他	48—57	52—56	/

二、调研方法

（一）调研对象

安徽省是联合体的试点省份，因此对它进行调查能够真实地反映当下联合体以及联合体体内成员的运营情况。为了让本次调查具有代表性，本次调查对象是安徽省的合肥市、芜湖市、宿州市、亳州市、安庆市、铜陵市、宣城市、六安市、池州市 9 个市，样本选取方法采用主观抽样法，在地理位置上基本覆盖了安徽省的中心区域和边缘地区，能在一定程度上代表联合体的现状。

本书的数据来源于对安徽省上述 9 个市的相关联合体的调查。调查的形式以问卷调查为主。在调查过程中得到了当地政府和企业的大力支持，同时问卷的填写质量和回收率也得以保证。

(二) 调研方案与步骤

本书的调查问卷是在文献佐证和前期调研的基础上,再经过两轮专家论证会之后确定下来的。在正式调查之前展开了预调查,对问卷进行了调整和修改。同时按照以下步骤顺利完成。

1. 确定调查范围

被调查联合体来源于安徽省的 9 个市,调查的类型包括种植类、养殖类、种养结合类联合体。在开展全面正式调查之前,与当地政府和企业提前获取联系,并获得支持。

2. 发放与回收调查问卷

本书的调研主要采取座谈会和问卷调查的方式,于 2020 年 2 月至 2020 年 12 月,近 11 个月的时间完成 100 家联合体的调研。在每一家联合体的调研过程中,先调研龙头企业,通过座谈会的形式了解企业和相应联合体发展的历程及存在问题,再调研合作社,了解合作社在联合体发展中的纽带作用,最后随机走访 5 家家庭农场,完成问卷调查。

3. 整理调查结果

调查结束之后,对所有原始调查数据进行汇总整理,并仔细检查核对已填写的调查问卷中可能存在的遗漏和误差,剔除一些存在问题的调查问卷,整合有效调查问卷。最终确信调查问卷无误后,将调查结果录入计算机进行下一步数据分析。

(三) 问卷基本情况分析

对问卷的实际调查结果进行整理,"1 个企业+1 个合作社+5 个家庭农场"模式的问卷共有 413 份;"1 个企业+1 个合作社+4 个家庭农场"模式的问卷共有 66 份;"1 个企业+1 个合作社+2 个家庭农场"模式的问卷共有 8 份;"1 个企业+1 个合作社+1 个家庭农场"模式的问卷共有 24 份;而"1 个企业+1个合作社+5个家庭农场+1个种植大户""1个企业+2个合作社""1个企业+2个合作社+3个家庭农场""1个企业+2个合作社+4个家庭农场""1个企业+3个合作社+3个家庭农场"模式的问卷则共31份。因为问卷回收率较高,故基本不用考虑样本的无回收偏差问题。问卷回收具体情况见表3-3。

表3-3 问卷回收情况

	问卷数量	百分比
实际发放问卷	700	100%
回收问卷	644	92%
无效问卷	97	7%(占实际发放问卷)
有效问卷	547	82%(占实际发放问卷)

本次调研得来的样本,其来源与构成如表3-4所示。问卷调查中来自合肥市的共有22份,占总调查数目的25.88%,属于本次联合体现状调查的最主要地区,来自亳州市的有17份,占总调查数目的20%,六安市有12份,宿州市有10份,芜湖市有6份,铜陵市有6份,而池州市、宣城市以及安庆市分别有4份。

表3-4 样本来源与构成

地区	联合体个数	百分比(%)	地区	联合体个数	百分比(%)
合肥市	22	25.88	铜陵市	6	7.06
芜湖市	6	7.06	亳州市	17	20
宿州市	10	11.76	宣城市	4	4.71
池州市	4	4.71	安庆市	4	4.71
六安市	12	14.11			

三、调研结果描述性分析

(一) 基本情况

1. 联合体经营类别分析

如表3-5所示,问卷调查中种植类的联合体共有44个,占总调查数目的51.77%,种植类属于本次联合体调查的主要经营类别;养殖类联合体共有27个,占总调查数目的31.76%;剩余的14个联合体的经营类别属于混合型,即经营范围既包括种植也包括养殖。

表3-5 联合体经营类别分析

项目 类别	种植类	养殖类	种养结合
数目(个)	44	27	14
百分比(%)	51.77	31.76	16.47

2. 联合体成立时间分析

运用SPSS分析软件对被调查的联合体的成立时间进行统计分析,发现其中在2016年成立的联合体最多,其次是2017年、2015年、2018年等。样本联合体成立的时间主要集中在2015年至2019年期间,联合体成立时间如图3-1所示。

3. 联合体级别分布

有效调查问卷中,被调查联合体一共有四种级别:国家级、省级、市级以及县级。其中,国家级联合体有5家,占总数的5.88%;省级联合体的数目最多,一共有65家,占总数的76.47%;市级联合体有14家,占总数的16.47%;县级联合体数目最少,仅有1家,占总数的1.18%。如图3-2所示。

4. 联合体中龙头企业的基本情况

运用SPSS分析软件对联合体中龙头企业的基本情况进行分析,分析结

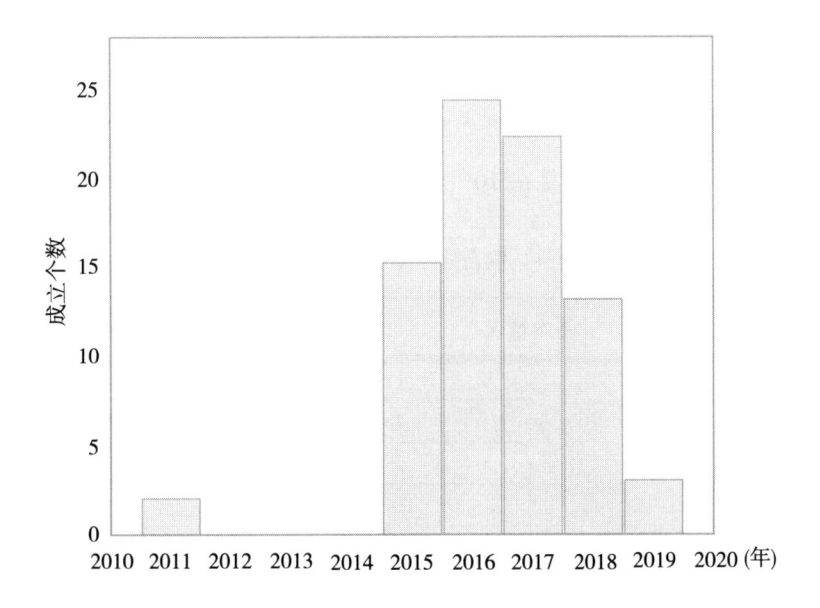

第三章 安徽省农业产业化联合体的发展现状和存在的问题

图 3-1 联合体成立时间

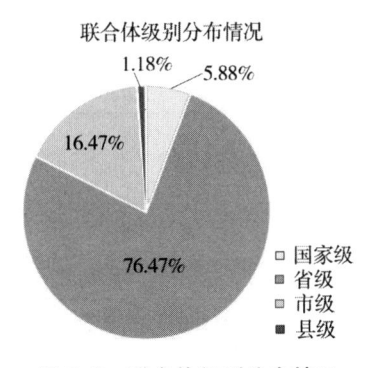

图 3-2 联合体级别分布情况

果如表 3-6 所示。从表中可以看出，首先，联合体中近一半的龙头企业成立已有十年以上，在当地已经形成了一定的影响力；但也存在 21.7% 的刚成立没多久的龙头企业。其次，一大半龙头企业的注册资金超过了 500 万元，资金实力相对来说比较雄厚；但仍有一部分的企业注册资金较少，缺乏一定的资金实力。再次，龙头企业的级别主要集中在省级，而市级、国家级、县级的龙头企业很少。最后,龙头企业的用工规模主要分布在50—100人、100—500人这两个阶段,拥有员工人数超过1000人的龙头企业还是偏少。其间,联合体中有57.8%的龙头企业注册资金在500万元以上,但是却有至少69.14%的龙头企业带动家庭农场的数量是在10个以内,合作社均为生产类合作社。

表3-6 联合体中龙头企业基本情况

基本情况		百分比
成立时间	1—3年	21.7%
	4—6年	14.5%
	7—9年	15.7%
	10年以上	48.2%
注册资金	50万元以下	30.1%
	50万—100万元	3.6%
	100万—500万元	8.4%
	500万元以上	57.8%
级别	国家级	6.1%
	省级	76.8%
	市级	15.9%
	县级	1.2%
员工人数	50人以下	16.9%
	50—100人	28.9%
	100—500人	28.9%
	500—1000人	15.7%
	1000人以上	9.6%
合作社数量	1—5个	78%
	6—10个	12%
	11—15个	4%
	16—20个	2%
	20个以上	4%

续表

基本情况		百分比
家庭农场数量	1—5个	20.99%
	6—10个	48.15%
	11—15个	11.11%
	16—20个	6.17%
	20个以上	13.58%

5.联合体中合作社的基本情况

运用SPSS分析软件对联合体中合作社的基本情况进行分析,分析结果如表3-7所示。从表中可以看出,第一,合作社的成立时间主要集中在2011—2015年,其次是2010年以前,最后是2015年以后。第二,绝大多数的合作社的专业管理人员数量集中在1—15人,这一情况表明了当前的合作社急需一批专业管理人员对合作社进行管理。第三,合作社对于当地的农户带动数量不是特别多,带动农户数量主要在500户以下,缺乏能够大规模带动农户的合作社。第四,合作社的正式成员户数主要集中在100户以下,拥有正式成员1000户以上的合作社数量较少。

表3-7 联合体中合作社基本情况

基本情况		百分比
成立时间	2010年以前	28.8%
	2011—2015年	53.8%
	2015年以后	17.5%
专业管理人员总数	1—15人	82.5%
	16—30人	6.2%
	31—45人	1.2%
	45人以上	10%

续表

基本情况		百分比
带动农户数	100 户以下	39.5%
	100—500 户	39.5%
	500—1000 户	7.4%
	1000 户以上	13.6%
正式成员户数	100 户以下	65%
	100—500 户	30%
	500—1000 户	2.5%
	1000 户以上	2.5%

6.联合体中家庭农场的基本情况

运用 SPSS 分析软件对联合体中家庭农场的基本情况进行分析,分析结果如表 3-8 所示。通过表 3-8 可以发现,家庭农场的农场主以男性为主,年龄主要集中在 40 岁以上的中老年人,30 岁以下的青年从事农业生产的仅占 1.7%。同时,农场主的文化程度不高,大多是初中文凭,缺少高学历的农场主。还可以发现,在 2011—2015 年期间家庭农场成立数量最多,而在 2017 年以后很多家庭农场选择加入联合体,占本次家庭农场调查数量的 79.4%。

表 3-8 联合体中家庭农场基本情况

基本情况		百分比
农场主性别	男	83.4%
	女	16.6%
农场主年龄	30 岁以下	1.7%
	31—40 岁	26.5%
	41—50 岁	39.4%
	51 岁以上	32.5%

续表

基本情况		百分比
家庭人数	3人以下	8.5%
	3—5人	71.6%
	5人以上	19.8%
文化程度	小学及以下	7.7%
	初中	45.2%
	中专或高中	30.8%
	大专及以上	16.4%
家庭农场成立时间	2005年以前	0.9%
	2006—2010年	4.2%
	2011—2015年	63.7%
	2015年以后	31.4%
加入联合体时间	2012年以前	0.6%
	2012—2016年	20.1%
	2017年以后	79.4%

（二）联合体产生的经济效益

1.联合体整体经营收益情况

问卷对联合体内成员2017—2019年中三年的净利润增长率及销售收入增长率进行了计算，为代表联合体整体的经营收益状况分别求取联合体在2017—2019年的平均净利润增长率及平均销售收入增长率，结果如表3-9所示。

表3-9 联合体整体经营收益状况

年份	平均净利润增长率	平均销售收入增长率
2017	29.29%	20.00%
2018	42.53%	12.35%
2019	31.87%	17.94%

表 3-9 表明,在 2017—2019 年间联合体的平均净利润增长率及平均销售收入增长率均大于零,说明成员加入联合体对成员自身的经营收入状况有改善作用。2017—2019 年三年的平均净利润增长率都超过了 25%,最高为 42.53%,最低也达到了 29.29%,年均净利润增长率为 34.44%,净利润增长率呈现不断上升趋势。2017—2019 年三年内的平均销售收入增长率均超过 10%,最低为 12.35%,最高达到了 20.00%,年均销售收入增长率为 16.72%,销售收入增长率同净利润增长率一齐稳步增长。这一结果表示成员在加入联合体之后,联合体经营收益不仅有效提升,而且能保持高水平、持续增长。

2. 联合体中企业的经营情况

该问卷对联合体中企业的经营效益与是否加入联合体的相关度进行调查,并得到图 3-3 所示的结果。

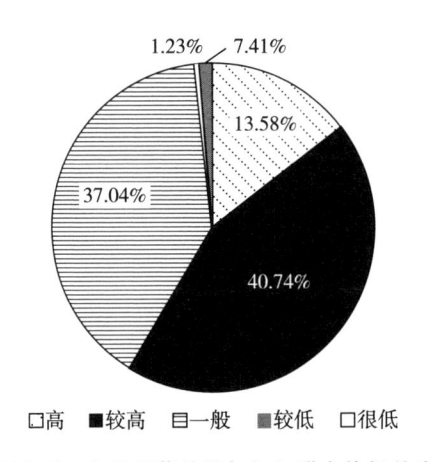

图 3-3 企业经营效益与加入联合体相关度

根据图 3-3 可以看出,40.74% 的企业认为企业的经营效益与加入联合体有较高的相关度,占总体的大多数,13.58% 的企业认为相关度高,37.04% 的企业认为相关度一般,7.41% 的企业认为相关度较低,仅 1.23% 的企业认为相关度很低。

问卷同时调查了联合体为农户提供贷款担保服务的情况,结果见表 3-10。

表 3-10 联合体为农户提供贷款担保服务的情况

联合体为农户提供贷款担保情况	占比	平均担保贷款金额（万元）
有	16.05%	123.07
无	83.95%	0

根据表 3-10 可以看出，仅有 16.05% 的联合体为农户提供贷款担保服务，提供该服务的联合体平均花费了 123.07 万元的金额为农户担保。贷款担保是促进农户融资的重要方式，目前联合体提供贷款担保服务的水平较低也反映了农户融资方面的阻力。

3.联合体中合作社与家庭农场经营情况

问卷对联合体中合作社与家庭农场的营业收入进行调查，整理得到 2016—2019 年营业收入的变化趋势，见图 3-4。

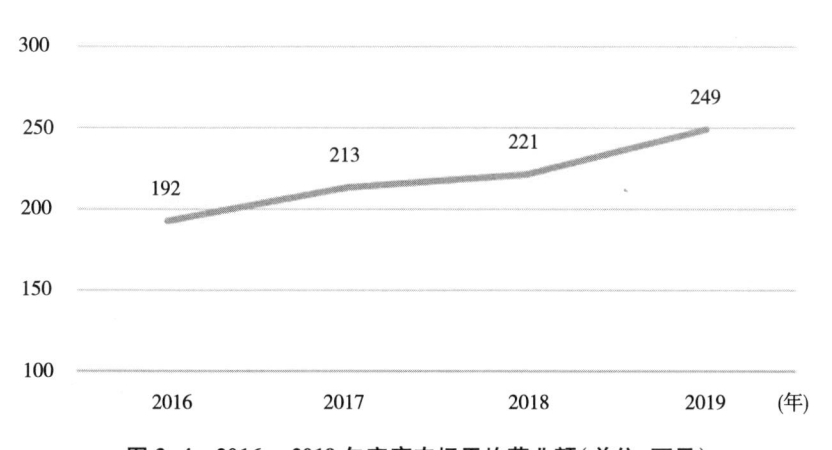

图 3-4 2016—2019 年家庭农场平均营业额（单位：万元）

由图 3-4 可以看出，2016 年至 2019 年家庭农场的平均营业额呈上升趋势，从 2016 年 192 万元以内到 2019 年超过 249 万元，取得较大的增长，且增长稳定平缓，也反映了联合体中家庭农场的收入在 2016—2019 年处于稳定增加阶段。

在对家庭农户营业额调查的同时，问卷也对联合体对于合作社与家庭农场收入直接的影响关系进行了调查,得到图3-5。

从图3-5中可以了解到合作社与家庭农场从联合体中获利占总收入的比例,以更清晰地判断联合体在合作社和家庭农场收入中起到的作用。首先有超10%的农户90%以上收入来自联合体,联合体的存在对这一部分农户的经营是至关重要的,同时也反映了产业化联合体的发展很大程度地提高了农户的收入水平。大多数农户收入占比在30%—90%以内,说明产业化联合体对大多数农户都有较为明显的带动作用,还有约四分之一的农户从联合体获利占总收入不到30%,这与多方面因素有关。

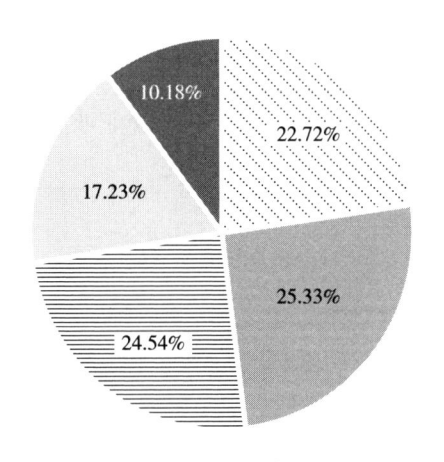

□ 30%以下　■ 30%—50%　⊟ 50%—70%　▱ 70%—90%　■ 90%以上

图3-5　合作社与家庭农场从联合体中获利占总收入比例

问卷对合作社与家庭农场的其他情况进行调查,包括员工数量与专利数量,可以从这两个方面初步判断发展规模趋势与科技创新趋势,见图3-6、图3-7。

图3-6反映了2016—2019年合作社与家庭农场雇佣员工数量的趋势。在2016年到2017年间呈下降趋势,但是在2017年之后呈上升趋势,整体变化幅度只有两个人左右,这与现代化的农业生产有较大关系。图3-7是2016—2019年合作社与家庭农场专利数的变化趋势,同样变化幅度不大,平

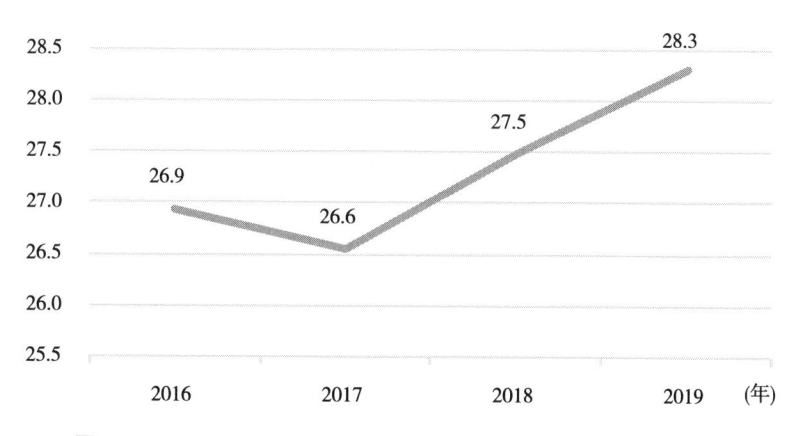

第三章 安徽省农业产业化联合体的发展现状和存在的问题

图 3-6 2016—2019 年合作社与家庭农场平均员工数（单位：人）

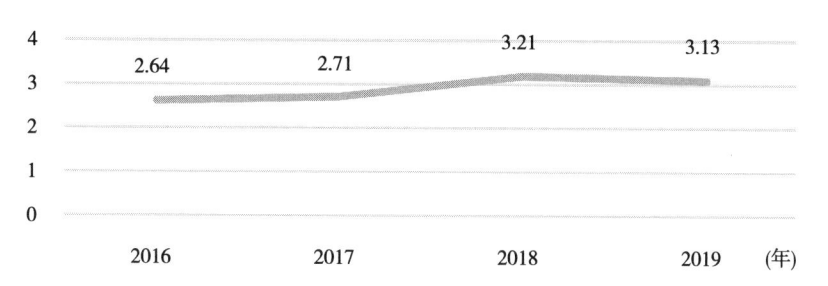

图 3-7 2016—2019 年合作社与家庭农场平均专利数（单位：件）

均每户一年申请 3 个专利。

问卷也调查了家庭农场的灌溉情况，包括节水面积与有效灌溉面积，如图 3-8 所示。

在图 3-8 中，数据来自问卷 2016—2019 年间所有家庭农场的灌溉与节水面积的均值，可以看出在这 4 年间节水面积在稳定增大，从 2016 年 1204.18 亩到 2019 年的 1409.96 亩，这表明在农业发展中，注重资源节约与环境保护，既要发展农业更要可持续的发展农业。有效灌溉面积从 2016 年到 2018 年间出现下降，2016 年有效灌溉面积达到 2328.00 亩，而到 2018 年下降到了 1896.15 亩，2018 年到 2019 年间增加，在 2019 年有效灌溉面积达到 2245.31 亩。

农业产业化联合体的协同机制与绩效评价

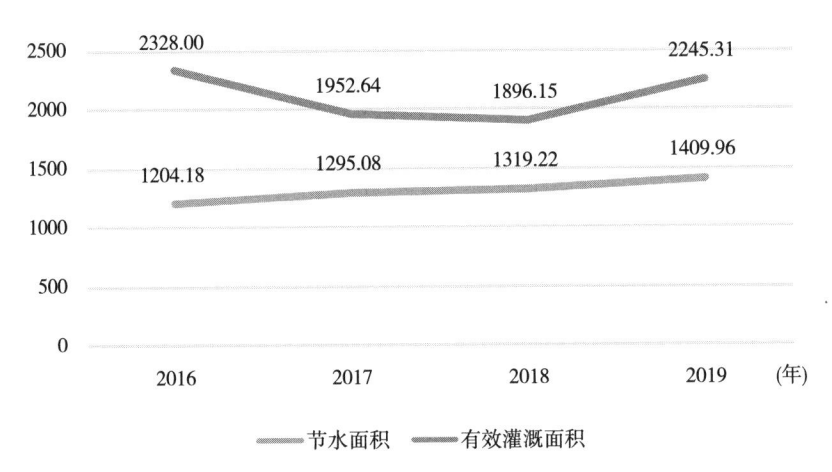

图 3-8 2016—2019 年家庭农场灌溉与节水情况（单位：亩）

农业是风险因素较大的产业，因此对农户的保险参与情况的调查也是十分必要的。在了解保险参与情况的同时也调查了农户对于保险的态度，见表 3-11。

表 3-11 农业保险参与情况及对保险的态度

		比例	保险规避经营风险态度				
			非常同意	比较同意	一般	比较不同意	非常不同意
农业保险参与情况	政策性保险	50.5%	12.6%	26.5%	36.4%	15.2%	9.3%
	商业性保险	22.7%	8.8%	30.9%	36.8%	13.2%	10.3%
	没参加保险	26.8%	6.3%	15%	56.2%	21.2%	1.3%

根据表 3-11 的数据显示，73.2% 的农户都参加了农业保险，26.8% 的农户未参加保险。在参加保险的农户中，50.5% 的农户参加了政策性保险，22.7% 的农户参加了商业性保险，且其中约 40% 的农户对保险规避经营风险持积极态度。在未参加保险的农户中，大多数对保险规避经营风险的能力表示中立，甚至有超过 20% 的农户比较不同意保险规避经营风险的能力，这也

是这些农户没有参与保险的一个重要原因。

（三）联合体产生的社会效益

1. 联合体产生的社会效益

产业化联合体不仅带动合作社与家庭农场的农业经济发展,同时也带动了当地农业相关产业的发展以及扩大了就业机会。针对联合体产生的社会效益,本书也调查了相关问题以了解联合体产生的社会效益,根据问卷数据分析得到表3-12。[①]

表3-12 联合体产生的社会效益

内容		占比
企业所在联合体带动类型	政府推动型	3.49%
	龙头企业带动型	80.23%
	合作组织带动型	11.63%
	专业市场带动型	4.65%
形成联合体后企业雇佣变动情况	新增雇佣50人以上	31.91%
	新增雇佣50人以下	44.31%
	没有变动	21.58%
	裁员50人以内	1.1%
	裁员50人以上	1.1%
合作社帮扶联合体理想方式	桥梁作用,联系企业与市场	63.29%
	助推作用,整合资源	84.81%
	监督作用,加强管理	48.1%
	参谋作用,整合信息	50.63%

---

① 表中内容,有一些问卷为多选题,故占比总和超过100%。下文涉及比重情况,不一一注明。

续表

内容		占比
企业与企作社对联合体作用的态度	增加就业	73.56%
	带动农户专业化生产	85.06%
	带动相关产业	64.94%
	增加本地财政收入	27.01%
	产生环境问题	0

从表3-12中我们可以得到以下信息：在企业所在联合体的带动类型中，龙头企业带动型占大多数，高达80.23%，合作组织带动型其次，占11.63%，政府推动型和专业市场带动型较少，分别占比3.49%和4.65%。在形成联合体后企业雇佣变动情况中，21.58%的企业的雇佣情况没有发生变动，新增雇佣50人以上的企业占31.91%，新增雇佣50人以下的企业占44.31%，裁员的企业相对较少，仅占2.2%。在合作社帮扶联合体的理想方式中，超过80%的人认为合作社应当发挥助推作用，整合资源；63.29%的人认为合作社需要起到桥梁作用，在市场与企业之间建立连接；大约一半的人也认为合作社要起到监督管理和参谋的作用，从而更好地发挥联合体的优势。在企业与合作社对于产业化联合体作用的态度中，73.56%的人认为能够增加就业，85.06%的人认为联合体能够带动农户专业化生产，64.94%的人认为联合体能带动相关产业，27.01%的人认为联合体能增加本地的财政收入，在联合体产生的环境问题方面，没有人认为联合体对环境造成了污染，由此可见联合体对于当地的社会效益产生了很多积极的影响。

2. 劳动力带动力与相关产业带动力

问卷对于联合体对劳动力和相关产业的带动力做了更细致的调查，结果见图3-9、图3-10。

从图3-9以及图3-10中可以清晰看出，联合体在带动劳动力就业和相

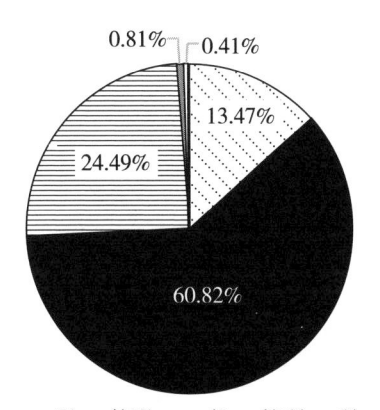

第三章 安徽省农业产业化联合体的发展现状和存在的问题

图 3-9 劳动力带动能力

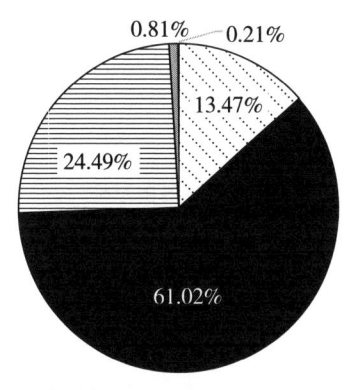

图 3-10 相关产业带动能力

关产业的发展方面有着近似的作用。在劳动力劳动能力上,13.47%的人认为联合体带动劳动力能力强,60.82%的人认为联合体带动劳动力能力较强,24.49%的人持中立态度,剩下1.22%的人不认为有带动能力。在相关产业带动能力上,13.47%的人认为联合体对相关产业的带动能力强,61.02%的人认为带动能力较强,24.49%的人认为带动能力一般,仅有1.02%的人认为带动能力较弱或弱。

（四）联合体产生的生态效益

1. 家庭农场生态情况

问卷对联合体的生态效益进行调查，生态效益主要通过家庭农场体现，因此主要调查家庭农场的生态情况来体现。根据问卷数据，分析得到表3-13。

表3-13 家庭农场生态情况

内容		占比
肥料投入量依据	土壤肥力	45.61%
	作物品种	40.78%
	去年产量	13.6%
	习惯经验	18.13%
打药及用药量依据	病虫害情况	80.56%
	作物品种	22.84%
	习惯经验	7.41%
秸秆处理方式	机械化还田	65%
	卖给养殖场	11.65%
	卖给造纸厂、发电厂	6.25%
	回收再利用	15%
	其他	11.25%
畜禽粪便的处理方式	直接排放	6.28%
	发酵后做有机肥	58.48%
	出售	16.26%
	发酵后做饲料	7.96%
	做沼气沼液，沼渣直接排放	3.11%
	做沼气，沼渣做有机肥	8.65%
	其他	14.18%

根据表 3-13 可得到以下结论:在家庭农场的肥料投入量的依据中,45.61%的农户根据土壤肥力控制肥料使用量,40.78%的农户根据作物品种来决定肥料的多少,13.6%的农户依据去年产量使用肥料,18.13%的农户根据以往经验控制肥料量。在对农作物打药及用药量的决定依据上,80.56%的农户依据农作物病虫害情况打药,22.84%的农户依据不同作物的品种打药,7.41%的农户依据以往经验对农作物打药。在秸秆的处理方式上,65%的农户选择机械化还田,11.65%的农户选择卖给养殖场,6.25%的农户选择卖给造纸厂及发电厂,15%的农户选择回收再利用,11.25%的农户选择了其他方式。在畜禽粪便的处理方式上,6.28%的农户选择直接排放,58.48%的农户将粪便发酵后做成有机肥,16.26%的农户出售畜禽粪便,7.96%的农户在对粪便发酵后做成饲料,3.11%的农户将粪便做成沼气沼液后将沼渣直接排放,8.65%的农户做成沼气后将沼渣做成有机肥,其余 14.18%的农户选择其他方式处理畜禽粪便。

2. 家庭农场土地使用情况

问卷对农户的土地使用情况和利用程度做了调查,结果见表 3-14 和图 3-11。

表 3-14 家庭农场土地使用情况

		占比	土地重复使用率				
			高	较高	一般	较低	很低
是否考虑轮换种植	不考虑	32.8%	19.5%	36.8%	32.2%	9.2%	2.3%
	考虑	67.2%	14.7%	39%	32.8%	11.8%	1.7%

根据表 3-14 中的数据可以看出,67.2%的农户会在来年种植时考虑是否轮换种植,其中 14.7%的农户土地重复使用率高,39%的农户土地重复使用率较高,32.8%的农户土地重复使用率一般,13.5%的农户土地重复使用率较低

或很低。剩下 32.8% 的农户不会考虑是否轮换种植,且更多的农户会有较高的土地重复使用率。我们发现即使考虑轮换种植不同的农作物,但是依然很多农户选择重复使用,这与家庭农场主营产品的农作物品种较少、轮换种植不同作物耗时耗力的原因有关。

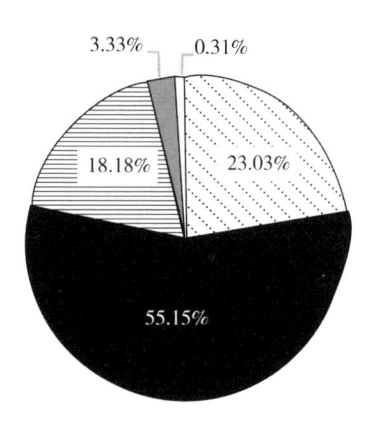

图 3-11　种植土地利用程度

根据图 3-11 显示的信息,目前来看农户对土地的利用程度整体较高。23.03% 的农户有着很高的利用率,55.15% 也就是超半数农户的土地利用程度较高,18.18% 的农户土地利用程度中等,3.33% 的农户土地利用程度较低,极少数农户的土地利用程度很低。

(五) 联合体信息资源共享情况

1.联合体信息资源共享情况满意度

联合体的信息资源共享情况对于农户的生产至关重要,问卷针对该类问题做出调查,如图 3-12 和表 3-15 所示。

图 3-12 反映的是合作社资源满足程度:18.18% 的人持中立态度,55.15% 的人认为资源的满足程度较高,23.03% 的人认为资源的满足程度很高,3.64% 的人认为资源满足程度较低或低。

第三章 安徽省农业产业化联合体的发展现状和存在的问题

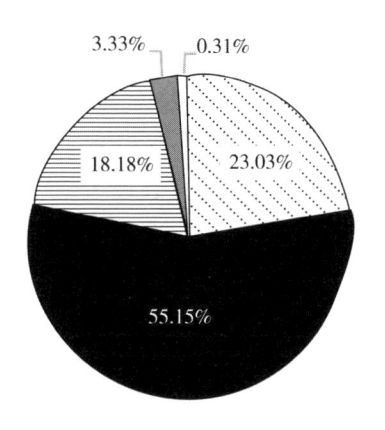

□高 ■较高 ⊟一般 □较低 ▨低

图 3-12 合作社资源满足程度

表 3-15 联合体信息资源共享情况

内容＼程度	高	较高	一般	较低	低
沟通顺畅度	31.10%	47.24%	20.28%	1.18%	0.20%
资源获取及时度	31.76%	48.13%	17.75%	1.97%	0.39%
资源利用度	30.3%	50.39%	18.31%	0.80%	0.20%
资源更新及时度	30.22%	43.54%	23.06%	2.78%	0.40%

表3-15从四个方面反映联合体目前的信息资源共享情况：在沟通顺畅度方面，31.10%的农户认为沟通很顺畅，47.24%的农户认为沟通较为顺畅，20.28%的农户认为沟通顺畅度一般，1.38%的农户对此不太满意。在资源获取及时度方面，31.76%的农户认为信息获取很及时，48.13%的农户认为获取较为及时，17.75%的农户认为一般，2.36%的农户对资源获取及时度不够满意。在资源利用度上，也有超30%的农户认为利用很充分，一半的农户认为资源利用较为充分，18.31%的农户认为一般，1%的农户认为利用不够充分。在资源更新及时度方面，大部分农户认为更新及时，将近五分之一农户认为一

般,3%左右的农户认为资源更新不够及时。

2. 家庭农场获取信息情况

进一步以家庭农场为对象对信息获取情况进行更细致的调查,包括获取信息类型以及方式,并对结果进行分析得到表3-16。

表3-16 家庭农场获取信息类型与方式

内容		占比
获取信息类型	价格波动情况	81.01%
	农产品供需情况	88.27%
	竞争者产品情况	40.78%
	消费者对产品评价	43.85%
	其他	9.78%
获取信息方式	互联网	61.17%
	同行告知	62.85%
	龙头企业或者农场合作社	84.35%
	其他	10.06%

根据表3-16可以看出,家庭农场获取的信息类型有四种,其中81.01%的农户关注价格波动情况,88.27%的农户关注农产品供需情况,40.78%的农户关注竞争者产品情况,43.85%的农户关注消费者对产品评价。在家庭农场获取信息方式的调查中,农户的信息来源于互联网或者同行告知均为60%左右,84.35%的信息是由龙头企业或者农场合作社告知的,这说明了联合体在信息共享方面起到的重要作用,为市场与农户之间建立起了信息的桥梁。

问卷对家庭农场在生产中遇到的困难以及得到的帮助进行了调查,一方面能更加清楚地了解到农户目前的生产难题以及联合体是否有解决这些困难的能力,如图3-13所示。

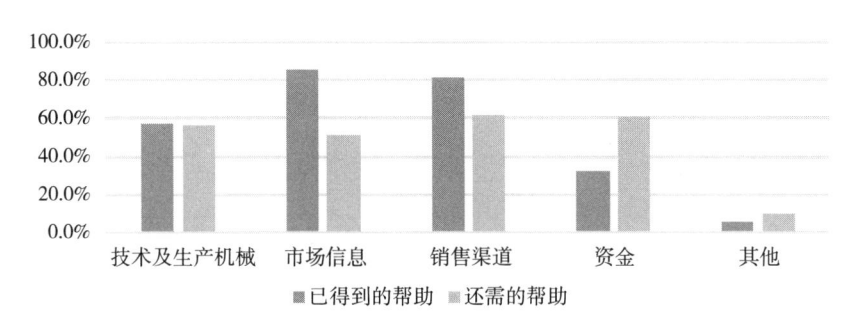

第三章 安徽省农业产业化联合体的发展现状和存在的问题

图 3-13 家庭农场生产过程中需要的帮助

从图 3-13 中的对比可以看出农户得到的技术及生产机械、市场信息、销售渠道方面的帮助是较多的,在资金方面仍有短缺,这也表明了目前农户还存在一些融资的困难,这也需要联合体提供更多的帮助。

（六）联合体制度规范情况

1. 联合体中企业制度现状

问卷对联合体中企业是否有董事会、监事会以及企业是否购买农业保险进行调查,分析结果得到图 3-14、图 3-15。

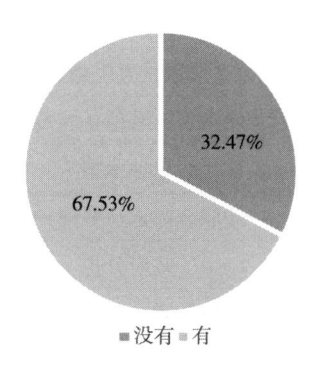

图 3-14 企业是否有董事会、监事会

由图 3-14 可以得到,67.53% 的企业是存在董事会与监事会的,32.47% 的企业不存在。从图 3-15 可以看出,58.67% 的企业已经购买农业保险,

41.33%的企业未购买农业保险,这也说明了规范程度还可以提高。

问卷对企业代表大会决策原则与风险承担方式做了进一步的调查,分析结果得到表 3-17。

表 3-17 企业制度情况

内容		占比
代表大会决策原则	一人一票	75%
	一股一票	13.24%
	按出资额设立附加表决权	4.41%
	按交易额设置附加表决权	0
	其他	7.35%
风险承担方式	单独承担	34.57%
	与联合体成员共同分担	64.2%
	政府分担	0
	政府和联合体共同分担	0
	其他	1.23%

根据表 3-17 中的内容可以看到,企业中用一人一票的代表大会决策原则的企业占 75%,占大多数,运用一股一票的代表大会决策原则的企业占 13.24%,按出

资额设立附加表决权的企业占 4.41%,其他方式占 7.35%。在风险承担方式中,34.57%的企业选择单独承担,这一部分企业的风险较高,64.2%的企业与联合体成员共同承担,没有企业与政府分担风险,还有极小一部分有其他风险承担方式。

问卷进一步调查了企业与农场、农户之间形成利益联结的方式以及企业向农户、合作社返还盈余的方式,经过数据整理,得到表 3-18、表 3-19。

表 3-18　企业与农场、农户利益联结方式

主体＼方式	订单农业	规范合同	合作或股份合作	股权联结	其他
农场	45.26%	34.74%	11.58%	2.11%	6.32%
农户	54.95%	25.27%	9.89%	2.20%	7.69%

表 3-19　企业向农户、合作社返还盈余方式

主体＼方式	按股份分红	按交易量	按产品质量等级	按合作时间长短	其他
农户	20.45%	59.09%	14.77%	0	5.68%
合作社	18.18%	59.09%	17.05%	1.14%	4.55%

根据表 3-18、表 3-19 中的结果我们可以得到:企业与农场的利益联结方式 45.26%是订单农业,34.74%是规范合同,11.58%是通过合作或者股份合作的形式,2.11%通过股权联结;企业与农户之间 54.95%是订单农业,占比比农场要更大一些,25.27%是规范合同,9.89%是合作或股份合作形式,2.20%是股权联结的形式。企业向农户和合作社返还盈余的方式,大多数是按照交易量返还,约 20%按照股份分红,约 15%按照产品质量等级返还,还有小部分按照其他方式返还。

2. 联合体中合作社制度现状

合作社在联合体中发挥着重要作用,制度的规范能确保整体高效地运行,问卷对合作社的制度现状进行了调查,如表 3-20 所示。

表 3-20 合作社相关制度规范情况

制度规范内容	有	没有
是否有农产品示范基地	81.01%	18.99%
是否有完整详细的产品交易记录	88.75%	11.25%
是否统一采购农资投入、统一收购及销售农产品	89.33%	10.67%
是否拥有标准化生产技术	90.41%	9.59%
是否有专门的人员和团队参与管理	87.84%	12.16%

从表 3-20 可以对合作社中具体的制度规范进行了解：81.01%的合作社有农产品示范基地，18.99%的合作社没有；88.75%的合作社有完整详细的产品交易记录，11.25%的合作社没有；89.33%的合作社进行统一采购农资投入和统一收购及销售农产品，10.67%的合作社没有；90.41%的合作社拥有标准化的生产技术，9.59%的合作社没有；87.84%的合作社有专门的人员和团队参与管理联合体的运营流程，12.16%的合作社没有。根据上述内容我们看到，大多数合作社都能做到较高规范程度，但是仍存在少量的不规范行为，这是以后需要继续改进的地方。

3. 联合体相关制度满意度

在对联合体的制度规范的内容进行研究后，还需了解农户对于现存的制度的满意度，可以侧面反映该制度的合理性，对问卷数据整理得到表 3-21。

表 3-21 合作社与家庭农场相关制度满意度

内容 \ 满意度	非常满意	比较满意	一般	比较不满意	非常不满意
制度合理度	23%	60%	14%	3%	0
任务分配清晰度	24.25%	54.50%	18.23%	2.29%	0.23%
问题处理流程	25.95%	54.55%	16.86%	2.41%	0.23%
激励制度	16.26%	53.93%	15.72%	13.28%	0.81%
监管制度	13.60%	54.65%	19.09%	11.93%	0.73%

根据表3-21可以看出,大多数农户对于现存合作社与家庭农场相关制度较为满意,纵向比较发现,制度合理度、任务分配清晰度与问题处理流程非常满意的占比大约皆为四分之一,认为比较不满意与非常不满意的人占比皆约3%,而在激励制度满意度与监管制度满意度上,仅有15%左右的人非常满意,与持比较不满意态度的占比相当,侧面反映了激励制度与监管制度还不够完善,还有很大的改进空间。

4. 联合体制度执行力

合理的制度不仅需要规范的流程,更需要高效的执行力,因此问卷也设置了相关题目进行研究,分析数据得到结果如表3-22所示。

表3-22 企业、合作社和家庭农场合同履行程度

主体\方式	高	较高	一般	较低	低
企业、合作社	16.96%	50.29%	29.82%	2.92%	0
合作社、家庭农场	28.82%	48.61%	17.71%	4.86%	0
企业、家庭农场	27.93%	48.67%	21.28%	1.90%	0.27%

由于联合体由企业、合作社、家庭农场三个主体组成,三个主体之间两两都有相关的合同约束,分别调查它们之间的合同履行程度,可以客观全面地反映整个联合体的合同履行情况。从表3-22可以看出,合作社与家庭农场、企业与家庭农场合同履行程度高的占比均约28%,较高的占比均为48%以上,有4.86%的农户认为合作社与家庭农场间合同履行程度较低。企业与合作社的合同履行程度中,50.29%的农户认为较高,29.82%的农户认为一般。

问卷对其他制度执行情况也进行了调查,数据结果如表3-23所示。

表 3-23 企业、合作社和家庭农场制度执行情况

程度 内容	高	较高	一般	较低	低
利益分配合理程度	22.92%	55.73%	19.77%	1.58%	0%
员工对联合体运作流程了解程度	19.17%	52.57%	22.91%	5.13%	0.20%
联合体规章制度完善,纪律严明程度	22.97%	52.28%	20.99%	3.76%	0.20%
联合体内部管理合理程度	23.23%	53.35%	20.66%	2.56%	0.20%
成员生产计划的制定和执行协作能力	20.40%	53.60%	22.00%	3.80%	0.20%
联合体制度仍有需要完善之处	15.77%	48.90%	27.54%	7.19%	0.60%
联合体制度自我完善能力	22.70%	50.19%	21.30%	5.97%	0.20%

根据表 3-23 中的数据可以得到以下结论:约半数农户对利益分配情况、运作流程、规章制度、管理合理性、计划执行力、制度完善、自我完善能力情况的了解较高,极少数农户了解程度低,且员工对联合体运作流程、联合体制度需要完善程度很高的部分相较其他占比较少,较低的相较其他占比较高,说明这两个部分是还需完善改进的。

(七) 联合体稳定性分析

1. 企业、合作社稳定性

分析联合体的稳定性有利于判断联合体是否能长期存在、高质量存在,问卷从企业、合作社的角度通过家庭农户变动情况对联合体稳定性做出初步判断,分析结果见图 3-16。

根据图 3-16 可以看出,从 2016 年到 2019 年,退出联合体的家庭农户数先增加再降低,且总数未超过 50 户,而加入联合体的家庭农户数逐年增加,从 2016 年的 256 户到 2019 年的 423 户,涨幅较大,可以看出联合体的发展还在继续扩大当中,稳定性较好。

第三章 安徽省农业产业化联合体的发展现状和存在的问题

图 3-16　2016—2019 年联合体家庭农户变动（单位：户）

问卷对联合体的稳定性调查继续深入，通过更多的问题反映现状，调查分析结果见表 3-24。

表 3-24　企业、合作社稳定性

	高	较高	一般	较低	低
农产品质量	25.40%	65.08%	9.52%	0	0
成员信任程度	20.51%	60.26%	19.23%	0	0
联合体解决内部冲突能力	19.02%	53.99%	14.72%	8.59%	3.68%
协同能力	23.60%	49.07%	16.77%	10.56%	0
企业加入联合体目标完成度	17.88%	62.25%	17.22%	1.99%	0.66%
联合体发展前景	27.81%	61.59%	9.27%	1.32%	0

表 3-24 从企业和合作社的角度来分析联合体的稳定性，可以得到以下结论：在农产品质量和成员信任度上，农户普遍持积极态度，没有农户认为产品质量或者信任程度低；在联合体解决内部冲突以及联合体的协同能力方面，分别有 8.59% 及 10.56% 的农户提出能力较低的观点，这说明了联合体在这两个方面的能力还需提高；在企业加入联合体目标完成度与联合体发展前景

上,大部分人也持积极态度,认为联合体未来发展趋势乐观。

2.家庭农场稳定性

问卷也从家庭农场的角度对相关稳定性问题进行调查,结果如表3-25所示。

表3-25 家庭农场渠道机制稳定性

内容 \ 程度	非常同意	比较同意	一般	比较不同意	非常不同意
与联合体签订了规范的契约	31.63%	53.11%	13.28%	1.98%	0
协议内容详细阐述双方权利和义务	32.01%	52.41%	15.01%	0.57%	0
协议明确规定出现违约后的补救措施和法定责任	31.82%	48.30%	17.61%	2.27%	0
生产过程中出现问题,合作社会共同积极解决	31.44%	47.03%	19.55%	1.98%	0
与合作社(公司)之间在生产规模上会共同计划	29.63%	50.76%	17.09%	2.28%	0.28%
与合作社(公司)之间一直保持良好沟通	32.39%	52.12%	15.21%	0.28%	0
一起致力于进一步加强彼此之间的合作关系	31.36%	50.00%	17.51%	1.13%	0
自觉遵守交易过程中的数量约定	36.90%	45.07%	16.62%	1.41%	0
自觉遵守交易过程中的价格约定	37.68%	47.03%	13.31%	1.70%	0.28%
会因为违约带来的道德风险而倾向于维持合约	27.20%	45.89%	22.10%	2.83%	1.98%
遵守协议上并未明文规定,但行业内默认应遵守的规则	30.99%	42.25%	19.15%	5.07%	2.54%

根据表3-25可以看出,大多数农户对于以上的问题持积极态度,包括协议的规范性、共同合作发展、沟通情况以及遵守各种明文及默认的规定,其中非常同意交易过程中的价格约定的农户占比最高,而非常同意因违约带来的道德风险约束倾向于维持合约的比例相对较少。极少数农户对以上问题持消

极态度,其中在遵守协议中未明文规定但行业内默认的规则方面不同意的占比相对较多,这也说明了明确规则才能更好地约束每个人,才能使联合体更高效地运行,更稳定地发展。

3. 潜在违约与续约意愿

研究联合体的稳定性也要从一些潜在的方面分析,如农户是否有违约的倾向,是否有续约的意愿,对可能发生的情况做出分析可以更合理地判断联合体的稳定性。对问卷数据分析得到表3-26。

表3-26 违约倾向和续约意愿

内容 \ 程度	非常同意	比较同意	一般	比较不同意	非常不同意
并不总是按照协议约定进行生产	6.41%	12.25%	21.28%	26.24%	33.82%
如果其他收购者收购价格更高,会选择与他们合作	6.40%	19.48%	26.45%	24.42%	23.25%
与现在的合作者合作愉快,愿意继续签订合约	34.97%	37.28%	17.63%	7.23%	2.89%
与现有的合作者保持长期合作关系	38.33%	33.14%	17.58%	6.34%	4.61%
合同到期之后就不会再合作	4.06%	12.17%	20.00%	27.83%	35.94%

根据表3-26可以看出:在是否按照合约生产的问题上,约一半的农户会选择按照协议约定进行生产,五分之一的农户持中立态度,19.65%的农户有可能不按照合约生产;当有其他收购者以更高的价格收购时,近四分之一的农户可能会选择与他们合作,半数农户依然会按照约定交易;在合作方面,约70%的农户认为合作愉快,且愿意继续签订合约,仅10.12%的农户不同意;在是否保持长期合作的问题上,也有约70%的农户愿意与企业和合作社长期合作,仅有16%的农户在合同到期后很可能不继续合作。以上数据也表明了联合体现阶段发展较为稳定,得到大多数农户认可的同时也有继续向前发展的趋势。

第五节 本章小结

本章主要介绍了安徽省农业产业化发展的各个发展阶段,分别是探索起步阶段、发展阶段、转型升级阶段。详细地介绍了安徽省在农业产业化发展中各阶段所采取的相关措施,这些举措一定程度上促进了安徽省农业产业化的发展进程,有利于推动安徽省农业现代化的发展。分析了安徽省联合体的现状,介绍了联合体近年来所取得的成效,从三个方面展开叙述,分别介绍了新型经营主体的共性问题、新型经营主体的个性问题、农业产业联合体存在的突出问题等。联合体发展所存在的突出问题,集中体现在联合体"三个"链接脱节、政府的政策扶持力度不足、工作统筹协调能力差、品牌意识不强、市场信息闭塞等方面。

第四章 农业产业化联合体形成的动力机制研究

从本质上来说,联合体是农业产业化组织形式的创新形式和农业产业融合的高级形态,并且相较于"公司+合作社+农户"等传统的产业融合模式,联合体通过内部更加灵活细致的契约安排与专业分工、更加充分的要素流动与共享以及更加紧密的利益联结机制,获得了更加显著的规模经济与范围经济效应,提升了联合体整体及其内部各主体的效益,实现了农业提质增效与农民稳定增收的目标。

根据奥斯特罗姆等提出的制度"需求—供给"分析框架,制度的变化取决于技术变革、社会分工细化、市场变化三大关键因素,三大因素诱发出新的制度,并与原有制度发生冲突,出现制度供需非均衡,从而推动制度创新。同时,新制度的产生还受到制度环境等因素的影响。结合联合体的概念内涵和发展特征,其形成与发展的动力机制总体上可以归纳为是内生因素和外生因素共同作用的结果,内部动力主要取决于联合体成员的积极主动性,而外部动力主要来源于政府政策支持。

第一节 内部动力机制的形成

一、龙头企业带动

龙头企业作为联合体的核心成员之一,在联合体中始终扮演与市场对接、重大行为决策的角色,其决策和相关行为对联合体的成立和发展产生直接影响。对比联合体内其他成员,龙头企业在资源、技术和市场等方面皆占据优势,在保障联合体稳步发展中提高农产品质量和市场竞争力(王树祥,2004)。龙头企业在日常运营中充分发挥自身"领头羊"优势,强化联合体的利益联结机制,增强成员间的利益紧密性,同时维持农资价格稳定,减小农产品价格波动范围,避免联合体内成员遭受重大经济损失。龙头企业通过订立长期合作合同的方式鼓励合作社、家庭农场以及种植大户等积极加入联合体,以形成"龙头企业+合作社+家庭农场(种植大户)"的联合体经营模式。龙头企业主要采取农资帮扶和利润分成两种形式提高农户和合作社加入联合体的积极性。

"农资帮扶"形式下,企业会先垫付,将优质种子、农药等生产资料给农户进行生产,确保联合体生产环节的正常运转,在企业对农户的生产资料进行回收时再将垫付款从中扣除。同时,企业对合作社进行技术推广,继而合作社对联合体内的农户进行技术指导,及时推广最新的农业生产技术以及避免生产过程中可能会出现的问题。

"利润分成"形式中,农户以农产品入股,合作社以技术入股,在企业取得全部销售收入后按照所持股份比例进行利润分成。该形式下,不仅农户和合作社可以获得高于正常销售的利润,而且企业也可以获取来源稳定的高质量农产品,降低企业经营风险。

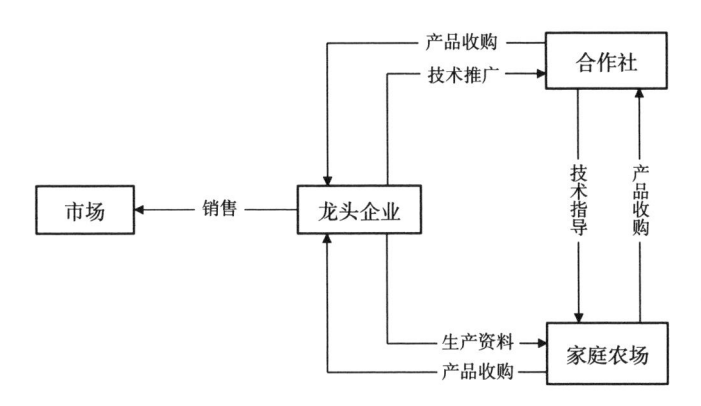

图 4-1 "农资帮扶"形式

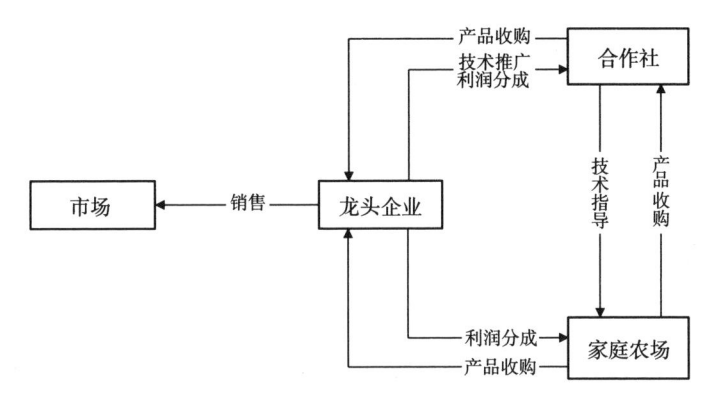

图 4-2 "利润分成"形式

二、交易成本降低

从实践经验来看,产业链纵向一体化融合模式均有利于减少交易成本,如"公司+合作社+农户"等。但是,以往传统的农业产业融合组织存在契约缔结不紧密、约束力不强等问题,很难维持成员间长期的合作关系。对于联合体来说,为了更加适应市场化经济社会,以及彼此不可或缺不可取代的情况,各个主体之间需要抱团取暖,内部各成员间契约缔结更加密集、约束力更强,使各成员间联结更加紧密,合作更加稳定顺畅,交易成本得到进一步降低。

农业产业化联合体的协同机制与绩效评价

交易费用是利用价格机制的成本,主要涵盖了发现价格成本、谈判和签约成本以及利用价格机制的机会成本,故 R.Coase(1937)[①]认为企业作为经济协调工具和资源配置的方式,在利用价格机制配置资源产生交易费用时,形成企业组织形式来降低运行成本。由于存在有限理性、信息不对称、不确定性等原因,单独经营的市场主体在进行产品交易时经常会产生高昂的交易成本。比如,单独经营的农业龙头企业由于缺少稳定的优质初级农产品供应渠道,需要不断寻找、谈判、变换中间品供应商,会增加相应的信息搜寻、谈判、制定合约等交易成本。与此类似,单独经营的农民专业合作社由于缺少稳定的服务对象,以及单独经营的家庭农场或农户由于缺少稳定的销售渠道,也会增加相应的交易成本。我国农业上游初级农产品供应者主要是分散的小农户,农户"小而散"的生产方式给下游农业产业化龙头企业采购中间品带来了高昂的交易成本,不利于农业产业化经营的推进发展。通过构建成联合体后,龙头企业、农民专业合作社、家庭农场等市场主体之间通过缔结紧密契约合同,形成稳定的购销合作关系,龙头企业有了稳定的中间品供应源(家庭农场),农民专业合作社有了稳定的服务对象(家庭农场),家庭农场有了稳定的销售渠道(龙头企业),各经营主体彼此之间原先的市场化随机交易关系被转化成固定的联合体内部的供销关系,从此产品或要素的交易来源稳定,交易价格也稳定,节约了彼此之间的交易成本,提高了联合体内部各成员及联合体整体的经济效益。

在联合体成立之前,各成员之间在进行临时或者短期供需关系时仅围绕产品、要素和服务这三个方面。缔结长期、稳定的合作协议后,联合体内成员不再花费大量的"搜寻成本"以及"选择成本"寻找生产订单,成员只需要专心投入自身的业务,甚至能达到扩大产能的效果。龙头企业和农户的生产坚持一业为主,确定主导的生产项目和生产产品,改变"家家小而全""户户都种

---

① Ronald Coase, "The Nature of the Firms", *Economica*, 1937.

田"的格局,形成一乡一业、一村一品和从事种植业、养殖业和加工的专业化(王舜卿,1994)①。龙头企业与家庭农场之间通过协议确定了各自的长期业务,无需再在组织外寻找订单,由原来的外部交易转变成为内部交易,搜寻成本和选择成本明显降低,节约了联合体内每位成员的交易费用(尚旭东等,2020)②。此外,联合体内部实行生产要素充分流动与共享制度,针对以农业产业化龙头企业为代表的产业链下游经营主体对上游家庭农场和农户的支持和激励制度。比如,龙头企业为农民专业合作社和家庭农场提供贷款担保或资金垫付,龙头企业为家庭农场提供技术设备和大型生产设施,农民专业合作社为家庭农场提供生产、技术作业服务等。要素充分流动与共享制度使联合体内部各成员间可以在不增加成本的情况下实现优势资源互补,尤其是龙头企业的技术、资金、管理、信息等关键资源能够被家庭农场、农户等共享,由此降低了和资产专用性相关的交易成本,提高了经营效率。根据交易费用理论,联合体的形成有效节约联合体成员的交易成本,提高资源利用率,扩大成员现有发展规模,为成员提供广阔的发展前景。

三、风险抵御能力增强

自农业出现商品化开始,农业市场化便开始对传统的农业经营产生倒逼影响,小农生产不再以自足作为主要目的,而是要增加收入,提升生活品质。农业单一产业也开始分化,农业生产阶段的产前、产中和产后工序道道分明。农产品的培育生产、粗细加工与销售也开始分工分步进行。家庭小农式的经营方式,其规模狭小,不足以形成市场竞争力,即农资投入成本较高,产出不足;农业科技指导不足,依然依靠经验与看天吃饭,对市场需求和农产品的信

---

① 参见王舜卿:《专业化是我国农业发展的必然趋势》,《中国农业资源与区划》1994年第1期。
② 参见尚旭东、王磊:《联合体:再度组织二重维度、交易费用节约与市场势力重塑》,《中国农民专业合作社》2020年第1期。

息把握能力较差;在农产品种植养殖选择上,与农业企业谈判力较弱,很容易成为压榨对象;增收不理想,融资能力差,资金不足以扩大再生产,形成恶性循环,加之城镇化的虹吸作用及市场差异风险下,农民从事农业的积极性再次被打压。改革开放之后,农户虽然享受了经济变革带来的红利,但是也成为了承担农业经营风险的主体。农业的脆弱性意味着其可能会经历市场环境风险和自然环境风险双高并存,单一家庭农户在农业经营中面临着需求、销售环节的市场风险与生产环节的自然风险。

作为直接参与市场经营的主体——农业企业,则需根据市场需求对农产品加以采购包装与销售,在农业产业环节其需求指向对象则为农民与农业生产,农业企业需要较稳定的农产品供应源头,较大的农产品供应规模,较低的农产品供应价格来赚取农产品加工与销售的差价利润。同时承担市场需求判断有误、销售不畅的亏损带来的市场风险。

农民专业合作社是以农民为受众提供所需要生产类服务的社会化组织。其服务对象定位主要为现代农业产业过程中的农业大户专户、家庭农场,也可以是单一家庭小农户。由于合作社提供的是农业社会化的生产服务,即农资机械、化肥、农技等,所以单一家庭小户过多,注定了专业合作社的服务效率低、对象分散、成本高、服务推广困难,使其自身经营难以维持继续。

联合体的产生有效地增加了农业行业对于风险的抵抗能力。除通过响应政策号召积极办理农业保险的方式来降低风险外,联合体还可以采取多种措施来降低风险。联合体凭借龙头企业在行业的领先地位能够迅速掌握新的市场动向,了解市场动态,根据市场需求变化及时调整生产结构,及时学习、引进新兴生产技术和技术设备,以此减小生产风险,降低生产成本,实现生产效益最大化。联合体内成员采取集体出资的方式建立农业产业化相关的风险保障基金,用于成员的生产活动和风险补偿,增强联合体的风险抵抗能力(李含悦等,2018)①。另外,联合体采用风险共担手段,对风险来临所造成的损失按照联合体利益分配比例由联合体成员共同分担,最大程度上降低成员个人的利益损失。

四、农业人才队伍扩充

据全国第三次农业普查数据表明,农业生产经营人员年龄在35岁以下仅有6023万人,占总人数的19.17%;年龄在36—54岁共有14848万人,占47.25%;年龄在55岁及以上共有10551万人,占33.58%。调查数据表明,农业人才队伍结构失调,同时出现了老龄化趋势。近年来不断出现大批年轻劳动力由乡村向城市转移的现象,在劳动力转移过程中,大多数具有文化的劳动力转向其他产业,致使农业的生产劳动力科学文化素养水平整体偏低,农业技术推广工作难以进行。在农业产业发展过程中存在人才队伍结构失调、人才资源匮乏、人才外流、人才未得到合理运用、培养机制落后以及人才引进机制不健全等众多问题,严重阻碍农业农村经济发展。

联合体的适时出现成为改善农业农村人才匮乏现状的关键。联合体通过建立健全人才引进制度,吸引人才,扩充农业人才队伍;建立健全留人制度,留住人才,稳定农业人才的流动结构。联合体为农业人才提供足额的薪资待遇,给予充足的农业科研研发资金,鼓励高水平人才在农业生产、研发岗位上发挥最大作用。在人才工作期间,联合体与科研院校展开深度合作,提供同先进地方农业人才有效合作、交流的机会,对人才进行定期专业技能、知识培训,确保农业人才技能不断提高,丰富实践经验,调动他们的工作积极性。此外,联合体加大了对农村教育投入,保障农业人才子女教育问题,培养下一批高素质农业人才,加快农业农村发展速度。大量高水平农业人才的存在为联合体提供更加广阔的发展空间,推动联合体的现代生产。

---

① 参见李含悦、张润清:《国外农业合作组织发展经验对联合体建设的启示》,《改革与战略》2018年第12期。

第二节 外部动力机制的形成

一、政策支持

在市场体系建设不完全、农村商品化程度低以及农民科学文化素养较低的农业背景下,推动联合体的发展离不开政府的参与和推动,政府在因地制宜的前提条件下结合我国农业发展开展研究,为农业体系的有效运行给予基础保障。政府围绕财政资金、金融服务、农业保险、项目支撑和服务保障等五个方面加以政策支持,有效、快速解决在联合体建立健全过程中出现的各类现实问题和困难。

我国已连续16年出台中央一号文件表明一直将农业发展视为国家重中之重。近年来推进农业现代化,促进产业融合以及鼓励发展新型联合体更是明文出现在中央部委发布的意见当中。2017年10月中央进行决策部署,由农业部等六部委印发的《关于促进联合体发展的指导意见》(以下简称《意见》)对联合体给出了以下明确的定义:联合体是龙头企业、农民专业合作社和家庭农场等新型农业经营主体以分工协作为前提,以经营规模为依托,以利益联结为纽带的一体化农业经营组织联盟。首先,国家政策强调承认和鼓励建立农业产业联合体及其在当代农业发展中的重要作用。为配合其发展,目前已经实施土地制度改革,从家庭联产承包制的承包权经营权统一向允许经营权流转,为土地要素规模的集聚奠定了基础。其次,政府支出在财政方面对农业支出补贴、农业发展设施投资力度持续加大。再次,在金融保险方面,正在积极探索相关支持标准,解决资金信贷压力以及保险覆盖防范风险的配套不足。

《意见》的颁布不仅明确了联合体的定义,同时也鼓励各地政府和社会各个领域对联合体给予引导和支持。各地政府纷纷出台一系列关于成立和发展联合体的帮扶政策,成为了联合体循序发展的重要原因。自2018年一些省份率先展开了试点工作,并计划在2019—2022年在全国进一步扩大试点范围。参与试点工作的省份每年必须安排一定数量的农业综合开发项目来扶持当地的联合体,同时联合体中符合贷款政策的联合体优先安排贴息。在遵守要求的同时,各个试点省份也在积极创新,采用各种方式促进当地联合体的发展。

在试点省份中,安徽省作为第一个发展联合体的试点省份提出了按照"一年打基础,三年见成效,五年大发展"的要求,并以宿州市的联合体为榜样,大力培育了各类联合体,推动了全省联合体建设水平和规模的提升,实现了联合体的良好运行。河北、江苏、福建以及陕西等地也在2018年纷纷印发了关于联合体的相关文件,意在加快本省联合体的建设与发展。河北省在文件中明确指出,要求中国农业银行针对联合体成员融资问题推进创新的担保方式,提供各种组合担保方式;在符合各种业务办理的要求下,优先办理信贷规模,优先发放贷款;将互联网金融产品应用范围延伸至联合体。福建省在推动联合体发展过程中强调完善利益共享机制的多样性,以"保底收益+按股分红"等模式完善订单带动、利润返还、股份合作等利益联结机制,让联合体成员在多环节受益。陕西省则是在符合用地规划和用途管制的情况下,每年新增建设用地指标,帮助联合体中龙头企业的辅助设施建设以解决联合体用地需求(2018)[①]。

二、农业技术创新

促进科技进步是实现技术创新的根本动力。农业信息网络的出现和发展促进了农业内的技术创新,增加农业内经营主体沟通频率,降低沟通成本,避免信息闭塞带来的农业发展滞后。联合体通过农业技术创新,延伸现有产业链,改造生产技术路线,完成产业升级,降低生产成本;提高农产品及农副产品

[①] 参见《联合体相关政策梳理》,《中国农民专业合作社》2018年第8期。

的附加价值,增加农业经营利润;适应国内市场需求结构变化,降低农产品市场需求变化造成的产业冲击;增加农产品单位产量,缩小因耕地面积减少导致的生产资料短缺;弥补劳动力短缺带来的产量下降;减小农业生产对环境的破坏。农业作为劳动力密集型产业,在我国现阶段的农业发展过程中对劳动力要素的依赖性远高于技术、知识等要素。农业技术创新成为弥补当前农业劳动力短缺的关键方式之一。

农业技术创新是指不断研发农业新技术,不断促进动植物品种改良的全过程;是应用先进物质设备和实现农业资源有效、合理配置的过程;是通过市场把农业新构想、新技术和旧的生产要素转变成新的农产品并实现长期增值,不断提高农业生产的社会效益、经济效益和生态效益的过程(刘春香等,2012)[①]。农业技术创新的快速推进是实现我国农业由生产主导型的传统农业向技术主导型的现代化农业转变的重要前提,促进农业科技成果的转化效率,维持农业农村经济的可持续发展。农业技术创新本身具有生物性、外溢性、风险性和综合性等特点(陈会英等,2002)[②]。农业技术创新为联合体的高效运行提供强大驱动力。联合体通过技术创新开发、推广一系列拥有核心技术的农业品牌,提高产品知名度,提升产品市场竞争力及市场占有率;深化自身产品研发工作,搭建产学研平台,推动研发成果市场化;降低农产品中因环境污染造成的有毒、有害物质残留含量,提供绿色、安全的高质量农产品。

三、专业化分工

根据分工理论,分工会导致专业化,而专业化生产加速了经验积累和技能改进,带来技术进步,会提高生产效率。为了加快推动我国现代农业发展和农业结构转型,亟须通过进一步深化、细化分工来提高农业生产效率,深化分工

[①] 参见刘春香、闫国庆:《我国农业技术创新成效研究》,《农业经济问题》2012年第2期。
[②] 参见陈会英、周衍平:《中国农业技术创新问题研究》,《农业经济问题》2002年第8期。

第四章 农业产业化联合体形成的动力机制研究

也是我国农村产业融合发展的主要目标。在当前我国以家庭式小农生产为主的生产模式下,农户采取小而全的生产经营方式,无法获得专业化分工带来的高效率,农产品的加工程度较低,农产品附加值也低。改革开放以来,我国长期推动农业产业化经营和农村产业融合发展的主要目的之一,就是为了联结农业上下游各个环节,延长农产品产业链,进一步深化分工。这样可以提高生产效率和农产品附加值,促进农业增效和农民增收。

专业化分工作为农业实现产业化经营的重要标志之一,联合体通过建立高密度、高强度的生产合同、服务合同、收购合同等具有法律约束力的契约关系,将龙头企业、农民专业合作社、家庭农场等农业纵向产业融合体系各环节经营主体有机结合在一起,将各主体间的产业间分工转化为产业内分工。各主体基于产业链开展深度分工合作,在联合体中充分发挥各自的专业功能和优势特点:家庭农场主要负责生产环节,农民专业合作社主要负责服务环节,龙头企业主要负责加工、销售环节。并且,联合体内部通过实行要素共享、利益共享等协调激励机制,进一步加深、细化了成员间的分工,促进了生产效率的提高。比如,龙头企业为家庭农场提供生产资料和资金,其实质是将其自身的生产功能进一步分解给家庭农场;农民专业合作社为家庭农场提供技术服务,其实质是家庭农场将生产服务功能进一步分解给合作社。通过这些措施,破解了传统产业化生产或小农分散经营中因分工不充分导致的生产低效和资源重复配置问题,由此提高了各成员的专业化生产能力和生产率,并促进产业链整体集成效率的提高。

此外,根据新制度经济学理论,劳动分工与交易效率、交易成本之间呈反方向变化的关系。劳动分工使各商品生产者和生产要素所有者之间产生了相互交易的必要性,分工越深化、细化,交易范围越广,频率越高,交易成本也越高。而交易成本越高反过来也越不利于分工,当交易成本超过专业化分工所带来的好处时,人们便会停止分工,采取自给自足的生产方式。因此,交易成本越低,则越有利于进一步深化分工。联合体通过在内部建立紧密稳定契约,能够降低成员间的交易成本,从而有利于分工的进一步深化、细化,推动联合体生产率进一步提高。

四、农产品市场环境

近年来,我国农产品市场环境发生了显著变化。一方面,随着我国城乡居民生活水平的不断提高,人们对农产品的消费需求也逐步升级。人们在追求美好、健康生活的理念指引下,对农产品的质量、品质要求越来越高,市场上对带有优质、生态、绿色、有机标签的农产品的需求正快速增长。在需求拉动下,高质量、高品质农产品的附加值更高,利润更大,有着更好的市场前景。另一方面,近年来我国农产品市场竞争变得日益激烈。随着我国农业综合生产能力的不断提升,我国大部分农产品市场供给已经饱和,农产品市场已经从卖方市场变成买方市场。在买方市场中,农产品销售更加困难,市场竞争更加激烈,从而倒逼农业生产者不得不通过提高产品质量、开发新品种、实行品牌化经营等方法来培育新的竞争优势,增强市场竞争力和抵御市场风险。此外,改革开放以来,我国农业生产成本一直持续上升,并且近年来随着劳动力成本、土地成本、环境成本等农业生产成本进入快速上升通道,我国农业生产的成本和价格优势大幅下滑,进一步削弱了我国农业竞争力。并且,随着近年来我国农业对外开放程度的不断扩大,大量的进口优质低价农产品涌入国内市场,对国内农产品市场形成了较大冲击。而随着近年来国际贸易争端的增加,面对国际高贸易壁垒和激烈的竞争,我国优势农产品出口由于成本高、价格高、质量品质不达标等原因受到阻碍。

面对农产品市场环境的变化,农业生产需要通过提质、降本、增效,增加市场竞争力。分散的小农经营和以往松散的农业产业化联合模式无法实现这一目标。这需要我国农业进一步加快转变生产经营方式和转型升级,通过在横向联合层面积极发展规模化生产,在纵向联合层面推动三产紧密融合发展,从而基于全产业链控制与紧密协作,达到降低农业生产经营成本、保障农产品质量安全、强化品牌培育等目的,有效提高农产品市场竞争力和农业经营效益。联合体是农业产业融合的高级形态,联合体通过紧密契约将龙头企业、农民专业合作社、家庭农场等联结成有机整体,实行纵向一体化经营。一方面,联合体内部各成员基于产业链进行深化分工,充分发挥各自功能实现优势互补;另一方面,联合体通过内部完善的利益联结机制、灵活的要素流动与共享机制、稳定的购销合作机制、面向农户的支持激励机制等,促进各成员密切协同合作,使内部规模经济和范围经济效应得以充分发挥,从而有效促进农业生产节本、提质、增效,增强农产品市场竞争力。

第三节 联合体形成模式分析

一、企业主导型模式

(一) 主要特征

企业主导模式,即"公司+合作社+农户"模式。在这种模式下联合体以农产品生产公司或者企业为主导,以一类或几类农产品作为主导产品,开展生产、加工和销售环节,采取产、供、销统一化、标准化经营,完全产业融合。龙头企业带领联合体开展正常的生产经营性活动以及决策性活动,把合作社和农户进行有机融合,形成以"风险共担、利益共享"为原则的联合体。现实中该模式有许多表现形式,常见的有合同、契约等形式。这种模式下,企业与合作社、农户采取签订合同的形式逐步建立稳定的购销关系,保障了联合体成员的稳定收益率。但不论何种形式,在企业主导模式下龙头企业处于所处产业链中的支配地位(郭晓鸣等,2007)[①]。

---

① 参见郭晓鸣、廖祖君、付娆:《龙头企业带动型、中介组织联动型和合作社一体化三种农业产业化模式的比较——基于制度经济学视角的分析》,《中国农村经济》2007年第4期。

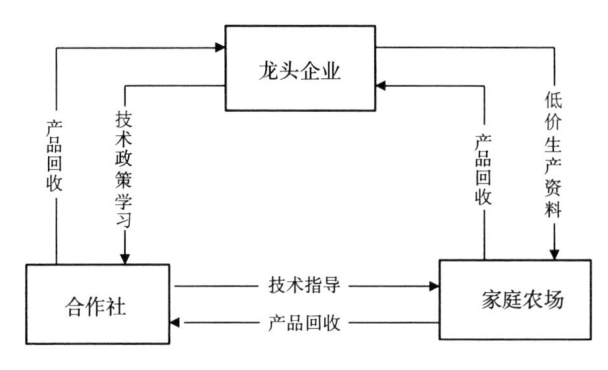

图 4-3 企业主导型模式联合体

（二）案例分析

1.红国稻米联合体

凤阳县红国稻米联合体是一家在 2015 年成立的粮食联合体。红国稻米联合体是凤阳县首批开展联合体试点、具有规模的省级联合体，核心成员有家家乐米业有限公司和凤凰岭农业发展有限公司，其他成员有水稻种植、植保等类型合作社和家庭农场、种养企业以及种养大户等，成员之间长期保持密切合作，力争打造成为利益联结紧密的联合体。目前，红国稻米联合体共有 14 位成员，众多成员影响之下带动周边超过 2000 户的农户和种粮大户，扩大了联合体的辐射范围。如今，红国稻米联合体内部已经实现了资源共享、品牌共用，并且致力于自身建立具有品牌化的农产品，诞生了一批诸如拥有核心技术的蒸谷米、"凤凰岭"农业服务化等在市场具有影响力的农业品牌。现在红国稻米联合体基本实现畜禽养殖—种、养殖废弃物处理—种植基地消纳—农副产品烘干、收储、加工—畜禽养殖的生态循环路线，搭建农业生态循环生产体系，保障农产品的质量安全。在 2015 年年底，红国稻米联合体通过建立农业物联网管理模式来对田间种植、管理、收割及加工环节实施远程监控管理，初步实现了农业生产的现代化管理。

第四章 农业产业化联合体形成的动力机制研究

2. 丰乐种业联合体

丰乐种业联合体是一家以合肥丰乐种业股份有限公司为主导的联合体。合肥丰乐种业有限公司的前身是合肥市种子公司,公司以种业和农化为主导产业,实行高科技大农业战略,拥有研发、生产、加工、销售和服务为一体的完整经营体系,入选农业产业化国家重点龙头企业、安徽省高新技术企业,公司业务横跨几十个国家和地区,综合实力与规模位于中国种业前列。丰乐种业公司联结联合体内合作社和生产基地,将种业作为目标,持续深化创新,按照公司统一技术标准,不断优化产业布局,延伸全产业链,实现产业深度融合发展。丰乐种业公司始终坚持种业科研工作市场化,自主搭建产学研平台,开展自主研发工作,推动研发成果市场化。丰乐种业公司的诸多种子产业都呈现蓬勃发展的态势,如常规水稻、杂交水稻、玉米、小麦和棉花种子等种子产业在国内以及国际市场拥有良好的口碑,亦是中国天然薄荷产品重要生产企业。作为丰乐种业联合体的龙头企业,丰乐种业公司为保障广大农户的利益,鼓励农民以订单农业、多形式入股分红等多种形式加入到联合体的利益共享体中,实现农民增收,扩大以丰乐种业公司为主导的丰乐种业联合体的影响力、辐射范围,带动农民脱贫致富。

二、产融联合型模式

(一) 主要特征

产融联合是一种集银行投资、企业生产、商业贸易于一体的实现社会资源有效配置和利用的重要组织形式之一。当前它也是我国社会主义市场经济条件下银企关系发展的必然趋势,是现阶段化解银企双重低效资产的重要途径(章新等,1997)[①]。联合体中龙头企业通过产融联合型模式与银行进行战略

[①] 参见章新、朱银荣:《产融联合——加快实施"大经贸战略"的新课题》,《国际贸易问题》1997年第11期。

合作,为联合体内的合作社和家庭农场提供融资担保,通过合作社联结家庭农场进行金融和产业联合。该模式下,联合体可以解决自身发展资金困难的问题,银行可获得比商业贷款更加丰厚的利润,达到双赢的局面。

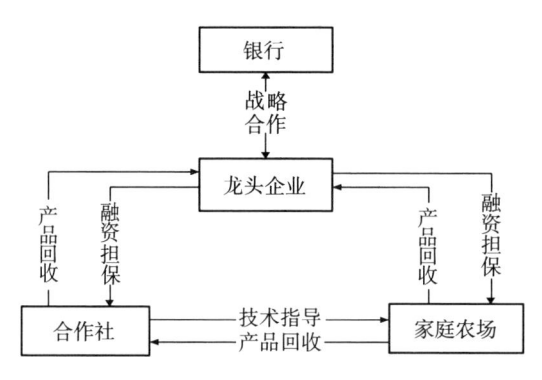

图 4-4 产融联合型模式联合体

（二）案例分析

1. 凤台县"粮食银行"

2013 年 6 月,安徽省淮南市凤台县凤禾农业发展投资有限公司在凤台县政府支持下正式开始主导运营凤台县"粮食银行"项目。凤台县"粮食银行"项目是农村金融的新型探索,粮食银行是不以营利为主要目的的政策性、服务性及惠民性的新型粮食经营主体。粮食银行的运转模式参考商业银行经营货币模式,与一般银行的区别在于粮食银行存入的是粮食而不是现金,农户将余粮在粮食银行进行免费存储,可凭借手中的存粮折(卡)取回粮食,或者兑换其他商品、持卡消费、提取现金,存粮折(卡)还可作为为自己或他人作担保的抵质押凭证向商业银行贷款。粮食银行的出现为农户,特别是种植规模大的农户和家庭农场,提供粮食储存场所,解决粮食存放问题,避免农户以低价将粮食就地售卖造成生产收益受损。农业加工企业通过粮食银行将企业资产抵押贷粮食,到期还款付息,缓解企业资金周转困难现状,粮食存取及时一定程度上降低了企业的生产成本,扩增了企业的利润空间。粮食银行严格防范经营风险,防止不良粮贩利用粮食价格波动集中兑粮;与期货业务充分对接,开展套期保值业务;与保险公司深度合作,最大限度避免粮价大幅度波动造成的损失。粮食银行以"公司+农户+市场"模式维持日常经营运转,与农业银行开展战略合作,为农户、企业提供融资担保及抵押贷粮,实现产融深度结合,有效降低企业和农户生产经营风险,达到农户受益、企业发展共赢格局。

2. 淮河种业粮食产业化联合体

淮河种业粮食产业化联合体是在2012年由淮河种业有限公司牵头成立的以农业企业为龙头、家庭农场为基础、合作组织为纽带的新型农业经营组织。淮河种业粮食产业化联合体不仅是最早一批产生的新型农业产业化经营组织,也是联合体最初的雏形,为全国联合体的建立、发展树立模范。淮河种业粮食产业化联合体将"农业企业+农民专业合作社+家庭农场"模式作为开展运营活动的依据,现成员包括了14家合作社以及27家家庭农场,联合体内具有完善的财务、监管和议事等制度。淮河种业有限公司在淮河种业粮食产业化联合体的运营过程中为解决合作社及家庭农场生产资金困难问题将公司资产(如公司不动产等)作为反担保手续,通过市担保公司担保向农商银行获取融资;相反,家庭农场为了降低企业融资风险,可将土地使用权和来年粮食提供给企业以提供反担保。龙头企业和联合体成员通过相互担保的形式获取资金,降低企业和农户的融资困难程度,为各自发展提供机遇。同时,淮河种业有限公司也会向合作社进行注资,以合作社为枢纽向家庭农场间接注资,确保家庭农场和合作社有足够发展资金。淮河种业粮食产业化联合体在产融结合过程中实现联合体资金融合,加强联合体内部利益联结机制的紧密性,实现联合体内盈亏共付,有利于联合体进一步发展壮大。

三、松散联结型模式

(一) 主要特征

韦克于20世纪70年代针对学校等教育组织提出了"松散的结合系统"这一术语,他认为学校的成员之间相互联系但是又各自保持独立(Karl E. Weik, 1976)[①]。在联合体的建立和发展过程中,一些联合体在其组成上存在有与教育组织相同的松散联结的基础。松散联结型模式下的联合体成员之间只是各取所需,以完成龙头企业与合作社、农户间生产以及销售环节的互惠互利,故联合体成员间的紧密程度不高,利益联结机制不紧密。在利益联结机制不紧密的情况下形成了以龙头企业为核心,采取"公司+基地+农户"的联合体发展模式。

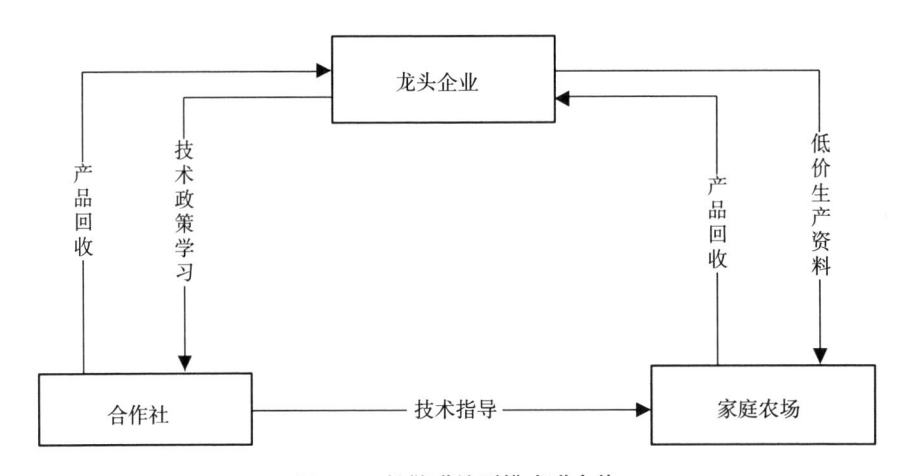

图 4-5 松散联结型模式联合体

(二) 案例分析

1. 金丰联合体

金丰联合体于2015年8月由泗县金丰面业有限公司牵头成立,成员包括

---

① See Karl E. Weick, "Education Organization as Loosely Coupled Systems", *Administrative Science Quarterly*, 1976.

第四章 农业产业化联合体形成的动力机制研究

1个龙头企业、1个农民专业合作社、10个村级合作社和10家家庭农场。金丰联合体实施"公司+基地+农户"的运作模式,与农户建立起松散联结的联合体。金丰联合体的成员通过签订合作协议,明确联合体内各自的权利与义务。第一,金丰面业向合作社和家庭农场低价提供优质生产资料,其中包括优质种子、肥料和农药等,降低农民生产成本。第二,金丰面业需要以高于市场价格的回收价回收合作社和家庭农场生产的农产品,增加农民收入。第三,金丰面业教授合作社、家庭农场和种植大户最新的种植理念、种植技术和种植手段,提高农作物种植经济效益。第四,金丰面业和有能力的合作社对生产加工的初级农产品组织对外出售,扩大农产品销售渠道及销售范围。第五,金丰面业为合作社和家庭农场提供贷款担保,保障资金正常周转。此外,合作社和家庭农场按照金丰面业制定的生产标准进行生产,提高农产品质量,逐步建立品牌效应和市场影响力,提升产品的市场占有率。在金丰面业的带领下,金丰联合体大力发展现代电子商务,通过互联网渠道拓宽销售市场。

2. 蔬乐园瓜菜产业化联合体

蔬乐园瓜菜产业化联合体是宿州市积极探索联合体发展模式成功案例之一,位于国家现代产业农业园内。它是由宿州市蔬乐园农业科技有限公司联合灰谷镇富民瓜菜、兴农瓜菜、天宇果蔬种植、明星瓜菜4家合作社以及22个一定规模的家庭农场所组成的联合体。联合体内成员各司其职:蔬乐园农业科技有限公司负责蔬乐园瓜菜产业化联合体整体的生产及终端市场开发、销售环节,维持联合体日常运转,科学、规范管理联合体;合作社按照生产标准规范家庭农场日常生产以及提供技术指导;家庭农场按照生产要求开展瓜菜种植、提供瓜菜产品。蔬乐园瓜菜产业化联合体鼓励采取"越冬莴笋+早春西瓜+秋延豆角"一年三茬的种植模式,向贫困户提供低价种苗、技术服务及集中销售等帮扶措施。联合体内设有产业发展资金,为有意向发展大棚种植的农户提供帮助,同时参与大棚日常生产管理。蔬乐园瓜菜产业化联合体建成了设施装备展示区、主导品种示范区、主推技术应用区、综合服务区和工厂化育苗中心,即"四区一中心"。在蔬乐园农业科技有限公司的主导下,蔬乐园瓜菜产业化联合体不断加大科研投入,改进种植技术,提升瓜菜种植产量和品质,致力于打造高标准、大规模的瓜菜生产示范基地,带动汴河周边数十个乡镇近千户农民从事瓜菜生产,带领农民致富。

四、股份合作型模式

(一) 主要特征

股份合作型模式是在改变传统的松散联结模式,建立龙头企业、合作社和农户之间稳定关系的背景下所产生的(陈学法等,2010)[①]。股份合作型模式下,联合体是由龙头企业、合作社和家庭农场或专业大户共同参股,进行股份联合,实现风险共担、利益共享,降低联合体的运营风险。其中,股份合作型模式又可以分为两类:一是单个农户以资金、技术和土地等要素入股企业,在龙头企业中拥有股份;二是由多个农户以资金以及其他要素共同组建合作社,接着合作社以总股份入股龙头企业。

(二) 案例分析

安徽双福粮油工贸集团有限公司在 2013 年发起并控股成立了庐江县新桥粮油专业合作社联合社,联合庐江县"万山双福粮油""盛桥圣运粮油""圣运农业机械服务""群发农作物种植""众发农作物种植"五个专业合作社以股份合作形式组建农业经营主体,吸纳 13 个家庭农场和 17 个种粮大户入股进行互助合作经营,形成相互融合的紧密现代化农业经营组织。庐江县新桥粮油专业合作社联合社内各个成员定位精准、分工明确,在不同环节上各司其职,努力争取实现共赢局面。企业不直接参与生产环节的管理,遵循"只管人

---

① 参见陈学法、王传彬:《论企业与农户间利益联结机制的变迁》,《理论探讨》2010 年第 1 期。

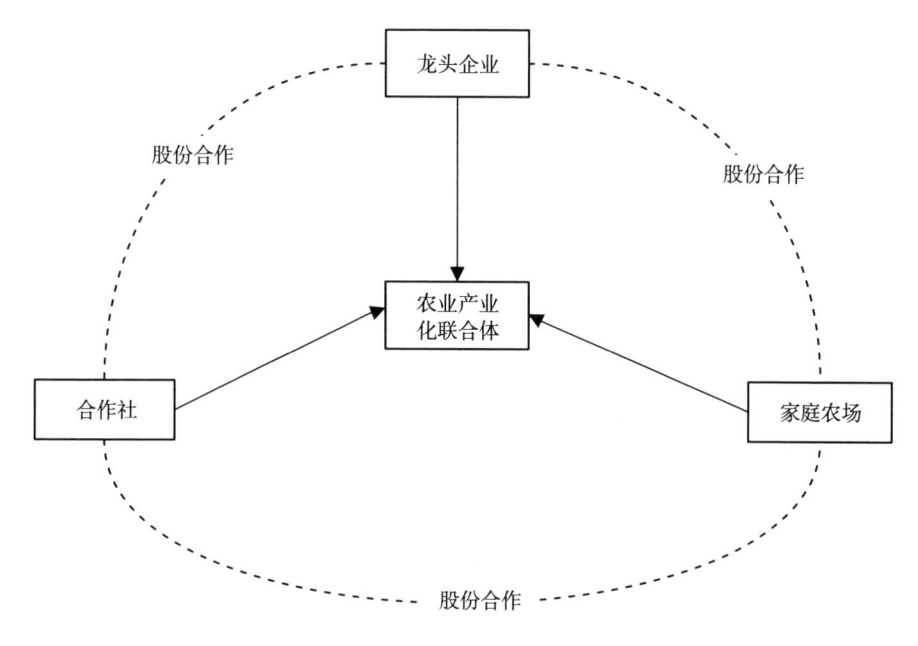

图 4-6 股份合作型模式联合体

不管事"的管理模式。新桥粮油专业合作社联合社主要提供小麦、水稻和油菜的种植、销售和加工业务,对社内成员提供粮油产销的全程服务,并发挥自身纽带作用,积极联系企业、家庭农场以及种粮大户,优化联合社内部资源配置,对生产环节进行统一、高效、科学服务。新桥粮油专业合作社联合社的产生使社内成员实现风险共担、利益共享,降低了该农业产业联合体的运营风险,维持联合体的稳定发展。

五、政府推动型模式

(一) 主要特征

政府应基于农业自身的弱势性和农业在国民经济中占据的重要地位,给予农业行业全方面优待,采取多种措施引导和促进农业健康发展。联合体作为推动农业发展的重要农业组织形式,政府对其的帮助至关重要。政府推动型模式下,政府通过立法、财政补助和信贷支持等多种方式大力扶持联合体顺利运营,进行生产经营活动,保障联合体内成员的经济利益。

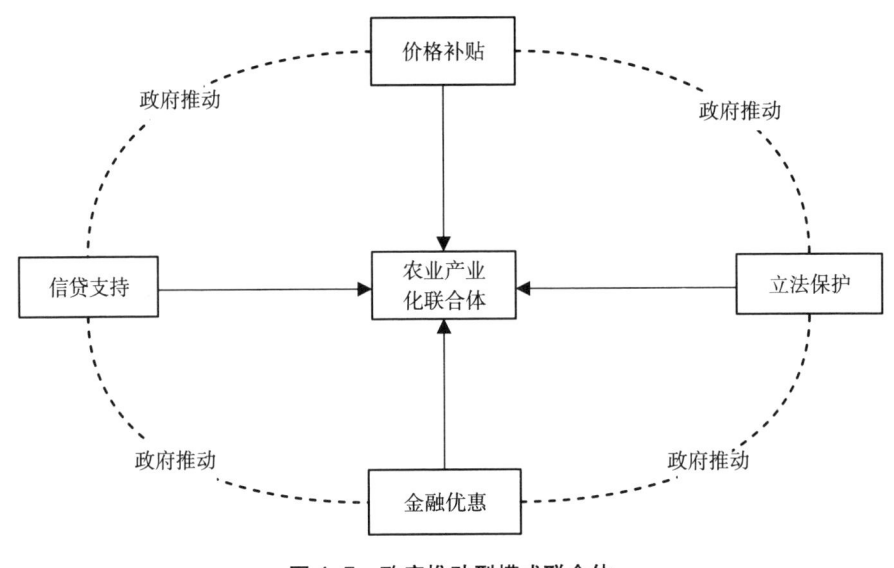

图 4-7 政府推动型模式联合体

（二）案例分析

宿州市在 2011 年被农业部批准为"全国农村改革试验区",承担培育农业企业、农民专业合作社和家庭农场三大新型农业经营主体的试验任务。宿州市立足农业综合改革试验区优势,先行先试,首开联合体建设试点先河。宿州市自 2012 年提出《促进联合体试点方案》之后,开始探索关于以"龙头企业+合作社+家庭农场"为主要运营模式的新型产业化经营模式。依托政府推动、顶层设计和摸着石头过河相结合,宿州市通过落实财政资金支持政策、创新金融产品、提高农业保险标准、搭建土地流转平台、加强项目支撑、强化服务保障等措施促进联合体的发展。

宿州市联合体由 2012 年一开始的 16 家到 2018 年已经发展为 272 家,联合体体内成员共有 283 家龙头企业、863 个合作社、1818 个家庭农场及专业大户(何雪峰,2018)①。联合体覆盖了多类农业产业,如特色种植、特色养殖、粮食生产、畜牧养殖等产业,年产值超过了290亿元,联合体成为带动宿州市现代农业快速发展的重要农业经营组织形式。实践证明,联合体作为一种新型农业经营组织形式,有力促进了农业集约化、专业化、组织化、社会化生产,更能符合当下市场需求和农业发展要求。2018年,"联合体"首次被写入中央一号文件,证明联合体模式的可行性,自此在安徽省甚至全国范围内开始大规模联合体试点工作。宿州市联合体的建设对其他城市发展联合体具有明显的借鉴作用,给中国现代农业发展注入鲜活动力。

其中,灵璧县良林家禽联合体在宿州市、县现代化农业办的推动下,由灵璧县林汇家禽育种有限责任公司、灵璧县良林家禽专业合作社和112个家庭农场组成。该联合体的章程、财务制度以及建设方案都是在政府的亲自指导下制定,成员之间通过文字形式建立紧密的利益联结机制,利用5%盈余成立专项养殖风险基金,保障成员生产收益。林汇家禽育种有限责任公司通过流转农户土地的方式整合了农户零散土地资源、解决农民就业问题,使农民获得土地租金、工资两份收入。家庭农场在加入良林家禽联合体后,不仅优先享受政府优惠政策、农业电价等,而且享受公司和合作社为其提供的核心技术、保障服务,获取更高的销售利润。在多方成员努力下,良林家禽联合体形成了产供销一体的紧密链条。在当地政府的大力推动下,良林家禽联合体被公认为"是养鸡户发家致富的桥梁和纽带,是皖北地区养鸡业的典范"。在良林家禽联合体的运转之下,以灵璧县为中心的周边养鸡户走上了致富之路,提供了众多工作岗位,在缓解当地就业压力的基础上带动当地经济的繁荣、高质量发展。

---

① 参见何雪峰:《从"小舢板"到"航母"的"宿州探索"》,《安徽日报》2018年第5期。

六、市场联合型模式

（一）主要特征

市场联合指的是企业与市场进行联合,开展一系列生产、销售活动,扩大原有的销售范围。在市场联合型模式下,联合体以龙头企业为核心,通过搭建市场销售平台为链接,联合合作社和家庭农场或专业大户拓展农产品的销售渠道,增加联合体抵御市场风险的能力。

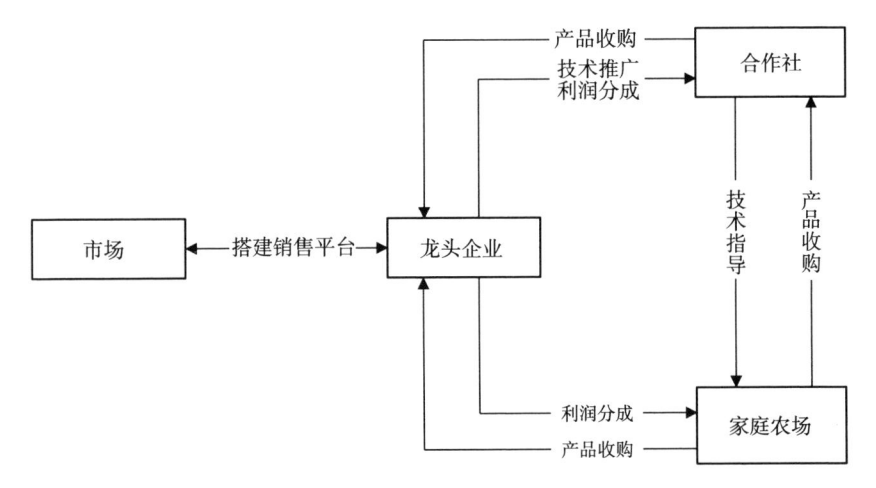

图 4-8 市场联合型模式联合体

（二）案例分析

宁国市詹氏山核桃产业化联合体以安徽詹氏食品有限公司为龙头企业,为缓解联合体内各经营主体经济压力应势而生。詹氏山核桃产业化联合体将联合体内成员主要要素、资源进行整合,提高联合体的整体竞争力和抗风险能力,扩大产品市场占有率,增加成员收入。安徽詹氏食品有限公司在发展联合体的过程中,创建了"企业+产业协会+农户+基地"四位一体的完整产业链,时刻以市场为导向,不断整合优势资源,推陈出新,开发出一系列符合市场需求、绿色、生态、营养型森林食品,如特色山核桃系列等七大类绿色产品结构。2003年后,詹氏面对市场激增需求,加大硬件投入,实现规模化生产,成为国内首家引进现代化山核桃带式流水生产线、全自动山核桃包装机等先进设备的山核桃生产企业,建设符合GMP标准的生产厂房,极大程度上提升了生产效率和产品质量。詹氏通过发展电子商务、詹氏线下连锁等方式,扩宽产品销售网络,扩大产品辐射范围。在2016年,詹氏通过合作建立了坚果智能制造生产线,完成詹氏山核桃产业化联合体的生产效能升级,成功向现代化企业转型。詹氏在2019年和2020年成功入选"农业产业化国家重点龙头企业名单""安徽省农业产业化省级重点龙头企业名单"。在不断完善山核桃等农产品的产业链期间,詹氏山核桃产业化联合体促进宁国当地农业经济的繁荣,有效带动10万余农民的生产积极性和提高他们的生产管理技能,带动农民致富。

第四节 本章小结

根据本章内容分析,得出以下三点结论。

第一,龙头企业带动、交易成本降低、风险抵御能力增强和农业人才队伍扩充构成了联合体内部动力机制形成的主要原因。交易成本降低、风险抵御能力增强和农业人才队伍扩充,这三点现实原因充分调动了联合体成员加入联合体的积极主动性。

第二,政策支持、农业技术创新以及专业化分工的出现促使联合体外部动力机制形成,从联合体外部推动联合体的形成与发展。

第三,本章围绕企业主导型、产融联合型、松散联结型、股份合作型、政府推动型和市场联合型六种联合体形成模式展开讨论。一是企业主导型模式,以农产品生产公司或者企业为主导,重点围绕一类或者几类农产品进行生产、加工和销售。二是产融联合型模式,龙头企业通过产融联合型模式与银行进行战略合作,为联合体内的合作社和家庭农场提供融资担保,通过合作社联结家庭农场进行金融和产业联合。三是松散联结型模式,以龙头企业为核心,采取"公司+基地+农户"的联合体发展松散模式。四是股份合作型模式,龙头企业、合作社和家庭农场或专业大户共同参股,进行股份联合。五是政府推动型模式,政府通过立法、财政补助和信贷支持等多种方式大力扶持联合体顺利运营。六是市场联合型模式,以龙头企业为核心,通过搭建市场销售平台为链接,联合合作社和家庭农场或专业大户拓展农产品的销售渠道。

第五章　农业产业化联合体的利益链接机制研究

第一节　联合体中利益相关者的角色分析与利益诉求

联合体是我国农业组织现代化进程的必然产物,是我国现代农业进入产业化时期组织结构形式出现变化的最新表现。孙正东(2015)[①]明确指出,龙头企业是整个产业紧密链接的重要核心,农民专业合作社是整个产业紧密链接的重要纽带,家庭农场是整个产业紧密链接的重要基础。芦千文(2017)[②]从农业组织形式创新基本逻辑与农业融合管理机制体系设计的这个角度上指出农业联合体的基本概念,认为联合体组织是以现代农业的全产业链组织为主要依托,按照农业合作发展共赢、分工协作和农业优势相辅相成基本原则,由大型龙头企业、农民专业合作社、家庭农场及其他利益直接相关者共同组成的集农业生产、加工、服务于一体的新型产业化综合经营经济组织产业联盟。王志刚等(2019)认为,现代农业规模产业化经济联合联盟是以龙头企业为生产经营者的引擎、农民专业合作社组织为生产服务者的纽带、家庭现代农场为

---

① 参见孙正东:《论现代农业产业化的联合机制》,《学术界》2015年第7期。
② 参见芦千文:《联合体:组织创新逻辑与融合机制设计》,《当代经济管理》2017年第7期。

劳动生产者的基础,基于不同产业链中各种生产要素的超大范围资源共享、高度联合的专业分工、紧密稳定的产业契约生产交易,在内部融合形成产业供应链,并与外部产业链横向、纵向交叉联结形成网状经济结构的现代农业规模经营经济组织产业联盟。具有分工高度专业化、生产要素资源共享深度化、产业链相互交叉融合多元化三大基本特征。

"龙头企业+农民专业合作社+家庭农场"经营管理是通过契约形成的一种半紧密的联结模式。龙头企业为家庭农场成员提供资金、技术、生产性贷款以及风险保障;为合作社提供市场信息、生产性贷款担保以及技术支持,形成了有效资金联结机制,缓解家庭农场成员的融资困境。合作社按照企业统一规定和标准,为农户提供规范化标准化种养、职业人才培养、信息、生产、储藏及运输等全过程的生产服务;为龙头企业收集分散信息、提供稳定的社会服务。家庭农场为龙头企业提供优质初级产品,将大量的闲散资金存入合作社,成为合作社稳定服务对象(如图5-1所示)。在产业化联合体的建设运营当中,基于产品研发的生产、市场业务的开拓与生产技术服务的不同专业分工,三者都有各自不同的角色与定位,农业产业化联合体利益相关者的诉求,对产业化联合体的发展发挥着重要的影响。

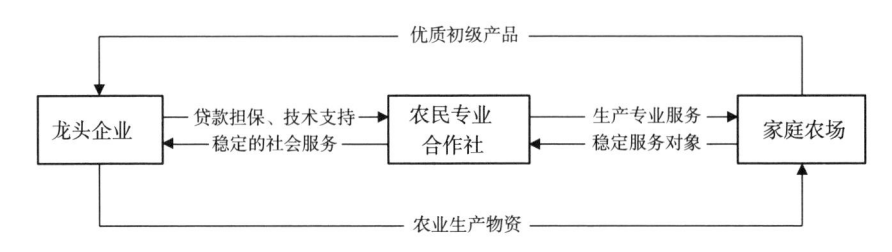

图 5-1 联合体利益相关者关系模型

一、龙头企业的角色分析与利益诉求

(一)龙头企业的角色分析

产业化龙头企业一直是支撑和推动农村地区经济发展的核心和骨干力

量。从农业农村部官网得知,在2018年,全国拥有各类产业化龙头企业共1542家,其中国家重点农业产业化龙头企业达1243家,辐射1.27亿农户实现增收,农户年均增收超过3000元。龙头企业是现代农业生产经营要素和模式向农业输送的重要渠道,也是推动联合体组织建设和管理进步的关键驱动力(孙正东,2015)。王茜(2009)[1]通过对比分析了国家重点龙头企业和省级重点企业,总结出农业产业化龙头企业的盈利性、立足农业领域以及社会性三大认定标准,指出农业产业化龙头企业在实际运营过程中始终以追求效益与利益最大化为目标,主要的企业增加值都来自农产品,农民利益、农村稳定以及农业发展都与其密不可分,与一般的工商企业相比,责任更为重大。目前,各级政府迫切需要解决"三农"问题,即农村发展、农民增收及农业增效。政府的政策取向直接决定了龙头企业的发展情况,受政府行为的牵制,龙头企业在发展的过程中需要持续关注政府的利益。

与其他的新型经营主体相比,龙头企业能够直接与我国的现代化大市场进行对接,通过订单或合同等多种方式将传统家庭农场的产品带入到市场,是实行产加销、贸工农一体化的流通企业(张照、新赵海 2013),黄梦思等(2016)[2]从农户视角指出,龙头企业是推动农业产业化进程的主导力量,在综合管理中,合作农户获得产业链的平均利润,龙头企业控制市场的风险管理和风险能力最强。总体来说,龙头企业作为总体利益的把控方,在制定规则、利益分配、实施监督的过程中受益,扮演着协调者、管理者、监督者等多重角色,并需要考虑经济效益、社会效益以及生态效益等诸多重要效益,龙头企业促进了产业化联动和企业经济可持续发展,对加快农业发展转型、建设现代农业产业和管理体系发挥重要作用。

---

[1] 参见王茜:《农业产业化龙头企业绩效评价研究》,《中国农业科学院》2009年第10期。
[2] 参见黄梦思、孙剑:《复合治理"挤出效应"对农产品营销渠道绩效的影响——以"农业龙头企业+农户"模式为例》,《中国农村经济》2016年第4期。

(二) 龙头企业的利益诉求

龙头企业在农业产业化联合中占据核心的地位,起到了引领和示范作用,其他的利益相关者的活动都围绕其展开。龙头企业尽可能节约成本,提高生产效率,优化整体资源配置,促进生产力发展,获得最大的经济效益。基于龙头企业的盈利性、立足农业领域以及社会性三大特征,需要认真考量其政治、社会、经济等多方面的诉求,龙头企业的利益诉求主要有以下六点。

一是加强农业融资体系,简化繁琐申请体系,降低隐形费用,满足贷款资金需求,发展壮大联合体。新型农业经营者普遍缺乏资金,尤其是大规模经营的主要企业。根据中国经济趋势研究所组织的新型农业运营商(2018)发布的国家发展指数数据显示,68.49%的企业存在资金差距问题,运营资金的缺乏和融资困难已成为限制新型农业发展的突出问题。

二是能获得政府对龙头企业规范与创新扶持,完善农村土地承包政策,加强土地流转管理与服务,提高农户长期流转意愿,稳定发展联合体。

三是加强自身人才队伍建设,拥有专业的管理层与技术层,形成系统、科学的管理体系,实现可持续化发展联合体。

四是提高品牌塑造力。龙头企业高质量发展离不开品牌的塑造,涉农企业前期面临的比较普遍的问题,也给企业后期的品牌塑造、上市挂牌造成障碍,企业希望在发展早期就有专门机构予以协助,尽早通过流程和制度设计予以规范,整合传播与品牌农业发展,提升企业品牌知名度,打造企业的目的品牌,获得高额利润,增强农业市场核心竞争力。

五是积极发展新业态新模式,加速推动企业实现经营业态的多样化、线上线下服务一体化创新,大力发展跨境电商、网红直播经济等。

六是提供要素供给,在不改变住宅用地主体、规划条件等前提下,允许利用大型工业厂房、仓库用房等存量房产,允许采取协议租赁等方式续租,租金按市场价确定。

二、合作社的角色分析与利益诉求

（一）合作社的角色分析

专业合作社是产业链接的纽带，它将农业龙头企业、家庭农场有机地结合起来。在农业农村部官网了解到，截至2020年5月，全国依法注册的农民专业合作社已经达到222.5万家，联合社超过一万家，有力推动了农业的专业化、标准化、规模化和集约化。根据《中华人民共和国农民专业合作社法》(2017年12月27日第十二届全国人民代表大会常务委员会第三十一次会议修订)给出的明确相关定义："农民专业合作社，是指在农村家庭承包经营基础上，农产品的生产经营者或者农业生产经营服务的提供者、利用者，自愿联合、民主管理的互助性经济组织。"[1]可以了解到，农民专业合作社的主要性质是以农民为其经营主体，由其他同类型的农民生产经营农产品、经营商或者其他同行业类型的人作为农业产品生产与管理服务的提供者或使用者群体，按照农业合作制或者实行股份制的合作经营制度方式进行生产经营、分配、管理的一个农业互助型的经济社会组织。一般而言，"龙头企业+农民专业合作社+家庭农场"模式的农业专业合作社大致分为三种类型。第一，"龙头企业领办合作社"模式。合作社必须具有独立的法人资格，龙头企业以合作社为主要的组织形态建立企业和农户之间的合作，龙头企业是整个产业发展链条上的产业龙头，由一家企业直接带领众多专业农户最终结成一种利益双赢共同体并向高经济效益迈进的新农业发展模式。第二，"龙头企业与农户合办合作社"模式。这种组织模式由龙头企业和农户代表共同组建合作社，在合作的过程中互相制衡，确保双方利益不受损，双方以平等的地位形成了一个利

---

[1] 2006年10月31日第十届全国人民代表大会常务委员会第二十四次会议通过，2017年12月27日第十二届全国人民代表大会常务委员会第三十一次会议修订。参见http://www.npc.gov.cn/zgrdw/npc/xinwen/2017-12/27/content_2035707.htm。

益共同体。第三,"农户领办的合作社+合作社开办企业"模式。这种合作组织管理模式主要是由农户和一方共同缔结契约,组建合作社,农户自愿参与而加入,合作社与龙头企业之间进行合作以及有关各项事宜的谈判和协商,保障农户切身利益免遭损失。此外,合作社作为非营利性的组织,不仅向其成员提供农产品有关的信息,也组织生产资料的采购、制造、加工、销售。

"龙头企业+合作社+家庭农场"模式采用入股分红、财政资金折股量化以及吸纳就业等方式,将项目资金折股量化,实现抱团发展,这是当前普遍存在的企业(或能人)带动的股份合作化的合作社发展模式。邵科(2013)指出,我国农民专业合作社资产盈余主要通过四种方式进行分配:劳动成本分红、出资成本分红、公共资产积累以及按资产交易量进行分红。其中,按交易量进行分红的方法又称"按惠顾额分配",趋于规范的合作社一般是采用按惠顾额返还。

(二)合作社的利益诉求

最大限度满足成员对合作社的服务需求,是合作社应当始终追求的目标,也是合作社法规定的合作社基本原则之一,这也就意味着成本的投入越高,融资的诉求越大。由于合作社发展水平差异较大,对成员提供农业社会化服务也必然存在差异性。成员角色分离是当前农民专业合作社发展的普遍状态,合作社并没有充分体现所有者、控制者和使用者的统一,同时存在管理不民主、金融体制不健全、扶贫功能弱化、利益分配不合理、农户利益被侵占等问题,基于以上各种问题,合作社的主要诉求表现为以下五点。

第一,建立合理民主的管理制度和科学管理经营决策,避免合作社成员异质性和"一会独大"现象频繁出现,形成团结的领导核心。

第二,提升营销水平,增强自身市场竞争力,扩大发展规模,使组织结构多元化,目前限于我国合作社的发展经验与发展实力,可以开展的专业服务非常有限,使服务参与内容较少,相对单一,制约了合作社的发展。

第三,加强人们对合作社的认知,注重教育培训。合作社成员要把非职业农民变成职业农民,为合作社的发展提供良好的发展环境;针对非股东成员的合作社核心成员,加强人才培养和激励,整合各种资源,使其留在合作社,促进合作社的培养。

第四,提高入社门槛,健康发展合作社。《农民专业合作社法》所规定的合作社成员门槛较低,为避免新人加入合作社出现自由"搭便车"行为,对加入合作社的会员开通认购费,采取溢价认购措施。

第五,调整信贷政策,创新信贷产品及其抵押质保业务的发展方式。近年合作社的数量在急剧增加,规模在不断地扩大,需要解决的问题也越来越多,金融支持尤为迫切,目前的金融服务难以满足农村合作社的多元化金融需求。

三、家庭农场的角色分析与利益诉求

(一) 家庭农场的角色分析

我国的家庭农场数量已经达到一定规模,据农业农村部统计,截至2018年底,我国共有60万家家庭农场,是2013年的4倍多。家庭农场的产业类型包括种植业、畜牧业、渔业、养殖业。方志权(2013)认为,"家庭农场"是以家庭成员为主要农业劳动力,从事大规模、集约化、商业化农业劳动生产和劳务经营,以农业收入为主要家庭收入来源的新型农业经营实体。徐子风等(2013)指出,"家庭农场"模式的核心特质可概括为"家庭""农场"与"盈利"。其中,"家庭"所代表的是一种"血缘"关系,亲属关系下的家庭内聚力使每一个家庭成员在从事劳作的过程中利益目标一致从而迸发出强大的生产积极性;"农场"表达的是一种乡土情怀寄托下的现代农业生产方式,有别于落后、分散的传统小农经营方式;而"盈利"则是一切经济活动的最终目的,符合市场经济下经营主体追逐利润的本质特征。2014年,农业农村部发布的《关于促进家庭农场发展的指导意见》指出,家庭农场以农民家庭成员为主要劳动力,以农业经营收入为主要收入来源,从事规模化、集约化、商品化农业生产①。我国家庭农场的土地来源主要有三种:一是农户自己负责生产承包与管理经营的集体土地;二是农户之间经过共同协商并通过土地互换形成的规模土地;三是通过租赁、转让等土地流转方式形成的规模土地。家庭农场经营的产权涉及到三种权利,土地所有权、土地承包权、土地经营权或使用权。

总的来说,家庭农场是以家庭成员为主要劳动力的农业生产经营单位,依靠农业收入,以租赁土地为主、自有土地为辅,以自有劳动为主、雇佣劳动为辅的生产劳动与管理劳动相结合。外商投资资本与自有资本相结合的模式,资本回报率更清晰,产品担负着主要交换功能,是适度规模经营的典型表现形式。同时,在联合体的发展过程中提供优质农产品与精细化加工农产品,规范化的管理、土地流转、进行适度规模的经营等环节都需要家庭农场来把控。

(二) 家庭农场的利益诉求

家庭农场是实现产业链条连接的重要基础,未来主要依靠其附加值的发展和壮大,而附加值的提高需要经过一定时间的技术改良,技术的推广和应用需要专业的技术和人才,或是对于高新技术与应用能力相对较强的个体。农产品经营的不确定性及市场方面的风险性也会影响家庭农场的收益,而农业保险覆盖面不广、设施用地审批难、农产品价格波动大且升值的空间有限、家庭农场发展资金需求与当前农村金融产品供给不足之间的矛盾直接导致一系列问题都限制了家庭农场现代化发展水平。家庭农场对农业产业联合体的诉求主要是缓解小规模家庭经营无法克服的局限性,因此,需要龙头企业为联合体各成员提供农产品市场信息、稳定的农产品销售渠道、先进技术、优良品种以及农产品品牌建设等方面的帮助,从而规避风险,保障家庭农场收益。家庭

---

① 参见农业农村部:《关于促进家庭农场发展的指导意见》,https://www.gov.cn/zhengce/2016-05/22/content_5075689.htm。

农场的利益诉求有以下七点：

第一，用地诉求。有健全的土地流转机制、规模化集中的土地制度来发展壮大家庭农场，统一规划生产发展，加速土地规模效益和农业现代化进程。

第二，人才诉求。强化经营者的综合素质，引进专业的技术人才或对科技应用能力较强的人才，提高家庭农场人员的整体素质，增强对外界信息的敏感度，拥有对市场信息有效的分析能力以快速提高家庭农场的现代化发展水平。

第三，基础设施诉求。加大对生产性基础设施建设的投入，提升生产性建设用地使用效率，解决家庭农场对基础设施建设的要求，如平整土地、晾晒场、储粮需求等，健康发展家庭农场。

第四，农业保险诉求。完善农村金融和农业保险制度，扩大农业金融政策性保险覆盖面，面对自然、市场、疫情三大风险时，能提升家庭农场抗风险能力。

第五，融资诉求。完善金融政策，以低息融资减轻家庭农场经营者负担，简化融资流程，增强土地承包的经营权和宅基地的使用权，进一步提高家庭农场的利润并发展生存空间。

第六，用工诉求。建立农业闲暇时间劳动者补贴机制，解决农业生产受"季节性就业困难""老工人""技术工人难留"等因素影响的问题。

第七，话语权诉求。家庭农场与企业的地位严重不对等，一定程度上无法对企业的决策起作用，同时农户的增资扩股对合作社的总体治理框架改善也起不了决定性作用。因此，家庭农场迫切需要提升自己在联合体当中的地位，增加话语权。

第二节 联合体中利益相关者存在的问题与利益冲突

不同的学者分析了新型农业经营主体在产业当中所存在的问题，许汉泽等

(2017)[1]指出,在目前的产业计划应用过程中,容易发生"精英俘获"和"弱吸收"现象,容易遇到反向软预算约束和大规模管理不善等带来的"政策负担"。新型经营主体存在商业银行目标与金融扶贫政策性目标的冲突,也存在有效金融需求不足等问题(谢玉梅等,2016)[2]。浦徐进等(2012)[3]认为,合作社农户"搭便车"的行为容易陷入合作社内部集体性行动和困境,进而导致合作社农产品质量低和供应服务效率低。一方面,由于目前我国《农民专业合作社法》未明确规定所有成员都必须参加股份,这就允许了合作社中的大型生产者和小贩,如农村那些具备经济能力的人合法地进行投资合作社,并利用他们的市场控制权来获得其他人较多的投资和回报(卢新国,2009)[4]。另一方面,对许多小农来说,他们只是想通过与合作社建立稳定的销售合同来解决市场进入和价格上涨的问题,多数农户不愿轻易购买股份(应瑞瑶,2004)[5],这导致合作社成员持股不均,给合作社的治理带来了极大隐患。联合体的发展需要各个利益相关群体的共同参与,涉及利益主体分配与满足,各个利益相关者更多关注自身利益最大化,所以在期望与现实之间可能会引发龙头企业、家庭农场以及合作社等各方利益冲突。

一、龙头企业与家庭农场之间的利益冲突与存在的问题

(一) 龙头企业与家庭农场之间的利益冲突

企业没有处理好与农户的利益关系,未能合理分享产业链增值收益。当

---

[1] 参见许汉泽、李小云:《精准扶贫背景下农村产业扶贫的实践困境——对华北李村产业扶贫项目的考察》,《西北农林科技大学学报(社会科学版)》2017年第1期。

[2] 参见谢玉梅、徐玮、程恩江、张国:《基于精准扶贫视角的小额信贷创新模式比较研究》,《中国农业大学学报(社会科学版)》2016年第5期。

[3] 参见浦徐进、蒋力、吴林海:《强互惠行为视角下的合作社农产品质量供给治理》,《中国农业大学学报(社会科学版)》2012年第1期。

[4] 参见卢新国:《农民专业合作社盈余分配现状及对策研究》,《调研世界》2009年第11期。

[5] 参见应瑞瑶:《论农业合作社的演进趋势与现代合作社的制度内核》,《南京社会科学》2004年第1期。

市场销售价格良好时,农产品市场销售价格远远超出了契约的价格,占市场主导地位的龙头企业过度强调正式契约的遵守和履行,严重威胁到了农户的合理权益,农户将产品卖给龙头企业的意愿度就降低了,导致违约率较高。当农产品交易市场行情低迷时,龙头企业不愿收购农产品,将风险"转嫁"给农户,以求得"自保",导致了龙头企业和农户之间矛盾严重,弱化了产业联合模式的稳定性。

在缺乏有效监管的情况下,倾向短期投资行为的龙头企业,一味追求政府支持下的农业形象,缺乏长远的规划和保护土壤质量的意识,盲目扩大土地流转规模,耗用大量的土地,超越实际的养殖圈养、仓储设备和绿化工程,土壤的生态结构被破坏,土壤的质量难以恢复。

联合体大多采用的是按股分红的模式,农户可以以土地承包经营权入股来获得一定数额的红利,但事实上,股权红利一般是由企业的经营状况来决定,农户所能享有的分红仅仅是一种单纯的福利分配权,企业给予的分红远远低于按股份比例长期合理的回报,家庭农场只是得到了最低的保障,并没有得到真正的股权。入股的农户难以充分享受分红带来的福利,所以在参与过程中积极性较低,削弱了农户参与联合体的意愿。

龙头企业拥有品牌、技术、信息、渠道、管理等优势,农户处于弱势和依附地位,部分龙头企业则是通过大幅度的降价和数量优惠折扣的方式向家庭农场收购产品,甚至以加强对食品安全管理和促进农业标准化为由拒绝收购农产品,导致风险配置和利益分配失衡,加剧家庭农场的经营风险,影响农民增收。

我国的联合体大多采用的是劳动契约型和产品契约型分工方式,农民不是生产劳动的决定者,企业成为农业生产的主导者,同时在双方的合作过程中,农户的实际参与度较低,农户表达诉求的机会少。

（二）龙头企业与家庭农场之间存在的问题

1.利益联结机制不紧密

以产权为纽带的新型经济共同体，没有健全的法律保障体系来保障联合体健康发展。农户以土地或生产资料入股企业，使产权边界越来越模糊，投资主体会侵蚀国家资产及成员收益，导致利益分配很难公平合理。

利益联结机制层次比较低。简单地停留于农产品购买销售、农户供应劳动力、土地流转或房屋租赁等形式。龙头企业处于核心位置，在市场当中占绝对优势，在利益分配时截取更多的产业融合收入，甚至可能出现龙头企业按照合同约定的条款来欺诈农户等的行为。

抵御风险能力较差。龙头企业通常会将来自市场和外部环境冲击的风险转嫁给分散的农户，损害农户利益，影响合作的稳定性和利益联结机制的长效性。

2.利益联结机制不规范

利益分配不公平。农户在谈判中处于弱势地位，只能被动地接受合作企业的农产品定价和产量需求，被动地进行农业生产和提供原材料，很难享受到二三产业融合发展带来的利润。

合同履行意识差。由于存在机会主义倾向，双方的违约行为时常发生，加上各经营主体法律意识淡薄，在契约合作过程中，各交易主体合同违约率就比较高。

约束机制难以平衡。一方面，龙头企业现代化生产技术水平相对较低，生产线设备不够精细，农产品附加值不高，使龙头企业在当前竞争激烈的市场环境下抵御市场风险能力和适应能力较低，对外带动能力弱，资金和销售渠道相对比较欠缺，致使难以对农户进行技术支持。另一方面，农户文化水平和组织程度低，大多以家庭经营为主，难以与龙头企业平衡约束。在生产经营过程中，企业将风险转嫁给农户，不讲信用或故意压低收购价格，损害了农户的经济利益和生产积极性;相反,农户为了考虑自身利益,不履行已有约定,反而提高价格或将农产品高价卖给其他企业。这样的契约合作或"订单农业"很难约束双方的利益联结,使约束机制难以平衡。

内部治理结构存在问题。这主要是由于农户没有真正参与龙头企业在产业融合过程中的生产和经营,尚未形成利益共同体,企业内部管理没有农户参与,龙头企业的利益不愿与农户分享。内部资源没有得到有效配置,利益相关者尚未形成内部一致的经营、管理、监督、激励、控制和协调的一套制度安排。

3. 相关权益保护制度不健全

尚未建立有效维护农户根本权益的制度安排,农户一直处于被动接受的状态,缺少收益共享谈判权与发展规划性参与机会,资源浪费与利益流失现象严重。

利益联结机制相关权益保护难以落实。政府主导农村经济、企业缺乏社会责任、农民组织化程度低、农产品价格形成机制不合理等问题严重。

农户相关权益容易被边缘化。龙头企业的优势地位使工商资本强势介入农村资源分配和垄断资源开发,很少重视农村和农户的意见,导致农户被边缘化。

二、龙头企业与合作社之间的利益冲突与存在的问题

(一) 龙头企业与合作社之间的利益冲突

合作社主要职能在于服务联结,而合作社的资产所有者则是其主体成员。合作社治理主要框架遵循两条原则:一是民主控制原则,成员掌握控制决策权;二是按交易额返还,一般成员是小农户及大户,主要利用合作社的专业化服务功能实现获益。但是在现实经济活动中,龙头企业一般对合作社具有控制权,导致合作社一定程度上沦为企业的附庸。合作社生产产品类型及流向很大程度上受龙头企业管控,同时也一定程度上影响合作社的管理体系,因此

合作社需要在民主管理方面有一定自主权。而龙头企业则需要合作社及家庭农场提供优质的原料产地并生产出优质农产品。"农户领办合作社,合作社开办企业"模式,龙头企业与合作社之间都追求彼此的利益最大化。"龙头企业领办合作社"偏利共生的模式以龙头企业为主导,在因龙头企业的需要而成立的合作社的组织模式中,农户的生产和合作社的业务均以龙头企业为导向。"公司与农户合办合作社"模式,企业与农户的目标导向不同,导致了双方在制定决策时就产生了分歧。农户主要是基于自身收益的最大化,而龙头企业则主要是基于市场消费。这三种模式成立的合作社,龙头企业与合作社内部均存在矛盾,为未来可持续发展埋下隐患。

龙头企业与合作社签订合同之后,为了使自身利益最大化,当市场价格远远低于合同价格时,龙头企业就会存在强烈地压价降级或者是压价收购的动机,合作社无法有效地依法进行制约和监督规范龙头企业进行压级或者是压价收购的违法行为。

合作社成员进退自由,即使与合作社签订契约也可以随意违背且没有惩罚措施,使合作社的资产规模和人员数量不稳定,龙头企业也无法在事后控制他们的机会主义行为。龙头企业和合作社之间存在不忠诚的合作伙伴关系,只在需要合作的时候寻求合作,只寻求提供的优势,并且在收获的农产品交付或商业化时不给予合作伙伴优先权。

龙头企业发起的合作社与民争利,只是为了套取国家政策红利,获取国家相关优惠。龙头企业与合作社地位不对等,龙头企业只把合作社当成一个生产者,没有把农产品流通环节赚的钱分配给农民,并没有真正帮到农户。

(二) 龙头企业与合作社之间存在的问题

1. 经营模式问题

一是"龙头企业领办合作社"经营模式对企业的依赖性较强,若企业遇到经营危机,可能会直接影响农户的利益;二是合作社实行民主投票制,但"公司与农户合办合作社"的经营模式经常会出现因经营目标不同而造成的利益冲突导致集体选举效率低、成本高的问题;三是一半以上的合作社都属于"农民带动合作社,合作社兴办企业"模式的产销一体化合作社,农户自身融资能力有限,难以扩充产业链来获得规模收益,导致其生产效率和综合效益不高。

2. 缺乏完整规章制度

合作社在生产经营中缺乏完整的规章制度。小型合作社中企业能人办领的占大多数,普通合作社农户往往因为自身缺乏对于企业决策和市场判断的把握能力而对企业能人马首是瞻。

3. 缺乏合作的信任度

龙头企业与合作社之间进行合作时,合作伙伴之间存在不忠诚的情况,成员之间信任程度低,有些龙头企业会承诺提前交付农机农具,当产品收获时,他们会先向另一个报酬更高的合作社推销。这种合作成员之间的不信任会导致龙头企业与合作社的合作关系破裂。

三、合作社与家庭农场之间的利益冲突与存在的问题

(一) 合作社与家庭农场之间的利益冲突

一般由龙头企业发起成立的合作社,通过确定项目同时引入国家扶持互助资金来发展建设项目,存在"精英俘获"与"隐性门槛"的现象。政治精英也就是乡村干部与经济精英联手合作,对扶贫的资源加以侵占,侵犯了本属于农户的利益。另外在项目当中,农民专业合作社是允许对贫困户大幅度地降低准入的门槛,然而当精英的利益与农户的经济利益发生冲突,合作社利用经济与信息的优势,抬高参与项目的门槛,例如一定数量的保证金、加设融资担保条件等等,而农户处于弱势地位,无法与之抗衡,只能是被迫接受。

在农地流转方面,存在合同不规范、语言表述不清晰、个别条例有时违背农民意愿的现象。由于各种不确定性因素,农地流入方难以获得较高的纯利

润,双方很难协调,造成家庭农场与合作社的短期行为。

公司领办的合作社,会习惯性地或者刻意地把公司的组织基因移植到合作社中,以出资额分配投票权,以出资额分配盈余,更容易满足合作社中公司成员的利益,公司领办合作社演化成公司控制合作社,导致合作社的组织性质和组织功能扭曲。从组织性质的角度看,公司治理模式的植入,拉开了公司成员与农户成员的差距,成员所有、成员控制和成员受益变成了公司所有、公司控制和公司受益,小农户成员客户化现象凸显,合作社对小农户的凝聚力降低。从组织功能的角度看,"报团取暖"变成了"抱大腿",合作社的益贫性特征弱化,农户成员对公司成员的依附性增强,成员间公平分享合作社增值的愿景难以实现。农民专业合作社应该是所有者与惠顾者统一的组织,但是在部分合作社中,核心成员手中掌握了剩余资源的索取权与剩余资源的分配权。

(二) 合作社与家庭农场之间存在的问题

1. 受政策影响,成立"假合作社"

部分地方政府为了更好地完成当地合作社的经济发展指标而弄虚作假,导致有些农户甚至不知道自己已经成为合作社社员,而且并非每个合作社都能正常进行经营和管理活动,这样的合作社显然不符合规定,"假合作社"和"空壳合作社"就是指这种类型的合作社。

2. 社员存在其他机会主义

为实现自身利益最大化,社员未按照合作社要求使用农用化肥或农药,在交售的产品中掺假,导致产品品质不过关、合作社内部交易成本高等问题,制约了合作社的发展。

3. 合作社内部"搭便车"现象严重

内部成员"搭便车"主要原因有两个:一是理性人假设,成员会趋利避害,追求利润最大化并做出最佳的选择。二是公共物品的存在,若最终结果都是为其提供利益的,自己便不会主动采取行动花费私人成本,对开拓市场缺乏热情,总是选择"搭便车"而不是选择积极参与到农产品的建设当中。

第三节 基于 Sharply 值的联合体收益分配模型

一、问题描述与模型假设

(一)问题描述

考虑一个由龙头企业、农民专业合作社和家庭农场组成的联合体,并且以龙头企业作为主导。联合体中各成员通过细化分工、要素共享、稳定契约结成紧密合作联盟,家庭农场生产符合龙头企业要求的优质初级农产品,合作社为家庭农场提供统一的专业生产作业服务,龙头企业收购家庭农场生产的初级农产品并加工成最终产品销售给消费者。龙头企业作为主导者,为促进联盟成员协同合作,为家庭农场和合作社提供一系列支持和激励措施,比如,龙头企业为家庭农场提供生产物资、垫付资金并以高价收购家庭农场生产的初级农产品;为合作社提供技术指导与资金支持,以增强合作社为家庭农场提供生产服务的能力和水平。龙头企业的支持和激励措施促使家庭农场和合作社提高水平加强协同合作,由此提高了龙头企业最终产品的产量和质量,并最终带来联合体销售量、整体收益以及各联盟成员自身收益的提高。联合体的基本合作运营方式如图 5-2 所示。

(二)模型假设

分析联合体的收益分配问题,根据联合体中成员可能组成的各种联盟类型,本书作出如下假设。

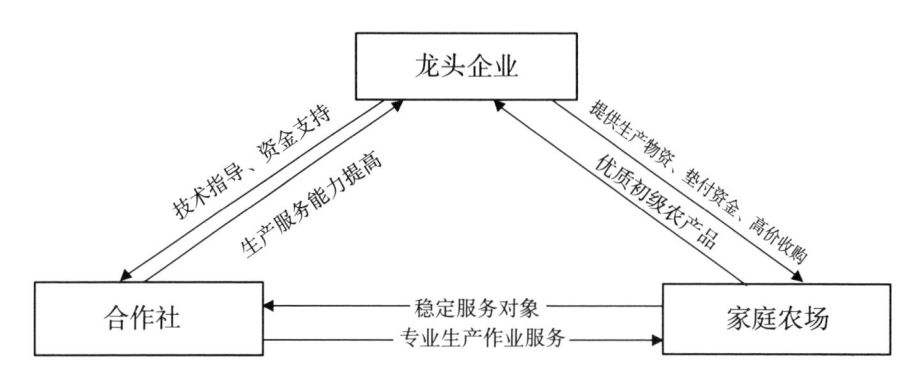

图 5-2 联合体的基本合作运营方式

1. 在不结盟情况下

在不结盟情况下,龙头企业、家庭农场、合作社分别为独立的市场主体。假设龙头企业面临的市场需求为 $D_0 = \alpha - \beta P_0$,其中 P_0 是龙头企业加工生产的最终产品的单位销售价格,α 代表最终产品的市场容量,β 代表消费者对价格变动的敏感程度,且 α、$\beta > 0$。设家庭农场面临的需求,即龙头企业对家庭农场生产的初级农产品的收购需求为 $D_1 = \psi_1 D_0$。龙头企业对初级农产品的收购需求与其生产的最终产品的需求量呈正比,ψ_1 为初级农产品加工转化为最终产品的比例系数,一般初级农产品经过加工后数量会有所损耗,所以 $\psi_1 > 1$。设 P_1 是龙头企业通过市场渠道收购家庭农场初级农产品的单位价格,$P_1 < P_0$。设合作社面临的来自家庭农场的专业生产服务需求为 $D_2 = \psi_2 D_1$,家庭农场对合作社的生产服务需求与其初级农产品的产量(即龙头企业对家庭农场初级农产品的收购需求量)呈正比,这里假设家庭农场生产的初级农产品全部被龙头企业收购,ψ_2 为初级农产品对生产服务需求的比例系数,且 $\psi_2 > 0$。设 P_2 是合作社通过市场渠道向家庭农场提供专业生产服务的单位价格。

2. 在结盟成联合体的情况下

假设结盟成为联合体后,龙头企业(即联合体)面临的市场需求为 $D_0^U =$

$D_0 + \theta$,其中 θ 代表加入联合体后龙头企业最终产品销售量(产量)的额外增加量,这里假设龙头企业生产的最终产品全部都能销售出去。θ 的产生主要是由于结成联合体后,龙头企业的支持和激励措施促使家庭农场和合作社提高努力程度加强协同合作,由此提高了龙头企业最终产品的产量和质量品质,并最终带来龙头企业(即联合体)最终产品销售量的提高。设 $\theta = \eta(e_1 + e_2)$,e_1 和 e_2 分别代表联合体中家庭农场和合作社受到龙头企业支持激励后提高的合作努力程度,η 是努力的产出系数,且 η、e_1、$e_2 > 0$。θ 方程表明联合体销售量的额外增长与家庭农场和合作社的努力程度直接有关,相应的努力程度越高,联合体的销售量也越高。设龙头企业对家庭农场和合作社实施的支持和激励措施所花费的成本分别为 C_1 和 C_2,且 C_1、$C_2 > 0$,以 $e_1 = \gamma_1 C_1$ 和 $e_2 = \gamma_2 C_2$ 分别代表龙头企业所花费的成本对提高家庭农场和合作社的合作努力程度的促进作用,γ_1 和 γ_2 分别是龙头企业对家庭农场和合作社的激励系数,且 γ_1、$\gamma_2 > 0$。并且,家庭农场和合作社提高合作努力程度本身也会产生相应的成本,设 $C_{e_1} = \frac{1}{2}\lambda_1 e_1^2$ 和 $C_{e_2} = \frac{1}{2}\lambda_2 e_2^2$ 分别为家庭农场和合作社提高合作努力程度所分别产生的成本,其中 λ_1 和 λ_2 分别为家庭农场和合作社的努力成本系数,且 λ_1、$\lambda_2 > 0$。此外,加入联合体后,各成员之间通过密集契约结成稳定购销关系,减少了各自的交易成本,假设由此给龙头企业、家庭农场、合作社带来的收益是固定的,分别为 C_{j1}、C_{j2} 和 C_{j3},且 C_{j1}、C_{j2}、$C_{j3} > 0$。

3. 出于简化分析过程考虑,本书假设龙头企业、家庭农场、合作社的其他生产经营成本均为零

二、不同类型合作联盟的收益分析

(一)在不结盟情况下各主体收益分析

根据上述假设,以 π_0、π_1、π_2 分别表示龙头企业、家庭农场、合作社在不

结盟情况下的收益函数,则:

$$\pi_0 = P_0 D_0 - P_1 D_1 = (P_0 - \psi_1 P_1) \cdot (\alpha - \beta P_0) \tag{1}$$

$$\pi_1 = P_1 D_1 - P_2 D_2 = (\psi_1 P_1 - \psi_1 \psi_2 P_2) \cdot (\alpha - \beta P_0) \tag{2}$$

$$\pi_2 = P_2 D_2 = \psi_1 \psi_2 P_2 (\alpha - \beta P_0) \tag{3}$$

在不结盟情况下,龙头企业、家庭农场、合作社之间是一个以龙头企业为主导的三层主从 Stackelberg 博弈关系。龙头企业先决定最终产品的销售价格 P_0,使自己收益最大化;家庭农场再决定初级农产品的销售价格 P_1,使自己收益最大化;合作社再决定自己的生产服务价格 P_2,使自身收益最大化。根据逆向归纳求解,首先对(3)式求 P_2 的一阶导数并使其等于零,这里为了简化计算假设 $P_1 = P_2 + x_2$,其中 x_2 为家庭农场初级农产品销售价格高于合作社生产服务价格的部分。求得合作社生产服务的最优价格为:

$$P_2^* = \frac{\alpha}{\beta} - P_0 \tag{4}$$

将(4)式代入(2)式,求 P_1 的一阶导数并使其等于零,这里为了简化计算假设 $P_0 = P_1 + x_1$,其中 x_1 为龙头企业最终产品销售价格高于家庭农场初级农产品销售价格的部分。求得家庭农场初级农产品的最优销售价格为:

$$P_1^* = (1 + 2\psi_2) \cdot \left(\frac{\alpha}{\beta} - P_0\right) \tag{5}$$

将(5)式代入(1)式,求 P_0 的一阶导数并使其等于零,求得龙头企业最终产品的最优销售价格为:

$$P_0^* = \frac{\alpha(1 + 2\psi_1 + 4\psi_1\psi_2)}{2\beta(1 + \psi_1 + 2\psi_1\psi_2)}, \quad P_1^* = \frac{\alpha(1 + 2\psi_2)}{2\beta(1 + \psi_1 + 2\psi_1\psi_2)},$$

$$P_2^* = \frac{\alpha}{2\beta(1 + \psi_1 + 2\psi_1\psi_2)} \tag{6}$$

将(6)式分别代入(1)、(2)、(3)式,得龙头企业、家庭农场、合作社各自的最大收益分别为:

第五章 农业产业化联合体的利益链接机制研究

$$\begin{cases} \pi_0^* = \dfrac{\alpha^2}{4\beta(1+\psi_1+2\psi_1\psi_2)} \\ \pi_1^* = \dfrac{\alpha^2\psi_1(1+\psi_2)}{4\beta(1+\psi_1+2\psi_1\psi_2)^2} \\ \pi_2^* = \dfrac{\alpha^2\psi_1\psi_2}{4\beta(1+\psi_1+2\psi_1\psi_2)^2} \end{cases} \quad (7)$$

（二）在结盟成联合体的情况下

根据上述假设，以 π_U 表示由龙头企业、家庭农场和合作社所组成的联合体的收益函数，则：

$$\pi_U = P_0[\alpha - \beta P_0 + \eta(\gamma_1 C_1 + \gamma_2 C_2)] - \frac{1}{2}\lambda_1\gamma_1^2 C_1^2 - \frac{1}{2}\lambda_2\gamma_2^2 C_2^2 + C_{j1} + C_{j2} + C_{j3} \quad (8)$$

在结成联合体的情况下，龙头企业以联合体整体利润最大化为目标，通过选择最优的销售价格 P_0 和对家庭农场、合作社的最优支持激励费用 C_1、C_2，使联合体整体利润最大化。对（8）式分别求 P_0、C_1、C_2 的一阶导数并使其等于零，得 P_0、C_1、C_2 的最优值分别为：

$$\begin{cases} P_0^* = \dfrac{\alpha\lambda_1\lambda_2}{2\beta\lambda_1\lambda_2 - \eta^2\lambda_1 - \eta^2\lambda_2} \\ C_1^* = \dfrac{\alpha\eta\lambda_2}{\gamma_1(2\beta\lambda_1\lambda_2 - \eta^2\lambda_1 - \eta^2\lambda_2)} \\ C_2^* = \dfrac{\alpha\eta\lambda_1}{\gamma_2(2\beta\lambda_1\lambda_2 - \eta^2\lambda_1 - \eta^2\lambda_2)} \end{cases} \quad (9)$$

并且，根据 P_0^*、C_1^*、$C_2^* > 0$，则 $2\beta\lambda_1\lambda_2 - \eta^2\lambda_1 - \eta^2\lambda_2 > 0$。

将（9）式代入（8）式，得联合体的最大收益为：

$$\pi_U^* = \frac{\alpha^2 \lambda_1 \lambda_2}{2(2\beta\lambda_1\lambda_2 - \eta^2\lambda_1 - \eta^2\lambda_2)} + C_{j1} + C_{j2} + C_{j3} \qquad (10)$$

（三）在部分结盟情况下

部分结盟有三种形式：龙头企业与家庭农场结盟、家庭农场与合作社结盟以及龙头企业与合作社结盟。

1. 龙头企业与家庭农场结盟

根据上述假设，以 π_{U1} 表示由龙头企业与家庭农场所组成联盟的收益函数，则：

$$\pi_{U1} = P_0 D_0 - P_2 D_2 + C_{j1} + C_{j2} = (P_0 - \psi_1\psi_2 P_2) \cdot (\alpha - \beta P_0) + C_{j1} + C_{j2} \qquad (11)$$

其中，C_{j1} 和 C_{j2} 分别为由于龙头企业与家庭农场组成联盟后，双方的交易成本减少所带来的收益。在这种模式下，龙头企业以所组成联盟的整体收益最大化为目标，决定最优的销售价格 P_0。将(4)式代入(11)式，然后求 P_0 的一阶导数，并使其等于零，得 P_0、P_2 的最优值分别为：

$$P_0^* = \frac{\alpha(1 + 2\psi_1\psi_2)}{2\beta(1 + \psi_1\psi_2)}, \quad P_2^* = \frac{\alpha}{2\beta(1 + \psi_1\psi_2)} \qquad (12)$$

将(12)式代入(11)式，得龙头企业与家庭农场所组成联盟的最大收益为：

$$\pi_{U1}^* = \frac{\alpha^2}{4\beta(1 + \psi_1\psi_2)} + C_{j1} + C_{j2} \qquad (13)$$

2. 家庭农场与合作社结盟

根据上述假设，以 π_{U2} 表示由家庭农场与合作社所组成联盟的收益函数，则：

$$\pi_{U2} = P_1 D_1 = \psi_1 P_1 (\alpha - \beta P_0) \qquad (14)$$

在这种模式下，家庭农场以所组成联盟的整体收益最大化为目标，决定最优的销售价格 P_1，对(14)式求 P_1 的一阶导数并使其等于零，这里为了简化计算假设 $P_0 = P_1 + x_1$，其中 x_1 为龙头企业最终产品销售价格高于家庭农场初级农产品销售价格的部分。求得家庭农场初级农产品的最优销售价格为：

$$P_1^* = \frac{\alpha}{\beta} - P_0 \tag{15}$$

将(15)式代入(1)式,求 P_0 的一阶导数并使其等于零,求得 P_0、P_1 的最优值分别为:

$$P_0^* = \frac{\alpha(1+2\psi_1)}{2\beta(1+\psi_1)}, \quad P_1^* = \frac{\alpha}{2\beta(1+\psi_1)} \tag{16}$$

将(16)式中的 P_1^* 代入(14)式,得家庭农场与合作社所组成联盟的最大收益为:

$$\pi_{U2}^* = \frac{\alpha^2 \psi_1}{4\beta(1+\psi_1)^2} + C_{j3} \tag{17}$$

其中,C_{j3} 为由于家庭农场与合作社组成联盟后,合作社获得了稳定的服务对象,因而交易成本减少所带来的收益。

3. 龙头企业与合作社结盟

龙头企业与合作社所组成联盟的总收益可视为不结盟状态下两者单独经营的收益之和,以 π_{U3}^* 表示由龙头企业与合作社所组成联盟的最大收益,则:

$$\pi_{U3}^* = \pi_0^* + \pi_2^* = \frac{\alpha^2(1+\psi_1+3\psi_1\psi_2)}{4\beta(1+\psi_1+2\psi_1\psi_2)^2} \tag{18}$$

根据上述分析,将龙头企业、家庭农场、合作社之间各种类型合作联盟收益的解析解统计在表5-1中。

表5-1 不同类型合作联盟的收益状况

合作联盟类型		各类联盟的收益
各主体相互不结盟	龙头企业(π_0^*)	$\dfrac{\alpha^2}{4\beta(1+\psi_1+2\psi_1\psi_2)}$
	家庭农场(π_1^*)	$\dfrac{\alpha^2\psi_1(1+\psi_2)}{4\beta(1+\psi_1+2\psi_1\psi_2)^2}$
	合作社(π_2^*)	$\dfrac{\alpha^2\psi_1\psi_2}{4\beta(1+\psi_1+2\psi_1\psi_2)^2}$

续表

合作联盟类型		各类联盟的收益
所有成员结盟	联合体(π_u^*)	$\dfrac{\alpha^2 \lambda_1 \lambda_2}{2(2\beta\lambda_1\lambda_2 - \eta^2\lambda_1 - \eta^2\lambda_2)} + C_{j1} + C_{j2} + C_{j3}$
部分成员结盟	龙头企业和家庭农场结盟(π_{u1}^*)	$\dfrac{\alpha^2}{4\beta(1+\psi_1\psi_2)} + C_{j1} + C_{j2}$
	家庭农场和合作社结盟(π_{u2}^*)	$\dfrac{\alpha^2\psi_1}{4\beta(1+\psi_1)^2} + C_{j3}$
	龙头企业和合作社结盟(π_{u3}^*)	$\dfrac{\alpha^2(1+\psi_1+3\psi_1\psi_2)}{4\beta(1+\psi_1+2\psi_1\psi_2)^2}$

根据表5-1中的各类合作联盟的收益结果，通过简单比较可以发现，联合体的收益大于龙头企业、家庭农场、合作社之间两两结盟的收益，也大于三者独立经营的收益之和。即：$\pi_U^* > \pi_{U1}^*$；$\pi_U^* > \pi_{U2}^*$；$\pi_U^* > \pi_{U3}^*$；$\pi_U^* > \pi_0^* + \pi_1^* + \pi_2^*$。可见，龙头企业、家庭农场与合作社结盟成联合体后，能增加总收益。并且，从联合体收益方程来看，联合体中家庭农场和合作社的努力产出系数 η 越大，以及努力成本系数 λ_1 和 λ_2 越小，则联合体收益越大。

三、Shapley 值法（Shapley value method）

Shapley 值法是研究合作博弈过程中成员收益分配的数学方法，近年来被广泛应用于研究产业链联盟中各参与主体的收益分配问题，其基本思路是根据合作联盟中各成员对联盟的边际贡献大小来决定其相应的收益分配比例，体现了平等性的分配原则。Shapley 值的具体计算方法阐述如下：

设 $I = \{1, 2, \ldots, n\}$ 为由 n 个成员组合的集合，s 为其中的任一子集合，I 中的成员可以结成各种 s 子集合形式的合作联盟，并均能得到相应收益，设 $v(s)$ 为 I 的任一子集合 s 的收益特征函数，$v(s)$ 满足以下条件：

$$v(\phi) = 0 \tag{19}$$

$$v(s_1 \cup s_2) \geq v(s_1) + v(s_2), s_1 \cap s_2 = \phi \tag{20}$$

（19）、（20）式表示成员合作的收益大于或等于成员各自单独经营的收益之和。并且 I 的成员之间的经济活动具有非对抗性，合作成员数目增加不会引起联盟收益减少，因此 I 中所有成员均加入合作联盟时总收益最大，记最大总收益为 $v(I)$，Shapley 值就是合作联盟中各成员对这个最大收益 $v(I)$ 的分配值。以 $\varphi_i(v)$ 表示成员 i 对 $v(I)$ 的分配收益，$\varphi_i(v)$ 即为成员 i 的 Shapley 值，$\varphi_i(v)$ 需满足以下条件保证联盟合作成功：

$$\sum_{i=1}^{n} \varphi_i(v) = v(I), i = 1, 2, \ldots, n \tag{21}$$

$$\varphi_i(v) \geq v(i), i = 1, 2, \ldots, n \tag{22}$$

（21）式表示各成员分配所得的收益总和等于合作联盟总收益，（22）式表示成员从合作中分配所得的收益大于或等于成员单独经营所获得的收益，即表示合作能给成员带来更多收益。$\varphi_i(v)$ 的计算公式如下：

$$\varphi_i(v) = \sum_{s \in s(i)} w(|s|) \cdot [\varphi(s) - \varphi(s|i)] \tag{23}$$

$$w(|s|) = \frac{(n-|s|)! \cdot (|s|-i)!}{n!} \tag{24}$$

其中，$s(i)$ 代表集合 I 中包含成员 i 的所有子集，$|s|$ 是 s 中的成员个数，n 是 I 中的成员个数。$\varphi(s)$ 为子集 s 的收益，$\varphi(s|i)$ 为从 s 中除去成员 i 后的收益，所以 $\varphi(s) - \varphi(s|i)$ 表示成员 i 对 s 的边际贡献。$w(|s|)$ 是集合 I 中出现包含成员 i 的合作子联盟（或子集）s 的概率，代表成员 i 的权重系数。所以，根据计算公式可知，合作联盟中某成员的 Shapley 值（收益分配额）即为该成员对其参与的所有子联盟边际贡献的加权平均值，成员获得分配收益的多少取决于其对联盟的边际贡献大小，具有一定的合理性。

四、算例仿真分析

下面运用 Shapley 值方法，并结合表 5-1 中各种类型合作联盟收益状况的解析解,通过模拟解析解中主要参数的数值,进行算例仿真计算,分析联合体中各成员应得的分配收益值。在算例仿真计算之前,要考虑主要参数取值的限制条件,根据 Shapley 值方法的要求,合作联盟的总收益要大于或等于各成员独自经营的收益之和。根据表 5-1 统计结果,各种类型合作联盟收益的解析解完全符合限制条件。因此,本书结合已有研究经验,采用 Matlab 软件进行算例仿真分析。各主要参数数值分别设置为: $\alpha = 100$,$\beta = 1$,$\psi_1 = 1.2$,$\psi_2 = 0.5$,$\eta = 0.3$,$\lambda_1 = 0.5$,$\lambda_2 = 0.5$,$C_{j1} = 30$,$C_{j2} = 30$,$C_{j3} = 30$。经过算例仿真计算,龙头企业、家庭农场和合作社的 Shapley 值分别计算如下表所示。

表 5-2 不同合作状态下的龙头企业收益测算

Sharply 值计算步骤	联合体	龙头企业和家庭农场结盟	龙头企业和合作社结盟	龙头企业单独经营
$\varphi(s)$	2707.81	1622.50	865.05	735.29
$\varphi(s\mid i)$	649.83	389.27	129.76	0
$\varphi(s) - \varphi(s\mid i)$	2057.98	1233.23	735.29	735.29
$\mid s \mid$	3	2	2	1
$w(\mid s \mid)$	1/3	1/6	1/6	1/3
$w(\mid s \mid) \cdot [\varphi(s) - \varphi(s\mid i)]$	685.99	205.54	122.55	245.09

表 5-3 不同合作状态下的家庭农场收益测算

Sharply 值计算步骤	联合体	龙头企业和家庭农场结盟	庭农场和合作社结盟	家庭农场单独经营
$\varphi(s)$	2707.81	1622.5	649.83	389.27
$\varphi(s\mid i)$	865.05	735.29	129.76	0
$\varphi(s) - \varphi(s\mid i)$	1842.76	887.21	520.07	389.27
$\mid s \mid$	3	2	2	1

续表

Sharply 值计算步骤	联合体	龙头企业和家庭农场结盟	庭农场和合作社结盟	家庭农场单独经营
$w(\mid s\mid)$	1/3	1/6	1/6	1/3
$w(\mid s\mid)\cdot[\varphi(s)-\varphi(s\mid i)]$	614.25	147.87	86.68	129.76

表 5-4　不同合作状态下的合作社收益测算

Sharply 值计算步骤	联合体	龙头企业和合作社结盟	家庭农场和合作社结盟	合作社单独经营
$\varphi(s)$	2707.81	865.05	649.83	129.76
$\varphi(s\mid i)$	1622.5	735.29	389.27	0
$\varphi(s)-\varphi(s\mid i)$	1085.31	129.76	260.56	129.76
$\mid s\mid$	3	2	2	1
$w(\mid s\mid)$	1/3	1/6	1/6	1/3
$w(\mid s\mid)\cdot[\varphi(s)-\varphi(s\mid i)]$	361.77	21.63	43.43	43.25

表 5-5　基于 Shapely 值的不同经济主体的收益分配情况

项目	龙头企业	家庭农场	合作社
收益分配额	1259.2	978.56	470.08
收益分配额占比	46.50%	36.14%	17.36%

将表 5-2、表 5-3、表 5-4 的最后一行数值分别相加,分别得到联合体中龙头企业、家庭农场、合作社基于 Shapely 值的收益分配额。如表 5-5 所示,龙头企业收益分配额占联合体总收益的 46.50%,家庭农场占 36.14%,合作社占 17.36%。在本书中,我们假设龙头企业是主导者,尤其在联合体中,龙头企业对家庭农场和合作社实施的支持和激励措施是促进联合体内部协同合作,提高联合体整体收益的关键。所以龙头企业对其参与的合作联盟的贡献

最大,获得的收益分配比例也应当最大。并且,在本书中我们假设合作社只为家庭农场提高专业生产服务,因此合作社对其参与的合作联盟的贡献相对较小,获得的收益分配比例也较小。因此,根据以上算例仿真计算结果,基于 Shapely 值的收益分配比例具有一定的合理性。

五、结论

本书构建了以龙头企业为主导的,龙头企业、家庭农场、合作社所组成的联合体的收益分配模型。龙头企业通过对家庭农场、合作社实施支持和激励措施,推动家庭农场、合作社提高努力程度,促进联合体内部加强协同合作,最终带来联合体整体收益的提高。根据本书对各类合作联盟收益的分析结果,联合体的收益大于龙头企业、家庭农场、合作社之间两两结盟的收益,也大于三者独立经营的收益之和。本书进一步运用 Shapely 值法,并结合算例仿真分析对联合体总收益进行分配,结果表明龙头企业、家庭农场、合作社获得的收益分配符合各自对合作联盟的贡献,具有一定的合理性。

第四节 联合体利益相关者利益链接机制构建

联合体利益相关者需要建立与之相适应的利益链接机制来帮助缓解联合体内的矛盾冲突。农业产业联合体运行模式主要特点之一是利益关联紧密,主要特征表现在"龙头企业""合作社""家庭农场"三方通过签订章程与协议来确定各自分工及职责。这一过程中,联合体不仅推动了农业新业态和新模式的创新,如文化、休闲和观光等,也进一步促进了农村一二三产业的融合发展和农业产业化的转型升级(窦祥铭等,2018)[①]。第二个特点是分工协作产生的规模效应,龙头企业做市场,家庭农场与小农户搞生产,合作社搞服务,各

---

① 窦祥铭、陈晨、彭莉:《推进农村一二三产业融合发展的典型模式探讨——以安徽省宿州市联合体为例》,《陕西行政学院学报》2018 年第 5 期。

方相互协调构成一体,推动了生产到销售的一体化发展(蒋晓岚,2018)。本章通过利益链接机制模型的构建以及利益相关者均衡策略分析,了解联合体内的各方诉求,发现问题,优化联合体利益相关者之间的关系,为联合体发展提供理论支持。

一、利益链接机制模型的构建

(一) 利益链接机制构建机理

1.利益链接机制提供内生动力

党的二十大报告强调了农村经济逐步实现一二三产业融合的重要性。然而,我国农村地区经济发展仍面临不平衡和不充分的问题。这些制约因素主要包括技术、人才、基础设施和资源等。为了增强农村经济的内生发展能力,必须充分利用市场机制,而技术和人才是推动农村经济稳定发展的关键内在因素(李小琳,2019)。根据内生增长理论,内生的技术进步是实现持续增长的关键。政府需要推动改革,鼓励龙头企业在联合体内建立分工效率诱发机制和行动激励机制,形成激励兼容的内生合作机制(芦千文、张益,2017)[①]。此外,政府还应通过展示优秀联合体的示范作用,激发联合体及其利益相关者的积极性,释放其内在潜力,提升龙头企业、家庭农场、合作社等联合体各利益相关者的地位。同时,为了平衡各核心利益相关者的不同利益诉求,需要建立一个合理有效的利益链接机制。

第一,联合体各成员提高参与意识。农业产业化是由多元主体参加的利益共享、风险共担的共同体。一般是在平等、自愿的条件下,通过市场关系,利用契约纽带进行交换(孙正东,2016)。但在现实的经济生活中,联合体内由于龙头企业在经济规模、市场信息、销售渠道、科技体制方面的优势,往往占据

[①] 芦千文、张益:《对现代农业产业化联合发展的调查与思考——以安徽省宿州市为例》,《农业经济与管理》2017年第2期。

谈判的主导地位。而小农户及家庭农场由于规模小、技术及市场信息等方面的缺失,在联合体中处于不利地位(张晓山,2020)。因此,一种各成员在平等与互惠原则下,具备"规避短板""发挥优势""分工协作""互通有无"能力的新型农业经营组织形式就显得尤为重要。目前,我国农村经济的主体是小农户,家庭农场及合作社是农村经济发展的重要组成部分,联合体各利益相关者要积极主动地参与到农业产业一体化的建设中来,通过有效的沟通交流机制,合理的表达自身利益诉求,加强相互协作,实现共同利益的最大化。

第二,完善人才培养制度。人才是联合体发展的重要动力,从优质农产品生产加工到产品的市场营销,无不需要人才的有效支撑。但是,目前专门指导产业化联合体发展的人才队伍发展不健全,缺乏相应技术人才支撑。因此,政府需要出台相关政策法规,提高基层人才的福利待遇,培育一批热爱农业工作,拥有较强创新能力的科研技术或管理人才投身指导联合体的发展工作(任志雨、郑碧莹等,2020)[①]。同时,政府需要统筹科技部门及高校培养专业人才与联合体进行对接,为研究部门提供实训场地(杨海滨、邵战林,2019)。

2.利益链接机制满足各方利益诉求

目前,联合体的发展依然存在许多问题,究其根源在于没有建立更加密切的利益链接机制去实现联合体各方利益诉求达到一个平衡点。在安徽省的一些联合体当中,许多联合体形式上是规范的订单合同以及上下游分工关系,但联合体各成员依旧是各自为战的分散经营状态,与以往的"公司+农户"方式没有本质上的区别,各利益相关者并没有充足的实现自身的利益诉求(窦祥铭等,2018)。

第一,明晰联合体各方利益需求。龙头企业为联合体各成员提供农产品市场信息、稳定的农产品销售渠道、先进技术、优良品种以及农产品品牌建设等方面的帮助,从而规避风险、保障家庭农场收益,一定程度上解决了家庭农

---

① 任志雨、郑碧莹、王泽尤、赵海燕:《中国联合体发展特点及前景》,《农业展望》2020年第6期。

场在生产经营中农产品经营的不确定性及市场方面的风险性等问题,为家庭农场的经营提供了良好的生产经营环境。但家庭农场与企业的地位严重的不对等,对企业的决策几乎没有影响,同时农户的增资扩股对合作社的总体治理框架改善也起不了太大作用。因此,家庭农场方迫切地需要提升自己在联合体当中的地位,增加话语权。合作社主要职能在于服务链接,而合作社的资产所有者则是其主体成员。合作社治理主要框架遵循两条原则,一是民主控制原则,成员掌握控制决策权。二是按交易额返还原则。一般成员是小农户及大户,利用合作社的专业化服务功能实现获益。但是,在现实经济活动中,龙头企业一般对合作社具有控制权,导致合作社一定程度上沦为企业的附庸,合作社生产产品类型及流向很大程度上受龙头企业管控,并在一定程度上影响合作社的管理体系。因此,合作社想要在民主管理方面有一定自主权,龙头企业则需要合作社及家庭农场提供优质的原料产地及生产出优质农产品。通过分析联合体三方的利益诉求,找出目前联合体各成员的协调路径,实现联合体各成员的利益最大化。

第二,解决利益链接的外部性。外部性理论是现代西方经济学依据环境污染提出的理念,随着理论的发展,该理论涉及到企业中去。企业有时根据市场信息做出生产相应产品的决策,但在经济活动中往往会对外部环境带来不利影响,企业不用承担责任也不需要付出成本,而不利影响及成本往往需要社会承担(李文婕,2017)。目前在联合体发展过程中依然存在不少污染问题。例如化肥农药污染,企业的市场信息传递到家庭农场及小农户生产方时,生产规模会加大,其农业化肥用量也会加大,包括动物的养殖往往会使用一些激素促使其快速成长。但这些不利影响因素导致了整个社会人群的健康出现问题,而企业及家庭农场方却不需要付出成本,群众的健康问题由整个社会来承担。为解决外部性问题,可以从以下方面考虑。

首先,政府要明晰产权,充分发挥市场机制。促使联合体之间建立起"产权清晰、权责分明、管理科学"的高效的利益链接机制。联合体各方通过签订内部条款明确各自分工职责,从产品的源头到生产加工再到市场销售需要建立起一整套的追本溯源机制,对不合格的农产品进行市场监管,并依据各自违规过失予以惩罚,通过政策层面来抑制市场不经济行为。

其次,政府需要加大对联合体各成员方的政策支持及补贴力度。市场经济中各主体都有逐利性,为了降低成本获得最大利益,往往会产生不利的市场经济行为,如养殖户通过使用激素来降低生产成本。因此,政府需要对家庭农场和农户给予补贴,并且对相关企业提供税收减免政策,缓解联合体的生产成本问题。通过此种利益链接机制,促使联合体各方达到利益均衡。

3. 利益链接机制实现协同发展

农业产业联合体发展的过程中,既需要实现农村经济与环境的协同发展,也需要联合体各成员之间实现协同发展。

第一,提升公共服务。公共服务的不断发展有利于提升联合体各成员的满意度。政府首先解决农业用地的土地流转问题,加强土地流转效率,不断提升服务管理,帮助联合体开展适度的规模化经营(任志雨、郑碧莹,2020)。此外,需要加强农业方面的道路、桥梁、水源、电网、通信等基础设施建设,同时,需要搭建联合体发展平台、融资服务平台、技术服务平台、人才支持平台等数据平台促进信息资源共享。政府一定程度上还需解决"四难"问题,即"用工难""土地难""资金难""技术难",从而为联合体的健康发展保驾护航。

第二,培育多元化主体。农业产业联合体需要不断培育不同的经营模式,通过采取"龙头企业+基地+农户经营""龙头企业+合作社+基地""龙头企业+互联网+农户经营"等多种经营合作模式,促进产业细分,实现农产品"产、加、销"一条龙的产业链服务(周昊天,2019)。从而促进一二三产业融合发展,实现联合体发展提质增效,从而推动农业经济健康可持续发展。

（二）利益链接机制构建的原则

1. 公平性原则

公平性原则是三方进行合作的最根本的原则，涉及三方合作的心理认同感问题。在合作过程中，各方的利益相关者都应获得相应的权力，并且不能用损人利己的方式获得不正当利益。更不能因为所在方凭借自身在政治权利、市场渠道、经济权力方面的优势压榨合作方。联合体各利益相关者需要在合作的过程中保持基本的平等地位，在选择经营策略和获取利益时各方完全是在自由、平等、公开、公正的环境下进行，保证各方在心理方面的认同和公平感，促进各方稳定协调合作，共同实现集体的最大利益。

2. 权责利明晰原则

联合体利益相关者群体都有各自的利益诉求，在合作过程中都需要承担一定的责任、权力，从而更好地发挥各自角色所需付出的行为努力。但是在此过程中，由于条款、制度等约束不健全问题，联合体内各方往往存在互相竞争的利益诉求。因此，在利益联合体内建立明确的"权""责""利"制度显得尤为重要，这是保证联合体高效、有序合作的重要原则。三方合作各有优势，在公司这方，由于公司具有在资金、技术、市场信息等方面的巨大优势，因此需要企业为家庭农场及合作社方提供更多的市场信息及技术指导。家庭农场则需要为企业与合作社提供优质的农产品，合作社则要为农户提升市场议价能力，同时与企业建立一定联系，为其提供规模化、品质高的农产品。三方各自明确自身职责及分工体系，从而促进三方的利益发展。

3. 合作共赢原则

联合体联合的根源在于追求利益最大化，不管是确定合作分工体系还是明确各自的权责利，最终目的就是为了实现联合体三方的共同利益，即需要遵循合作共赢原则。各方不得凭借自身优势压榨合作方，使合作方受损。因此三方在制定共同规章制度时，需要将合作共赢原则贯彻始终。

4.风险分担原则

当今市场的竞争尤为激烈,仅靠单个主体是无法承担市场风险的。因此,需要整个联合体相互合作、共担风险,形成整个产业链进行市场竞争。但是,在联合体发展过程中,各利益相关者风险防控参保意识普遍不足。由于联合体中沟通机制不健全,导致农业生产中各信息监测不到位,因此,对于市场风险的抵御能力较差。此外,在农业的生产过程中会受到天气、温度、病虫、水源等自然环境影响因素的制约,损失往往由小农户和家庭农场方承担,导致生产成本提高,挫伤小农户和家庭农场方的生产积极性。此外,部分的联合体内部未完善成员合作信用机制,导致其违约风险提升(任志雨,2020)。

(三) 利益链接机制模型构建的内容

目前,家庭农场、合作社与龙头企业之间的利益链接实质性内容不多,往往局限于单纯的要素买卖关系,因此在一些地区存在分散经营的小规模农户无法掌握有效信息,从而导致优质农产品"买难"、常规农产品"卖难"现象时有发生。此外,部分农产品加工企业因原料供给不足或缺乏质量保障,影响农产品加工质量、效益和竞争力的提升,主要原因在于联合体内土地、资金、人才、技术、品牌、信息、管理等要素融通程度不够,资源配置效率还没有达到帕累托最优,导致其内部交易成本难以降低。此外,合理的利益分配也成为联合体紧密链接的重要因素,使联合体各方共同获得各自产业链上合理的利润。因此,更加紧密的利益链接模式需要从契约链接、要素融通、利益分配三个方面加以构造。

1.强化契约链接

联合体内各成员需签订合作协议、合同契约从而实现农产品在产、加、销产业链以及农机社会化服务上形成稳定的合作关系,例如各方协定制定统一的生产标准,共享市场信息、产品品牌以及共同资产等。根据契约分工说明,各方需按照协定的章程去行使权利与义务。家庭农场按照协定生产符合企业规定的优质农产品,企业按照规定进行农产品的收购加工、销售等服务,合作社发挥中介功能。通过契约协定合理分工内容,龙头企业可获得稳定的高质量的农产品来源,合作社可获得稳定的供应和服务对象,家庭农场和种养大户可获得稳定的生产性服务,实现"1+1+1>3"的分工效益。

2. 加快要素融通

联合体要以市场为导向,通过专业化生产,充分流动联合体内资源要素并实现优化配置。龙头企业需将其资金、市场信息、管理方式、技术等要素流向家庭农场,从而促进家庭农场方实现规模化、专业化、集约化、高质化生产。此外,加快土地流转,鼓励农户以土地、劳动力等要素参与到联合体当中。合作社依靠其信息、服务要素,更好地完成家庭农场服务,发挥联合体的纽带作用。依赖联合体各方拥有的资源要素并实现内部流动,最终实现联合体的优质发展。

3. 利益合理分配

在利益分配的时候,家庭农场方由于缺乏与龙头企业相平等的谈判地位,导致其利益受损。因此,联合体要鼓励家庭农场方或小农户以土地经营权、资金、农机具等要素等入股,签订联合契约从而获得一定的股金收入。此外,由于小农户在联合体中的话语权较少,因此,还需通过利润返还、股份合作、劳动收入等合作形式,提升小农户与家庭农场在联合体中的话语权。针对家庭农场生产的经营性风险,需设立相应基金,丰年提取、歉年补助,从而提升家庭农场方面对生产风险的能力。此外,要发展以购销合同为主的合作关系,降低家庭农场的生产成本,合作社能够采用按照一定的百分比实现可分配盈余并根据交易量返还,或者合作社基于股金比例进行利润返还的模式,使其农民成员获得足够合理的利益返还额。在产业化联合体中,建立良好的利益分配机制使各成员的利益得到合理分配,联合体各成员间的运行才能够更加通畅。

农业产业化联合体的协同机制与绩效评价

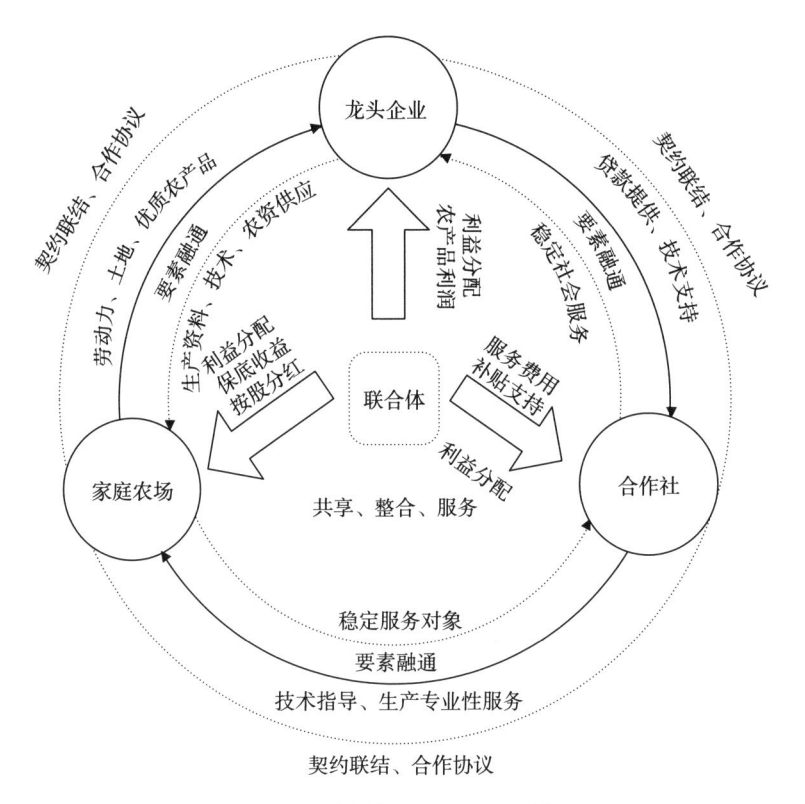

图 5-3 联合体利益链接机制模型

二、利益相关者均衡策略分析

（一）龙头企业方策略

龙头企业作为产业化联合体的核心力量,同时也是联合体发展的引领者。2012 年 3 月,《关于支持农业产业化龙头企业发展的意见》指出,要不断强化龙头企业集聚,提升技术创新,带动区域经济发展。[①] 随着联合体增收效果日益明显,龙头企业已成为现代农业建设和农民增收的重要力量。发展好龙头

---

① 参见《关于支持农业产业化龙头企业发展的意见》,https://www.gov.cn/zwgk/2012-03/08/content_2086230.htm。

企业在联合体中的带动作用,对于现代农业产业化体系建设至关重要。因此,本书从以下几方面对龙头企业的发展提供指导意见。

第一,在合作心理方面需要构建合适的心理契约,各方通过建立交流沟通机制,经常性的交流沟通,了解各自的权力和义务,增进彼此的信任程度。各方建立以互惠为基础而不是以利己为取向的沟通渠道,从而达到各方合作共赢。

第二,在农产品供应链中,龙头企业需要牵头提升各方的公平感,各方需订立并且不断完善正式的合作条款,例如订立保底收购条例、随行就市、农资赊销预付货款。此外,由于企业在合作中处于强势地位,因此,龙头企业在与家庭农场、合作社的交流过程中要不断完善各项规章制度条例,注重在与其交流过程中的规范性礼仪。

第三,在市场风险方面,企业需与政府展开合作,由政府牵头制定相关的政策条例和金融支持。建立农产品技术扩散体系示范基地,为农户与合作社提供技术上的指导。同时,设立专项基金解决家庭农场和合作社生产过程中的资金短缺问题。

第四,龙头企业需增强社会责任意识。有些龙头企业在刚刚加入合作社时表现出良好的合作意向,但是,由于其掌握了整个产业链中市场、信息、资源、技术等有利因素,从而形成对农业资源和农产品价格的打压。有的龙头企业还以生产的农产品质量不过关为由,对农产品低价收购,极大地损害了农户的利益。此外,少数龙头企业在生产经营的同时还会对环境造成极大的污染,外部性成本则让社会承担。因此,龙头企业需要提升自身认识,勇于承担社会责任,自觉接受联合体成员以及外部监督,从而更好地发挥带头作用,促使联合体健康发展。

(二) 合作社方策略

合作社是一种服务性的机构,是各成员为了满足自身的需求而建立起来的,兼有社会和经济使命。2015年3月23日《中共中央国务院关于深化供销合作社综合改革的决定》①发布,文件指出供销合作社是为农服务的合作经济组织,是党和政府做好"三农"工作的重要载体,合作社要秉持为农服务的根本宗旨,坚持社会主义市场经济的改革方向,更好地履行为农服务职责。然而,在合作社发展的过程中,由于龙头企业方占据着资源优势,小农户往往在联合体当中处于边缘地位。为了促使合作社健康发展,应从以下方面着手。

第一,合作社必须要注重为家庭农场和小农户服务的思想。合作社的成立就是为了解决家庭农场和小农户难以解决的问题,同时秉持"地位平等""民主管理""为成员服务不盈利"等原则而建立起来的。目前已经成为小农户与现代农业相衔接的一种重要机制。然而,随着工商资本、农产品经纪人和农资经销商不断地进入合作社,合作社的原则和底线不断地被突破,与小农户相比,工商资本、农产品经纪人和农资经销商往往具有更强的资金实力、市场信息实力和经销渠道实力。同时,家庭农场方也会凭借其规模化优势,逐渐掌握合作社的主导权,许多地方合作社出现机会主义行为和拿来主义倾向,使合作社成为其获取利益的重要渠道,而小农户逐渐处于合作社边缘化地位,小农户的利益受到了损害,合作社逐渐异化。为改变此种现象,使联合体各方处于一个稳定的结合体当中,合作社必须坚持创立底线和原则,通过内部民主管理和外部监督机制的建立来保持合作社的底色不改变,坚持为小农户谋利益,为联合体各方实现合作共赢作为目标。

第二,合作社需要培育合作文化,使联合体各方在合作社内遵循共同文化去履行责任义务。由于联合体各方自身实力强弱不同,当处于同一合作社中,往往其行为会表现出逐利倾向,导致的结果是处于弱势地位的小农户或家庭农场利益受到损害。因此,合作社必须建立规章制度和文化,让自由、平等、团结合作、互利共赢的文化成为合作社指导联合体各方的行动准则,使其合作社

---

① 参见《中共中央国务院关于深化供销合作社综合改革的决定》,https://www.audit.gov.cn/n4/n18/c64250/content.html。

真正地成为社员控制、社员所有的,基于为各合作成员服务的法人类型机构。其二,鼓励小农户的合作参与意识,引导龙头企业积极参与合作社,为小农户和家庭农场提供必要的技术及资金支持,平等对待合作社各成员,增强社会责任和合作意识。

第三,合作社需要不断加强规范化发展及转型升级。目前,许多地方的合作社内外部机制建设不健全、规模小、层次低、功能弱、创新能力及辐射带动能力不强。此外,还有合作社人力资本不足,生产发展资金不够,合作社带头人企业家素质能力不够,这些因素很大程度上制约了合作社的规范化发展以及转型升级。因此,合作社需坚持优势互补、扬长避短的原则,去建立合作社专业化发展的路径。此外,需要创新合作社发展模式,建立多元的合作模式,如"公司+农户+合作社""公司+家庭农场"等,吸引龙头企业及农资经销企业加盟农民专业合作社,从而为合作社的成员带来资金及技术上的支持。同时,可以让农村信用社及农业保险加入合作社,促使合作社成为联合体建成农产品整个产业链的一体化发展中的重要一环。

(三) 家庭农场方策略

2014年农业部发布了《关于促进家庭农场发展的指导意见》提出要鼓励和支持家庭农场的发展,并在实践中不断地探索和规范。近年来,家庭农场的发展得到了政府的重视,各种农业经营模式不断产生,形成了"公司+家庭农场+合作社"的模式,这极大地促进了家庭农场的发展。随着生产实践的发展,家庭农场专业化水平逐渐提升,并逐步成长为区域性的农业生产性服务业专业化组织,成为带动小农户的有力引擎,促进了农村的土地流转,对于维护国家的粮食安全和社会的稳定拥有重要意义。可以从以下几方面来提升家庭农场的发展。

第一,与合作社、龙头公司签订友好合作条约,充分地利用企业与合作社方的资源,采用土地、劳动、优质农产品等入股方式,提升家庭农场方额外收入。

第二,与龙头企业、合作社共同建立信息交流渠道,充分地表达利益诉求,寻求平等的合作地位。

第五节 联合体利益链接机制的案例分析

一、案例介绍

肥西县位于安徽省中部,北部与寿县、长丰相接,南部与舒城、庐江为邻,东部紧靠合肥市郊区,西部与六安市接壤。同时,肥西县是合肥市打造"大湖名城,创新高地"重要组成部分。此外,肥西的地理区位优势明显,处于合肥经济圈与皖江城市带承接产业转移示范区的核心地带,与合肥滨湖新城、高新区、经开区、科学城和政务文化区无缝对接。同时,肥西县交通便利,合九、宁西、合武铁路,合宁、合芜、合界高速和206、312国道穿境而过。目前,肥西县正凭借区位和交通优势,积极打造产业化联合体,从而打通肥西县未来的发展之路。由于肥西县是农业大县,根本出路在于产业化,因此,只有转变传统的农业发展模式,着力打造产业健康化发展,才是未来肥西县的发展出路。

2016年3月8日肥西县才成立第一家联合体。截至2019年底,全县拥有家庭农场1672家,其中,省级19家,市级85家,县级69家;农民专业合作社987家,其中,国家级5家,县级13家,市级73家;市级(含市)以上农业产业化示范联合体14家,其中,省级6家,市级8家。市级以上(含市级)农业产业化龙头企业121家,其中,省级9家;5个市级以上现代农业示范园区,其中省级现代农业示范区1个。

目前,肥西县产业体系打造不断提升,形成苗木花卉、畜禽、水产、蔬菜园艺、蚕桑、花生六大特色农业产业,三岗苗木、巢湖银鱼、肥西老母鸡、皖中花生等一批特色农产品畅销全国。因此,肥西瞄准国内外市场,对县区内的特色主导产业,根据"产、供、销"一体化经营原则,加强产业联合体建设,重点加强各产业的产前、产中、产后各个环节的联动能力。2019年,农产品加工业总产值为31.95亿元。此外肥西县还重点加强农产品品牌建设,目前全县共有"三品一标"产品85个,中国驰名商标4个,安徽省特色产品7个,省级著名商标20个,其中无公害食品55个,绿色食品18个,有机食品9个,国家地理标志产品3个。此外,肥西县还培育有"凤落河""三岗苗木"等30多个地方知名品牌。

但是,目前肥西县在推进联合体发展方面依然存在许多普遍性问题。龙头企业方面主要问题是规模企业少、规模不大。目前全县只有9家省级农业产业化企业,没有一家超过10亿元以上旗舰型企业。龙头企业引领的整体组织化程度低,生产的低端产品较多,优质农产品供给明显偏少,呈现出"样样都有,样样不精"的特点。此外肥西县的产业化发展还面临以下问题。

(一) 特色品牌小

当前,肥西农业产业化经营尚处于发展阶段,其在品牌及特色产品的打造上仍发展不充分,国内、省内知名品牌偏少,缺少具有鲜明地域特色的农产品品牌,"一乡一品""一村一品"的格局没有真正形成,优质农产品附加值尚未充分发掘。主要原因在于普通农户只局限于自己的一亩三分地,获得自己应得的利润,因此,对于合作社的声誉、品牌不愿做出相应贡献,此外合作社的决定权往往由少数能人掌握,长此以往,家庭农场与小农户不愿将太多精力放在合作社当中,由此引发的家庭农户与合作社之间的矛盾就会不断积累。

(二) 精深加工少

目前,肥西农产品加工层次依旧较低,还具有规模小、生产成本高、精深加工能力不强、市场竞争能力较弱、抵御市场风险能力弱、整体水平低等问题。据调查统计,2019年,农产品加工业总产值、增长率下滑较大,农产品加工业总产值与农业总产值比为0.34,农产品加工转化率较低;全县121家龙头企业中仅有 33 家农产品加工企业,占比 27%,精深加工明显不够。

(三) 用人难

随着长三角发展水平的不断提升,涌现出一批具有竞争力的城市,进而产生了近年来肥西农村劳动力持续转移问题。目前,从事农业的劳动者主要存在"高龄化、女性化、低文化"的现象,导致处在农村地区企业用工难找的问题,尤其难寻具备现代农业发展需要的有技术、懂经营、会管理的现代职业农民。同时,由于家庭农场在联合体中处于相对劣势地位,难以与掌握信息全面的龙头企业相抗衡,因此在分享产业链利润的时候,所获利益不高,家庭农场方在实际参与过程中话语权少,容易导致双方冲突,微薄的利润使人才难以留住。

(四) 企业融资难

在肥西县农业企业中中小微企业数量居多,而小微企业因自身特点,有效抵押物少,难以获得金融机构贷款支持。同时农产品生产的季节性导致其相应的农产品加工产业链也存在明显的季节性,在原材料收购期对资金的需求很大,由于获得资金贷款难度较大且银行审批的流程繁琐,使企业不敢通过贷款扩大规模,资金放贷与农业发展季节性匹配难。在联合体中大多采用按股分红的模式,但公司给的分红远远小于依据股权份额给农民的合理长期回报,所以,在参与的过程中积极性较低,导致联合体各成员的矛盾加深。

(五) 设施用地难

肥西农业设施用地成为农业产业化发展的制约瓶颈。由于缺少设施用地指标,企业不能放开手脚扩大经营,因此难以形成规模化的生产经营,在休闲农业中反映比较明显,不能建设相关配套设施,导致休闲农业难以发展壮大。此外,肥西县的土地流转工作也十分艰难,农户对土地有着独特的感情,思想观念意识较为保守,如果没有合适的利益返还,农户方难以答应流转土地,这就对农业产业一体化发展造成了极大的阻碍。同时,农产品生产周期性较长的特点,使土地流转期限成为阻碍土地流转的重要因素。

二、案例中的利益相关者利益冲突

通过对肥西县联合体发展的总体介绍,发现虽然肥西县产业化联合体总体上呈现向好趋势,但在联合体发展内部依旧存在特色品牌小、精深加工少、用人难、企业融资难、设施用地难等各种各样的问题。这些问题的存在严重阻碍了联合体的一体化发展,并且加剧了联合体内部各成员之间的矛盾。

在案例中,龙头企业与合作社的矛盾主要是龙头企业凭借技术、信息、资金优势很大程度上破坏了合作社的民主原则,使合作社一定程度上成为了龙头企业的附庸。龙头企业拥有品牌、技术、信息、渠道、管理等优势,通过垄断资源、垄断市场,形成对农村农业资源和农产品价格的打压效应,导致带动农民增收后劲不足,农民仍处于弱势和依附地位。

龙头企业与家庭农场的主要矛盾在遇到自然风险的时候,龙头企业将风险转嫁到小农户和家庭农场身上,虽然有合作协议,但是家庭农场方依旧承担巨大损失,风险共担机制不健全。家庭农场方未能合理分享产业链增值收益。此外企业取代农民,成为农业生产的主导者,同时在双方的合作过程中,农户的实际参与度较低,农户表达诉求的机会少。

家庭农场与合作社的主要矛盾在于普通农户往往只局限于合作社的收益,不愿意付诸行动为合作社的声誉、品牌做出应有的贡献,结果是合作社成员不作为,选择"搭便车"。在农地流转方面,存在合同欠规范、语言表述不清晰、个别的条例有时违背农民的意愿的情况,各种不确定性因素使得农地流入方难以获得较高的纯利润,双方很难协调,造成家庭农场与合作社的短期合作行为。

三、案例中的利益链接机制构建

通过对肥西县农业产业化的案例介绍,发现目前肥西县的龙头企业、合作社、家庭农场之间存在一定的矛盾和冲突。为了解决这些问题，需要将土地、资金、人才等关键资源集中投入到联合体中，并且通过建立规范的契约关系，确保各方利益得到合理分配和保障。通过在联合体中实行按股分权，提升家庭农场与小农户的参与感，提升话语权。在生产遭遇风险时，通过事先制定的规范合同，实现联合体风险共担，农民增收。因此通过构建肥西县的利益链接机制，为其他联合体发展提供借鉴。

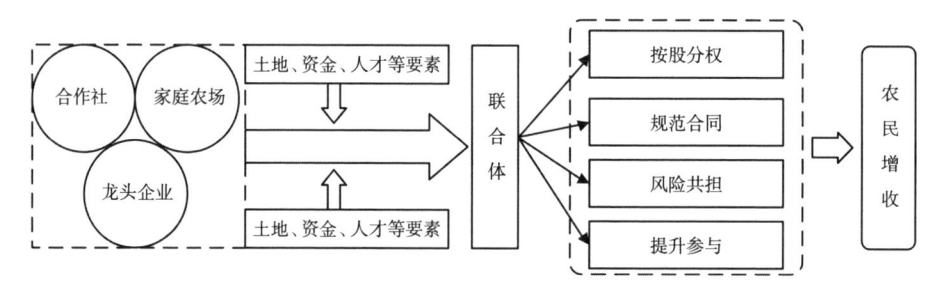

图 5-4 肥西县农业产业化联合体利益链接机制

第六节 本章小结

本章主要对联合体的利益链结机制进行研究，通过对联合体中利益相关者（龙头企业、合作社、家庭农场）的角色与利益诉求分析，了解不利于联合体发展的因素，发掘联合体中利益相关者利益冲突与存在的问题。运用 Shapley 值法以及修正后的 Shapley 值法研究联合体中各主体的利益分配，并引入模拟数值进行实证分析，通过修正后的 Shapley 值法设计合理的利益共享契约，以维持联合体关系的稳定性。在建立博弈模型的基础上，构建联合体利益相关者利益链接机制。最后通过肥西县联合体发展情况的案例介绍，分析了肥西县的联合体各方的利益冲突，针对肥西县联合体发展的现状构建利益链接机制，从而为实践发展中的联合体提供解决路径。

第六章 农业产业化联合体的治理机制研究

第一节 联合体的治理结构

一、联合体的治理模式

联合体是通过龙头企业牵起,采用"1+M+N"模式运作,即 1 个龙头企业加 M 个农民专业合作社加 N 个家庭农场的形式,联合体内各经营主体通过签订协议和分工合作来确定各自权利,建立以龙头企业为核心,专业合作社为纽带,家庭农场和专业大户为基础的要素优势互补协同的联盟组织。联合体作为一个联盟组织,其成员远远超过企业的范畴,它包括了多种类型的利益相关主体。因此,联合体并不是一个大型农业企业,其内部主体之间也不是子母公司的关系,联合体的治理机制就不可能完全像企业联盟那样主要按照契约来治理,联合体的组织目标是追求经济利益,即通过内部各个经营主体之间合作实现规模经济和范围经济。联合体拥有两大特质,一是追求市场效益的非法人组织,二是组织成员具有高度异质性。这两点使联合体在治理方面面临较大的挑战。

联合体的成员并不是完全来自产业界,因此联合体内部的运作模式呈现不同层次的、互相交叉叠加的复合式特点,被称为网络化联合模式。根据对渠道行为理论和网络嵌入理论的分析,再结合我国联合体发展的实际特点,可以了解到联合体的实际治理应该是以多经济主体多种治理机制相结合的一种综合治理,成员之间通过信任、满意、承诺、冲突等渠道行为的相互影响进行治理,其中包括契约治理、规范治理以及权威治理。具体而言,各成员协商制定出联合体共同章程,设立联合体理事会等组织结构及制度体系,明确各方责任,建立决策机制。

二、联合体的治理机构

治理机构包含了决策制定、经营控制和激励措施等系统的组织设计。联合体的治理机构主要由成员(代表)大会、理事会、监事会以及联合体运营管理中心所构成,治理机构的设置主要是为了解决联合体运营管理的规范化和标准化问题。成员(代表)大会作为联合体的最高权力机构和决策机构,主要负责联合体的章程制定问题。联合体的执行机构主要是理事会,负责管理日常联合体的生产经营服务活动。监事会作为联合体的监督机构,主要负责理事会的工作(成灶平,2019)。联合体的运行工作由运营管理中心负责。联合体的成员拥有依法请求、召集、主持和参加成员大会的权利,行使相应的表决权、选举权和被选举权,同时按照章程规定对联合体实行民主管理。

(一) 决策机构:成员(代表)大会

成员(代表)大会作为联合体的最高权力机构,成员主要由各主体法人代表或者委托代理人担任,其权力范围包括:首先,决定人事任免与调动。例如,理事长的选举和罢免,决定理事、执行监事或监事会成员的进入和退出,决定成员的增加或减少,决定联合体主要经营管理人员和技术人员的聘任。其次,制定与修订联合体内部的相关管理制度,修改章程,审议批准联合体的发展规划和年度业务经营计划,审议批准联合体理事会的年度业务报告、联合体年度财务预算和决算方案,以及年度盈余分配方案和亏损弥补方案。最后,批准重大决策方案。例如,对联合体中重大财产处置、投资和担保以及生产和经营活动中的重大事项做出决策,对联合体的兼并、分散、清算以及其他重大事项做出决定。联合体成员(代表)大会的召开需要有联合体成员总数的三分之二以上在场,成员因故不能参加大会,可以委托大会的其他成员代理参加,但是每名成员最多只能代表两名成员行使表决权,成员(代表)大会的决议结果需要有成员表决权总数三分之二以上的票数同意才可通过。

(二) 执行机构:理事会和联合体运营管理中心

联合体的理事会本质上属于联合体的权力执行机构,并在一定程度上享有相应的决策权。理事会的权力主要包括四个方面:第一,制定联合体的发展运营计划。例如,制定联合体发展规划、年度业务经营计划、内部管理规章制度,提交成员(代表)大会审议,制定联合体年度财务预决算、盈余分配和亏损弥补等方案,提交成员(代表)大会审议。第二,决定人事的聘任与调动。例如,决定联合体理事成员的加入与退出,制定各种奖惩激励制度,决定联合体经营管理负责人和财务会计负责人的聘任。第三,组织重大的运营活动。开展理事会并执行理事会决议,开展各种培训活动和协作活动,同时接受并处理监事会所提出来的建议和质询。第四,对联合体的资产和财务进行管理,保证联合体的财产安全。理事长作为联合体的法定代表人,行使的权力包括:主持成员(代表)大会,召集成员主持理事会会议;签署联合体成员出资证明;签署联合体经营管理负责人和财务会计负责人的聘书;组织实施成员(代表)大会和理事会决议,检查会议决议实施情况;代表联合体签订协议、合同和契约;等等。理事会会议的实现按照协商一致的原则,成员享有一票否决权,共同讨论重大事项,理事会决议的通过需要三分之二以上理事的同意,存在理事对某项决议持有不同意见时,其意见需要记入会议记录。

联合体运营管理中心的人员由联合体的理事会选聘,一般由理事长担任,下面设置了生产、服务、市场、财务等具体业务部门,各自根据职能开展工作。

(三) 监督机构:监事会

联合体的治理机制不仅仅包括良好的管理机制,还包括健全的监管机制。联合体的监事会是联合体的监督机构,主要职责是对联合体的权力机构和全体成员进行监督,权力体现在:对联合体战略规划的执行情况以及各经营主体对契约的履行情况进行监督;对理事会针对成员(代表)大会决议和章程的执行情况进行监督;对联合体的生产经营业务运营情况进行监督;对联合体财务状况进行监督;代表联合体记录理事与联合体发生业务交易时的业务交易量(额)情况;监督理事和管理人员的职责履行情况,监事会需要向成员(代表)大会作年度监察报告,提出工作改善意见;联合体监事会成员享有一票否决权,监事会决议的通过需要三分之二以上监事的同意,存在监事对某项决议持有不同意见时,其意见需要记入会议记录。监事会的成立对于理事会的管理起到了一定的制约作用,能够有效地保护联合体内部各成员的利益不受损害,享受到应有的权利。

第二节 联合体的治理机制

一、决策机制

治理决策机制是联合体运行的基础,包括联合体的成员构成、治理结构、联合体章程、联合体建设方案以及重大事项的决策等。本书在研究的过程中发现联合体的理事会在决策中发挥关键作用,理事会的理事长以及理事会成员由成员(代表)大会选举产生,而理事长一般是由龙头企业的负责人担任,若要形成科学经营决策机制,则需要通过收集农业产业信息,充分发挥大数据分析优势,从而制定适合联合体经营的发展决策机制(曾定茜、阮银兰,2020)①。

龙头企业是链接分散农户与农业市场之间的重要桥梁,是带动联合体组织构建和经营发展的关键主体。龙头企业通过内部的管理和生产组合让更多生产要素有效地组织起来,运用现代化的组织管理方式来提高规模效益,通过扩展生产农业服务的范围来获取范围经济。

因此,联合体的经营决策主要由龙头企业来承担,龙头企业首先进行市场调研,再通过信息平台建设搜寻市场信息,显示出农产品市场价格走向,便于龙头企业进行决策,将有效信息沿着农业产业链传导至生产端,并及时反馈给家庭农场农产品的市场价格走向与供求状况,使家庭农场有计划地生产种植和收购产品,从而扩大农产品有效供给,实现供求有效对接,降低家庭农场和农户盲目生产的风险,同时也可以为企业提供稳定的原材料供应来源,为发展订单农业提供条件(陈荟羽等,2020)②。根据所塑造的农产品品牌,制定生产标准,并开展品牌源头管控,提供技术培训与指导;家庭农场在接到龙头企业的生产任务过后,负责土地流转,进行适度规模经营,采用龙头企业指定的投入品,按照龙头企业的生产标准要求,进行规范和精细的生产管理,做好详细的生产记录;专业合作社提供全程的生产技术服务。

二、激励机制

联合体通过对风险的控制、参与约束等各个环节的机制设计,来保持联合体成员安排的合理性和适当的经营规模;要素相互联结,互惠、相辅相成创造了合作共赢的条件,形成了维持联合体长期稳定运行的激励机制。

---

① 参见曾定茜、阮银兰:《农村产业经济融合视角下农业产业联合体建设实践探索》,《农业经济》2020年第8期。
② 参见陈荟羽、王敏超、辛明阳:《河北省联合体管理模式创新研究》,《粮食科技与经济》2020年第9期。

农业产业化联合体的协同机制与绩效评价

联合体通过建立契约体系,明确了各自权责与利益的分配。首先,在联合体内部,成员之间已经协商并订立了相应的经营联合章程,双方通过签订合同,明确了产品和其他服务之间的买卖关系,界定了各种经营生产合作的行为、分配机制以及违约责任,稳定了联合体内部各经营主体之间的交易关系,降低了各种交易的次数,减少了主体之间的不确定性。龙头企业和家庭农场之间采用了股权形式的合作,联合体的成员构成也相对较为固定,从而构建起了一个可以长期稳定协调合作的利益共同体,这样的制度安排可以有效地增强联合体内部各个成员之间身份地位的认同感与合作意识,形成了一套比较完善的显性和隐性的契约制度体系,也提高了信息对称程度,从而实现有效的正式契约治理与关系契约治理,最大限度地降低了交易成本(汤吉军等,2019)[①]。其次,联合体各个成员在种养和加工环节中均采用标准化的生产和科学的经营管理,最大程度规避了道德风险,方便企业的指导与监督。联合体所有成员均为规模经营者,只有积极配合才能够得到经济利益最大化。与一般的农户相比,规模经营本身就大大地降低了贸易的成本。最后,联合体各个主体之间形成了一个有效的运营协调和沟通机制,破除了传统的产业链联结切入点,实现了资产的共享使用,减少了因为资产专用而引起的交易费用。组织协调是联合体的主要功能之一,增强了各种分工主体对其协同特点的依靠性,协调各种分工经济和交易费用所发生的"两难冲突"。

龙头企业组织结构的设置是为了通过确立契约或合同的形式来直接锁定被收购商产品的供给,保障被收购商产品的"标准化"、质量安全与"维系",稳定企业和被收购商之间的"供给信任"和长期战略伙伴关系。龙头企业通过进行大型规模化的采购向家庭农场、专业大户、合作社提供农业生产技术材料,来实现相当差额的盈利;通过依托专业合作社,下接家庭农场和专业经营大户,降低了交易成本;通过制定农产品质量标准以及专业合作社对农户的监

---

① 参见汤吉军、戚振宇、李新光:《农业产业化组织模式的动态演化分析——兼论联合体产生的必然性》,《农村经济》2019年第1期。

第六章 农业产业化联合体的治理机制研究

督管理,获得了安全可靠的原材料和农产品;通过减少采购环节、提高产品质量和增加规模效益,实现更多的盈利。最后龙头企业还能够根据《农民专业合作社法》规定入股专业合作社的比例,从中掌握专业合作社的权力和利益的分配(孙正东,2015)。

专业合作社作为联合体的中间组织,龙头企业通过合作社向家庭农场传授生产技术服务,合作社通过协助龙头企业进行统一的农村生产经营资源供应和农产品回收,从龙头企业处得到相应的提成。服务型合作社通过以低于市场的服务价格向家庭农场和专业大户提供农机、农业生产技术等服务,依靠大量规模化的服务促进了服务效率,进而有了稳定的服务范围和集中连片式的服务环境。

对于家庭农场和专业化大户来说,首先要考虑的是通过运用新技术、新设备和新装置等手段来改善其劳动生产率和提高土地产出;通过从龙头企业那里得到低于市场价的生产资料,生产出符合标准的农产品并以高于市场的价格出售给龙头企业,从中获得可观的收益。其次,家庭农场、专业大户可通过以土地承包经营权、资金入股专业合作社和龙头企业等方式来获取加工和销售环节利润的分红。通过契约(合同或协议)的形式确定联合体的组织结构来稳定销售渠道、销售价格和数量,大大降低了未签订合同之前的未知风险。联合体的激励机制对家庭农场(专业大户)的另一个优势体现在:通过契约的签订,龙头企业和家庭农场的关系变得更加稳定,从普通的"商品契约关系"升级为"内部成员关系"。家庭农场可以通过赊销的方式向龙头企业获取农业生产资料,出售产品后再结算;龙头企业还会免费向家庭农场提供技术服务指导,为家庭农场提供金融支持等服务。龙头企业所有行为的结果不仅可以降低纵向协作伙伴的生产成本,还排除了经营困难,帮助家庭农场渡过难关,保障了契约关系的稳定与持久。

三、监督机制

联合体内部各个经营主体之间须成立有效的约束机制和监督机制,才可以强化各经营主体的诚信意识,确保各方权利和义务的统一,降低龙头企业和农户在发生市场风险时的违约动机,促进利益主体的联合和联合体内在聚合的稳定。

联合体的监督机制分为外部监督机制和内部监督机制。外部监督机制主要是来自于政府农业部门、行业协会以及村民自治组织等对联合体的监督,保证联合体的发展。内部的监督主要是监事会对联合体内部各经营主体的监督,保证协议或章程的规范执行。

对于联合体外部监督机制而言,政府和农业部门等组织机构承担起联合体的监管责任,主要通过联合体的发展规划、产权建立、股权制度和法律法规来发挥对联合体的监管职能。政府部门通过法律的形式来规定联合体的权利和义务,从而确保农产品的质量安全,促进联合体内各主体遵纪守法,引导和指导联合体的发展(陈冬雪,2020)[①]。

对于联合体的内部监督机制而言,联合体内部需要签订生产合同和协议来确定各个经营主体之间的权责关系,对主要经营主体的行为进行监督,使联合体内部交易成本大幅降低。联合体内的专业合作社作为连接龙头企业和农户的中介纽带,在联合体内获得了稳定而可观的经济利益,出于长远利益的考虑,专业合作社会对家庭农场及专业大户的机会主义行为进行有效的监管和约束,防止农户的机会主义行为或违约行为的发生。要建立农产品生产加工的标准化模式,建立农产品质量安全全程控制和可追溯体制,健全投入品登记使用管理制度和生产操作规程。同时,专业合作社在产业链的各个环节都要协调好龙头企业、家庭农场与专业大户的关系,并对龙头企业及农户在生产经

---

① 参见陈冬雪:《联合体与农业高质量发展的内在关联与对策建议》,《农业与技术》2020年第22期。

营过程中可能出现的违约行为进行适时的监督管理,一旦发现经营主体违约,立即按照契约的相关规定予以相应处罚(孙正东,2015)。

在联合体的内部监督中,需要建立起风险共担机制。一是在联合体内部,以家庭农场、专业大户为生产单位联合参加种植业自然风险和养殖业疫病风险的政策性或商业性的农业保险,龙头企业和专业合作社需要按照一定比例配额缴纳保费,多元规模参保提高了保费的赔付标准,降低和分散了生产风险;二是生产性专业合作社需要按照一定的盈余比例提取风险基金,以降低生产风险;三是龙头企业、专业合作社和专业大户也需要从每年获取的各自经营利润中提取一定比例建立风险基金,一旦出现自然灾害造成农畜产品大量减产甚至绝收情况,可以从联合体风险基金中拿出部分资金补偿家庭农场和专业大户的种养损失。

第三节 联合体的治理机制中存在的问题

一、联合体的治理结构存在问题

(一)联合体章程得不到贯彻和实施

虽然大多数联合体都有较为规范的章程,但是联合体的章程的制定都不是联合体成员从实际需要出发制定的,而是按照政府提供的联合体章程范本进行制定,其制定者也不是普通的联合体成员。由于联合体登记需要出示章程,因此联合体一般都是按照农业部的示范章程仿写的,各个联合体的章程基本上是格式化的,除了联合体的业务范围不同外,其他内容大同小异。章程的整齐划一与现实中多样化的联合体形成强烈反差。章程是被政府所赋予的,无法作为谈判的产物,联合体没有根据自己的具体情况来制定规则,导致章程中很多内容对联合体成员来说根本看不懂,仅仅把章程作为一种程序,而非组织的治理规则。

（二）股份合作机制发展滞后

股份合作对于巩固合作关系、提高小农收益具有重要的作用。无论家庭农场和专业大户是以土地、劳动力等生产要素入股龙头企业，获得联合体分红，避免农民在面对大企业时因为资本劣势而被剥削的情况，使农民获得更多的收益权，还是龙头企业入股合作社和家庭农场，以促进前端生产规模的扩大，并在生产作物选择、生产过程监督等方面提出更有效的建议，抑或是龙头企业之间的股份合作都还没有成为联合体发展的重要特色，就目前情况来看，联合体多为小型和中型联合体，即多为"主体集合型"和"园区集聚型"联合体，较少采用股份合作机制。这不仅不利于联合体形成完善的利益分配机制，也无法对成员行为产生有效约束，导致联合体组织相对松散。

（三）联合体内部治理理论依据尚不充分

联合体内部治理的理论依据不够充分。联合体不仅存在"追求利润+非法人"的企业性质，还存在"风险共担+利益共享"的合作组织性质。因此，联合体不仅存在企业联盟治理问题的困难，还面对合作组织治理困扰的挑战。在企业联盟治理理论方面，成员之间在交易成本最小化、股权互相渗透、网络互嵌等理论中存在矛盾冲突争论，特别是成员之间的信任问题有待解决。在合作组织治理方面，合作成员存在高度的异质性，异质性所带来的收益分配和风险承担不对等、资产专用性套牢、"劣币驱逐良币"的逆向选择等博弈问题也一直是理论难点。

二、联合体治理过程中激励机制存在问题

（一）管理人员的经济激励不足

在联合体初创时期，联合体的成员都怀有无限热情。理事可能由成员中

有才能的志愿奉献者来担任。但是随着联合体的规模扩大,成员的团结效率会降低,作为联合体管理者也会对财富和权力有所要求。理事、理事长是由民主选举产生为成员服务的,但取得收益时他们只能以普通成员的身份参与剩余分配,显然经济激励不足,这样就很容易产生道德风险,增加理事们的机会主义行为。企业家资源是一种稀缺资源,企业家的才能对企业的发展具有举足轻重的作用,如何保证真正具有企业家才能的人经营企业和如何使企业职员积极努力工作,进行物质激励是激励机制中不可缺少的重要手段。如果没有合理的物质激励,会影响员工的工作积极性。

(二) 契约的不完备性会影响激励机制的运行

专用性资产投资十分重要,能够带来大量准租金(Quasi-rent),有助于提高农产品附加值,使企业和家庭农场获得超额收益,但也会带来"敲竹杠"(Hold-up)问题:由于契约不完全,当意外情况出现时交易双方往往需要进行再谈判(Renegotiation),当企业或家庭农场进行大量专用性资产投资后,就会对合作产生依赖;在之后的再谈判中,未进行专用性资产投资或专用性投资额较少的一方会趁机攫取对方专用性资产投资带来的准租金,即要求分配给其更多合作剩余,否则将不配合对方,甚至威胁解除合约。预测到这种"敲竹杠"机会主义行为风险,投资者就会缺乏专用性资产投资的积极性,从而导致事前投资激励不足,社会最优投资水平与产出量难以实现,使联合体组织的稳定性较弱。在完全契约条件下,理性的缔约者能够预测到未来可能发生的各种情况,从而制定出详尽的契约条款,并且能够无成本地得到第三方的证实和强制执行,缔约方无须进行再谈判,专用性资产投资并不会带来"敲竹杠"问题,投资是有效率的。由此可见,契约不完全是导致龙头企业与农户专用性资产投资激励扭曲的重要原因。

三、联合体治理过程中监管机制存在问题

(一) 缺乏对管理人员的有效约束

在联合体的监督治理中,对理事长、理事、经理等管理人员的约束机制并不全面。事实上,我国大多数联合体没有建立起对管理人员的约束机制,即使发现管理人员违反善管义务和忠诚义务,也难以责罚。联合体内部出现财务账目的混乱与监督机制的失效有着相当密切的关联。联合体内部的监督力度不高,大多数联合体的运行过程中没有建立规范的会计工作和报告制度,对年度财务报告编写没有要求,很少有联合体进行外部审计,且大多数联合体没有向联合体内部成员报告联合体的财务状况。

(二) 财务风险监管意识薄弱

联合体的风险监督体系不够健全,联合体没有设置独立的风险监督机构对联合体的财务风险进行监督管理,联合体内部监督机构对联合体的财务风险管理意识较薄弱,没有正确认识财务风险,忽视了对资金的管理,对财务风险的预警工作不够重视,当联合体面临财务危机时,没有采取有效的措施来降低财务风险,从而使联合体面临的困境越发严重。

(三) 监督机构队伍不够完善

联合体的监督机制需要内部机制和外部机制的同时作用,需要有专门的机构进行监督,但是由于乡镇机构频繁改革等众多因素影响,很多乡镇存在没有建立起农经基层机构以及机构人员不足等问题,这些严重影响着联合体的发展,导致对联合体的监督工作落实到基层时"事没人干、责没人担"。

第六章　农业产业化联合体的治理机制研究

第四节　联合体治理机制对组织稳定性的影响

联合体是我国农业现代化进程中形成的创新型农业生产经营组织模式,如何促进联合体持续稳定发展,是我国农业现代化的重要议题,对农村一二三产业融合、农业增效、农民增收等有重大意义。随着联合体在全国的推广、规模不断扩大,联合体各主体之间协同发展过程中存在诸多问题,影响了联合体的组织稳定性。从组织内部来看,表现为部分联合体内部利益链接机制不够完善、队伍建设相对滞后等问题;从组织外部来看,表现为抗风险能力不强、政策扶持力度不够等问题(芦千文、张益,2017)。2020年7月,农业农村部在《全国乡村产业发展规划(2020—2025年)》中进一步强调联合体应明确权利责任、建立治理结构以及完善利益链接机制,促进持续稳定发展。[①]

联合体的治理机制不能完全按照企业联盟组织那样主要通过契约进行治理,应当采取综合治理的方式解决联合体中存在的企业联盟治理问题和合作组织治理问题(钟真、蒋维扬、赵泽瑾,2021)[②]。治理机制的完善对于解决联合体组织成员之间的互信问题、组织生产经营问题以及联合体内部经济主体风险承担和利益分配等问题发挥着重要的作用。通过研究以往治理机制的文献发现,有关农业生产经营组织模式的研究大多集中在治理机制对组织绩效的影响,主要采取渠道治理的方式进行治理,也有学者对农产品交易组织稳定性的治理问题进行了研究,考虑了关系嵌入治理对交易关系稳定性的影响。在已有的研究文献中,不论是对组织绩效的治理还是对组织稳定性的治理,在治理机制的选择上往往过于单一,对联合体这一创新农业生产经营组织模式

[①] 参见农业农村部关于印发《全国乡村产业发展规划(2020—2025年)》的通知,https://www.gov.cn/zhengce/zhengceku/2020-07/17/content_5527720.htm。

[②] 参见钟真、蒋维扬、赵泽瑾:《联合体的主要形式与运行机制——基于三个典型案例的研究》,《学习与探索》2021年第2期。

的稳定治理研究则更少。

基于此,本书以安徽省9个地市的联合体作为调研对象,选择从家庭农场视角研究联合体治理机制对组织稳定性的影响。用渠道治理机制下的契约治理、规范治理以及网络嵌入关系治理中的结构嵌入强度作为组织稳定性的治理方式,实证探寻这种综合治理方式是如何通过影响关系质量和制度执行力来影响联合体组织的稳定性,并进一步探讨了联合经济绩效对制度执行力与组织稳定性之间的调节作用。

一、理论分析与研究假设

联合体是以龙头企业、农民专业合作社和家庭农场等新型农业经营主体分工协作为前提,以规模经营为依托,以利益链接为纽带的一体化农业经营组织联盟,联合体组织稳定性表现为家庭农场与龙头企业(合作社)之间合作关系的稳定程度。其作为多产业链、供应链相融合的一体化组织联盟,组织成员通过专业化分工参与了农产品从生产到销售这一营销渠道的全过程。渠道行为理论指出,渠道治理机制是一个渠道成员对另一个渠道成员通过信任、满意、承诺、冲突等渠道行为的相互影响(庄贵军,2004)[①],包括契约治理、规范治理以及权威治理,是组织目标实现的关键。联合体内部产业链的交叉融合形成了具有紧密联系的组织网络结构(王志刚、于滨铜,2019),家庭农场作为联合体的一部分嵌入其中,网络嵌入理论指出,经济主体在组织网络中并非独立存在,而是嵌入在不断演变的网络关系中,其经济行为和结果受到网络关系的影响,嵌入又可以分为强调组织社会关系的关系嵌入和以系统为特点的结构嵌入(Granovetterm,1992)。

根据对渠道行为理论和网络嵌入理论的分析,结合我国联合体发展的实际特点,联合体组织稳定性的实际治理应当是多经济主体多种治理机制相结

---

① 参见庄贵军:《营销渠道控制:理论与模型》,《管理学报》2004年第1期。

第六章 农业产业化联合体的治理机制研究

合的一种综合治理。主要考虑契约治理和规范治理在农业专业合作社中对联合体组织稳定性的影响,同时考虑了联合体这一组织网络中复杂的社会关系,网络嵌入关系治理中经济主体的结构嵌入强度会影响到网络组织的稳定性(韩敬稳、彭正银,2015)[①],使家庭农场的经济行为所产生的信息和声誉不断扩散与传播,一旦其在合作过程中发生机会主义的违约行为,由于结构嵌入性的存在,其行为信息会加速传播,破坏自身的声誉。制度执行力作为现代化治理的关键,表现为制度执行的速度、质量以及效果(李拓,2020)[②],联合体作为现代化的产业组织联盟,其制度执行力对组织的长期稳定有着直接的影响。联合体经济绩效是组织稳定发展的动力,高经济绩效会促进家庭农场积极生产,实现农业增产、农民增收(孙正东,2015)。基于以上分析,认为农业产业联合体组织稳定性的治理应该采用渠道治理机制下的契约治理、规范治理以及网络嵌入关系治理下的结构嵌入强度分别对农业专业合作社与家庭农场进行综合治理,构建的联合体组织稳定性影响因素概念模型如图6-1所示,不同的渠道关系治理机制以及联合体组织内结构嵌入强度作为前因变量对组织

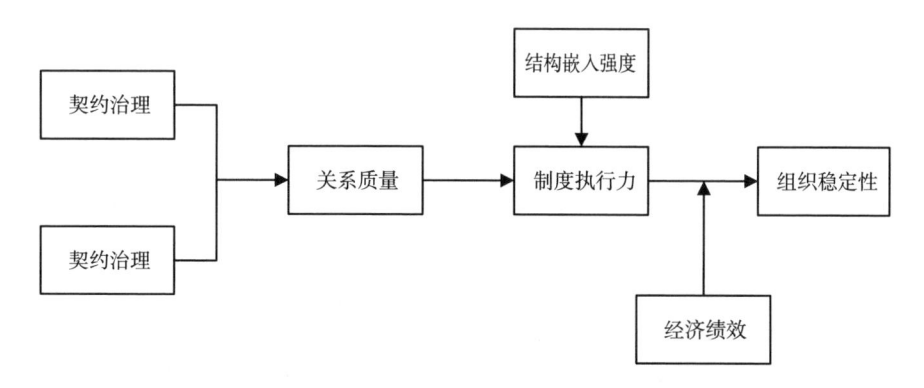

图6-1 联合体治理机制对其组织稳定性的影响因素概念模型

---

① 参见韩敬稳、彭正银:《嵌入视角下企业网络组织的稳定性与治理机制研究》,《经济经纬》2015年第3期。
② 参见李拓:《强化制度执行力是推进治理现代化的当务之急》,《国家治理》2020年第40期。

的稳定产生影响,关系质量和制度执行力成为中介变量,经济绩效作为调节变量,组织稳定性作为结果变量。

(一) 契约治理对联合体内部关系质量的影响

联合体内部通过签订契约,能够明确各自的权利与义务、农产品生产数量和质量要求以及对应的利益分配和奖惩情况。现实交易过程中资产专用性将会导致机会主义的产生(O.E. Williamson,2007),劳动力以及农产品销售具有资产专用性的特点,通过签订正式契约以及联合体内部一体化经营的特点,能够显著降低交易成本。在交易过程中通过契约治理的方式,还能够保证和控制产品的质量(K. Kirezieva,J. Bijman, L. Jacxsens,2016)[1],能够增强合作社社员的认同感,进而提高农产品的质量(吴欢、刘西川、扶玉枝,2018)[2]。在契约履行过程中发生意外(契约争议以及违约等事件)时,正式契约的制定也能够很好地解决这一问题(A. Mooie,M. Ghosh,2010)[3]。信任和满意是组成关系质量的重要部分,正式合约的制定是双方信任产生的基础,同时也是后续合作满意的前提。因此,可以认为正式契约在强调法律化的权利与义务的同时,对联合体内部关系质量也有很大的影响,是不同主体间合作的基础(R. F. Lusch, J.R. Brown, 1993)[4],同样也是家庭农场与企业、企业与合作社之间的合作基础,对于合作关系的稳定发展至关重要。基于以上分析,可以认为联合体内部家庭农场、合作社以及企业之间所订立契约对权利与义务的条款规

---

[1] K. Kirezieva,J. Bijman, L. Jacxsens,"The Role of Coperatives in Food Safety Management of Fresh Produce Chains:Case Studies in Four Strawberry Coperaties", *Food Control*,2016(62):299.DOI:10.101b/j.foodcont.2015.10.038.

[2] 参见吴欢、刘西川、扶玉枝:《农民专业合作社二次返利的增收效应分析——基于浙江185家合作社的调查数据》,《湖南农业大学学报(社会科学版)》2018年第4期。

[3] A. Mooie,M. Ghosh,Contract Specificity and its Performance Implications,*Journal of Marketing*,2010,74(2):105.DOI:10.1509/jmkg.74.2.105.

[4] R.F. Lusch, J.R. Brown, Interd Ependency, Contracting, and Relational Behavior in Marketing Channel,*Journal of Marketing*,1993,60(4):19.DOI:10.2307/1251899.

定越详细,对于在合同实施过程中所出现的突发事件或者违约事件的解决方案制定越明确,对联合体内部成员之间的关系稳定越有利,是联合体内部关系质量的基本保障。由此提出假设:

H1:契约治理对联合体内部关系质量有正向影响。

(二) 规范治理对联合体内部关系质量的影响

规范治理借助联合体成员之间形成的互信、承诺、满意等进行规范,组织中企业、合作社以及家庭农场之间沟通、共同解决问题以及共同制定计划等可以很大程度缓解农产品交易市场中的不确定性,同时家庭农场同合作社以及企业之间的共同解决问题等措施,使家庭农场与合作社以及企业之间互动更加频繁,这种柔性治理的方式对复杂农产品交易市场环境中硬性的契约治理机制是一种很好的补充,也进一步保障联合体内各主体之间稳定的关系质量。基于以上分析,规范治理对于维护联合体内部关系质量的稳定性至关重要,尤其是在当前农产品市场的不确定性环境下,规范治理机制对联合体长期稳定意义重大。由此提出假设:

H2:规范治理对联合体内部关系质量有正向影响。

(三) 关系质量和结构嵌入强度对制度执行力的影响

在联合体治理机制对其组织稳定性影响因素研究中,治理机制的好坏并不是直接影响到联合体组织稳定性,而是通过关系质量、制度执行力的间接影响,制度执行力具体反映为合作社合同履行情况以及联合体内部信息获取的及时程度等。良好的关系质量是制度执行的前提,企业同家庭农场之间信任、满意程度的提升能够提高制度执行的效率。网络嵌入关系治理下,经济主体的结构嵌入强度与网络组织的稳定有着密切关系(韩敬稳、彭正银,2015),结构嵌入性重点研究组织网络中结构特征对经济主体的行为和结果的影响。联合体是一个由合作社连接而成的中心化组织网络,家庭农场这一经济主体作为组织的一员嵌入在这个网络中,其经济行为受到组织网络所形成的社会关系制约,通过这种社会关系制约,能够在联合体内部形成一定的价值观念,同时由于结构嵌入性的存在,家庭农场的经济行为在整个网络中会加速传播,考虑到自身的声誉,往往会倾向于履行合约。因此,可以认为联合体内部关系质量和联合体这一组织网络中的结构嵌入强度都会对整个联合体内制度执行情况产生影响,家庭农场与合作社、合作社与企业之间高质量的合作关系可能会带来高的制度执行力。联合体内部较高的结构嵌入程度,将会加速其内部信息的传播,使机会主义行为带来的声誉影响程度更大,违约倾向降低,有利于制度执行。由此提出如下假设:

H3:联合体内部关系质量对制度执行力有正向影响。

H4:联合体组织网络中结构嵌入强度对制度执行力有正向影响。

(四) 经济绩效对制度执行力与组织稳定之间的关系存在调节作用

通过契约治理和规范治理以及结构嵌入强度能够保证制度执行力,但联合体组织要想保持长期稳定发展,就必须做到经济绩效的提高,表现为家庭农场经济经营效率的提高、土地的充分利用以及对当地劳动力就业的带动等。高经济绩效是对联合体内家庭农场以及合作社重要的激励方式之一,高经济绩效使家庭农场增收的同时也能够使农业增效。农业增效和农民增收作为我国"三农"问题以及农业供给侧改革的核心,联合体作为现代农业生产的新型模式,将家庭农场、合作社以及企业通过契约相连结,进而实现分工合作和规模经济,形成农产品优质优价的正向激励,达到农民增收和农业增效的目的(王志刚、于滨铜,2019)。制度执行力在影响组织稳定性的同时,联合体经济绩效作为一种正向激励制度,对制度执行可能存在调节作用,进而加强制度执行力对联合体组织稳定的影响程度。基于以上分析,提出如下假设:

H5:制度执行力对联合体组织稳定性有正向影响。

H6:经济绩效对制度执行力与组织稳定性之间的影响存在调节作用。

二、量表设计与研究方法

(一) 量表设计

遵循问卷设计的科学性原则,针对所研究的具体内容,在量表设计工作上主要参考了国内外有关研究运用较为成熟的量表。根据所设计的理论模型,问卷设计了契约治理、规范治理、结构嵌入强度、关系质量、制度执行力、经济绩效以及组织稳定性7个潜变量和对应的26个观测题项,并且采用李克特五分量表作为测量方式,即对于各个题项的定义为:1=完全不同意,2=不同意,3=一般,4=同意,5=非常同意,各维度潜变量及其观测变量之间的关系如表6-1所示。契约治理是指联合体内部家庭农场与专业合作社、合作社与龙头企业之间签订具有法律效力的合同,是联合体内部稳定的法律基础,依据Brown等所制定并修订的契约治理对应量表包含5个有关题项。规范治理一定程度上可以认为是契约治理的一个补充说明,包括联合体内各方之间的认同准则、愿景以及情感等,根据Claro等(2003)、庄贵军等(2007)的设计思路进行适当修改得到对应5个题项。根据Hewett等(2002)从信任和满意两个角度提出的关系质量二维结构模型,对有关信任和满意的量表进行适当修改,最终选取4个题项来表示关系质量。参考刘兰剑(2012)[①]有关联盟组合下的结构嵌入性的量表设计,用表中3个题项代表结构嵌入强度。对于经济绩效的测量依据邵慧敏等所设计的合作社绩效量表,并进行适当修订得到联合体经济绩效的测量题项。制度执行力是现代化治理过程中的关键,是制度执行的能力和意愿的体现,联合体作为现代化农业经营组织联盟,从联合体内部生产资料和信息的获取及时性以及合同的履行程度等三个方面对制度执行力进行有效测量。对组织稳定性的测量主要是从家庭农场的违

[①] 参见刘兰剑:《网络嵌入性与技术创新间关系实证研究》,《工业技术经济》2012年第7期。

约倾向和续约意愿两个角度测量,主要参考徐健等(2012)和夏春玉等(2009)研究中所运用的量表,并加以修改得到对联合体稳定性的3个观测题项。

表6-1 问卷潜变量对应题项及参考来源

维度	题项	参考来源
契约治理	F1. 您与合作企业(合作社)签订了规范的契约 F2. 协议内容是否详细阐述双方权利和义务 F3. 对于未来可能出现的情况,协议明确规定处理方案 F4. 协议明确规定了出现争议时如何解决的方案 F5. 协议明确规定出现违约后的补救措施	Brown 等
规范治理	G1. 联合体中利益分配是规范的 G2. 生产的技术推广与指导是规范的 G3. 您与合作社(公司)之间在生产规模上会共同计划 G4. 联合体成员大会制度是规范的 G5. 联合体拥有完善的问题处理流程,问题处理效率高	Claro 等 庄贵军等
结构嵌入强度	H1. 联合体中形成了一定的价值观念和道德观念 H2. 您十分看重自身在联合体中的声誉 H3. 您会遵守协议上并未明文规定,但是行业内都默认遵守的规则	刘兰剑
关系质量	I1. 合作社(公司)与您一直保持良好的沟通 I2. 您非常信任联合体 I3. 您对联合体的合作感到满意 I4. 即使有更高的收购价,您也不会放弃与组织的合作	Hewett 等 Croby 等
制度执行力	J1. 联合体中合作社履行合同状况 J2. 联合体中龙头企业的履行合同状况 J3. 在联合体内能获得需要的有效信息,生产资料的及时程度	李拓

续表

维度	题项	参考来源
经济绩效	K1. 您所在的家庭农场带动了更多劳动力就业	邵慧敏等
	K2. 您所在的家庭农场经营效率得到了提高	
	K3. 您所在的家庭农场种植的土地得到了充分利用	
组织稳定性	L1. 在生产和销售过程中,可能会做一些协议不允许的事情	徐健等 夏春玉等
	L2. 您认为所在的家庭农场未来几年会有更大的发展	
	L3. 倾向于与目前的合作者长期合作	

（二）研究方法

研究渠道治理中的契约治理、规范治理与网络嵌入关系治理中的结构嵌入强度对组织稳定性的影响,包括结构嵌入强度、关系质量、制度执行力以及经济绩效之间的一些相互作用关系,属于潜变量之间的交互作用关系研究。因此,采取建立结构方程模型方法进行联合体组织稳定性影响因素的研究,对每一个潜变量设置相应的可直接观测题项,并且通过问卷调查的方式获取观测数据。结构方程模型由观测模型和结构模型组成,其中测量模型表示潜变量的概念化过程,而结构模型表示潜变量之间的关系,具体的矩阵方程式表达式如下：

结构模型：$\eta = B\eta + \Gamma\xi + \zeta$

测量模型：$x = \Lambda_x \xi + \delta y = \Lambda_y \eta + \varepsilon$

在结构模型方程式中,$B\eta$ 表示内生潜变量 η 之间的关系,$\Gamma\xi$ 表示外生潜变量 ξ 同内生潜变量 η 之间的关系,ζ 表示结构方程模型的残差项。测量模型分别表示隐性外生变量 ξ 同显性外生变量 x 之间的关系,隐性内生变量 η 同显性内生变量 y 之间的关系。在农业产业化联合体治理机制对其组织稳定的影响研究中,契约治理、规范治理以及关系质量等为外衍潜变量,内生潜变量包括关系质量、经济绩效以及组织稳定性等等。

三、结果分析

(一) 问卷信度与效度分析

问卷的信度检验是对问卷结果的可靠性进行检验,主要包括问卷的内部一致性检验和稳定性检验。主要对所制定的量表问卷数据采用 Cronbach's Alpha 系数法进行内部一致性检验,各个潜变量的信度检验结果如表 6-2 所示。通过观察各个维度下潜变量对应的 Cronbach's Alpha 系数均大于 0.6,表明本次用于调查的问卷具有能够接受的可靠信度。

表 6-2 问卷信度检验结果

维度	Cronbach's Alpha
契约治理	0.94
规范治理	0.92
结构嵌入强度	0.78
关系质量	0.74
制度执行力	0.84
经济绩效	0.68
组织稳定性	0.63

量表的设计是根据相关理论以及已有较为成熟的量表进行修改制定,目的是为了保证问卷具有良好的效度。对问卷所有题项进行巴特利球形度检验得到 KMO 值为 0.944,且检验的显著性低于 0.05,表明量表题项之间具有一定的相关性。采用一阶验证性因子分析对问卷的效度进行检验,检验得到的各个潜变量对应题项的因子载荷如表 6-3 所示,标准化因子载荷系数均大于 0.5,且显著性都小于 0.001,这就表明各个题项,对其所对应的潜变量有较好

的观测效果。利用SPSS19.0提供的Harman单因子法对全部26个量表题项进行共同方法偏差检测,结果显示特征值大于1的因子共有5个,且首个因子的方差解释率为47.005%(<50%),表明此次的研究结果不存在严重的共同方法偏差。

表6-3 各量表题项标准、非标准因子载荷

维度	题项	非标准化因子载荷	标准误	临界比CR	P值	标准化因子载荷	SMC
契约治理	F1	0.603	0.028	21.258	***	0.8966	0.8038
	F2	0.605	0.028	21.574	***	0.9043	0.8178
	F3	0.665	0.032	20.685	***	0.8818	0.7777
	F4	0.654	0.033	19.849	***	0.8602	0.7399
	F5	0.634	0.033	19.311	***	0.8457	0.7153
规范治理	G1	0.647	0.034	19.334	***	0.8493	0.7212
	G2	0.625	0.032	19.357	***	0.8491	0.7211
	G3	0.628	0.032	19.701	***	0.8588	0.7376
	G4	0.537	0.029	18.425	***	0.8243	0.6794
	G5	0.562	0.031	18.425	***	0.8235	0.6782
结构嵌入强度	H1	0.438	0.042	10.412	***	0.5989	0.3587
	H2	0.736	0.043	17.306	***	0.8451	0.7143
	H3	0.763	0.046	16.527	***	0.8083	0.6534
关系质量	I1	0.742	0.050	14.855	***	0.7321	0.5346
	I2	0.529	0.040	13.124	***	0.6629	0.4395
	I3	0.571	0.055	10.423	***	0.5658	0.3202
	I4	0.578	0.060	9.563	***	0.527	0.2777
制度执行力	J1	0.485	0.033	14.604	***	0.7105	0.5048
	J2	0.656	0.035	18.802	***	0.8454	0.7147
	J3	0.655	0.034	19.533	***	0.8672	0.752

续表

维度	题项	非标准化因子载荷	标准误	临界比CR	P值	标准化因子载荷	SMC
经济绩效	K1	0.487	0.033	14.770	***	0.7864	0.6184
	K2	0.417	0.034	12.372	***	0.6693	0.4479
	K3	0.429	0.040	10.852	***	0.6112	0.3736
组织稳定性	L1	0.4169	0.068	6.096	***	0.5138	0.264
	L2	0.664	0.039	16.924	***	0.7993	0.6388
	L3	0.761	0.036	20.905	***	0.9335	0.8714

注：***p<0.001（双侧）。

（二）结构方程模型整体拟合情况

根据图6-1所建立的理论假说模型,利用结构方程模型来表示潜变量之间以及潜变量与观测变量之间的关系,并且利用AMOS20.0进行求解,所设立的初始结构方程模型路径如图6-2所示。值得注意的是,由于所建立的是具有多重中介的调节模型,在构建调节项时采用无均值结构的无约束方法进行构建,即在对指标中心化处理之后,将制度执行力和经济绩效对应题项的载荷按"大配大,小配小"的方法相乘配对构造潜变量调节项。

初始模型拟合结果显示,绝对配适指标中RMSEA>0.08,0.05<SRMR<1,增值适配度指标中CFI和IFI均小于0.9,对比当前较为认可的结构方程模型拟合指标标准,初始模型大多是不符合现有标准(如表6-4所示),即模型的拟合优度不佳,因此有必要对初始模型进行适当修正。结构方程模型中对模型拟合结果的修正主要是通过修正指标MI进行,MI值表示两个残差之间关系强度由于设定不足所增加的卡方值,通过释放残差相关可以减少卡方值,进而提高模型的拟合优度,最终的结构方程模型如图6-2所示。通过表6-4的修正后拟合指标可以发现,卡方值自由度之比明显降低,对应的绝对配适指标

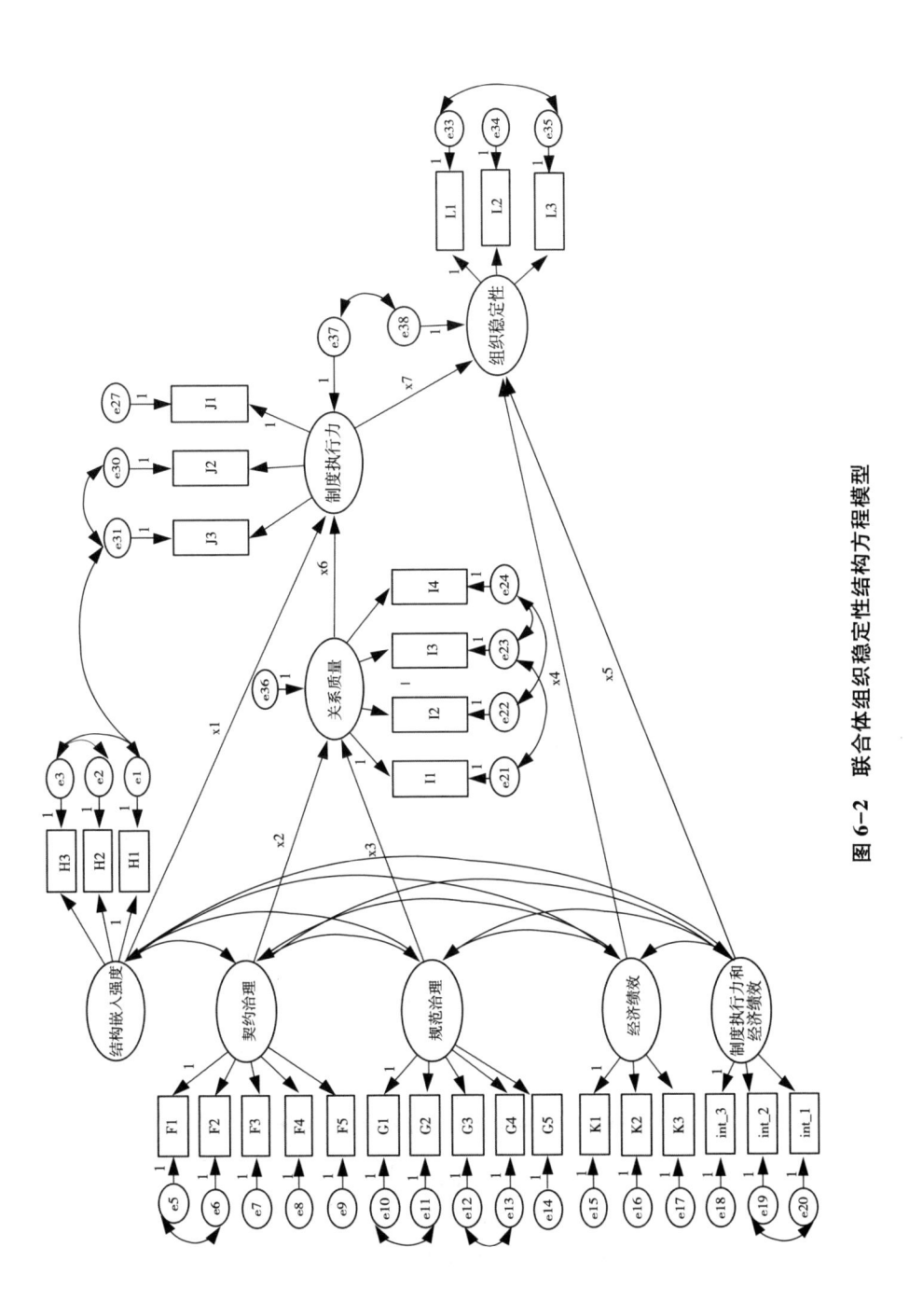

第六章 农业产业化联合体的治理机制研究

图 6-2 联合体组织稳定性结构方程模型

表 6-4　模型修正前后拟合指标结果及参考标准

拟合指标	χ^2/df	CFI	IFI	RMSEA	SRMR
初始模型拟合结果	1317.025	0.862	0.863	0.088	0.0732
修正模型拟合结果	1010.034	0.905	0.905	0.075	0.0531
参考标准	越小越好	大于0.9,越接近1越好	大于0.9,越接近1越好	小于0.08可接受,最好小于0.05	0至0.05最佳,0.05至1可接受

中的 RMSEA 和 SRMR 均降低到可接受范围内,增值适配指标中的 CFI 和 IFI 均提高到大于 0.9 的范围内,表明修正后的联合体组织稳定性模型具有良好的拟合优度。

（三）研究结果

1.潜变量路径系数估计结果

根据表 6-5 所显示的各个潜变量之间的标准化路径系数和路径显著性结果来看,潜变量规范治理、关系质量和制度执行力分别对关系质量、制度执行力和组织稳定性在 1% 的水平上有显著正向影响,契约治理、结构嵌入强度、调节项(经济绩效×制度执行力)和经济绩效分别对关系质量、制度执行力以及组织稳定性在 5% 的置信水平上同样有显著正向影响,与前文关于联合体组织稳定性的 H1—H5 假设相吻合。同时吴艳等(2011)指出,AMOS 在求解潜变量调节模型中输出的潜变量标准化估计结果并非实际值,并且给出了对应的修正方法,据此对调节项的路径系数根据对应方法进行了相应修正。

表 6-5　潜变量之间路径系数估计结果

路径			标准化路径系数	S.E	C.R	P
契约治理	→	关系质量	0.2475	0.129	2.2568	0.024
规范治理	→	关系质量	0.7479	0.1282	6.386	***

续表

路径			标准化路径系数	S.E	C.R	P
关系质量	→	制度执行力	2.0865	0.3446	4.3126	***
结构嵌入强度	→	制度执行力	1.1614	0.426	2.5103	0.0121
经济绩效×制度执行力	→	组织稳定性	0.1409	0.1607	1.9963	0.0459
经济绩效	→	组织稳定性	0.513	0.1857	2.4231	0.0154
制度执行力	→	组织稳定性	1.1828	0.2299	4.1912	***

2. 潜变量之间直接、间接以及总效应结果

根据表6-5的结果可以看出,契约治理与规范治理对联合体内部关系质量具有显著影响,其标准化路径系数分别为0.2475和0.7479,表明规范治理这种治理方式对当前发展阶段联合体中家庭农场、合作社以及企业之间关系质量的直接影响是要显著高于规范治理机制。同时从表6-6可以看出,规范治理机制对组织稳定性的总效应(1.8457)大于契约治理对组织稳定的总效应(0.6109),即表明规范治理机制对联合体组织稳定性的影响是要高于契约治理的影响。联合体组织稳定性同时也受到关系质量和结构嵌入强度通过制度执行力的间接影响,结果显示结构嵌入强度对联合体组织稳定的间接效应为1.3737,而关系质量的间接效应为2.4679,表明契约治理和规范治理下的关系质量是联合体组织稳定性治理中不可忽视的因素。

表6-6 潜变量之间直接、间接、总效应标准化结果

外衍变量\内衍变量	效应类型	关系质量	制度执行力	组织稳定性
结构嵌入强度	间接效应	0	0	1.3737
	直接效应	0	1.1614	0
	总效应	0	1.1614	1.3737

续表

外衍变量 \ 内衍变量	效应类型	关系质量	制度执行力	组织稳定性
经济绩效×制度执行力	间接效应	0	0	0
	直接效应	0	0	0.152
	总效应	0	0	0.152
经济绩效	间接效应	0	0	0
	直接效应	0	0	0.513
	总效应	0	0	
规范治理	间接效应	0	1.5604	1.8457
	直接效应	0.7479	0	0
	总效应	0.7479	1.5604	1.8457
契约治理	间接效应	0	0.5165	0.6109
	直接效应	0.2475	0	0
	总效应	0.2475	0.5165	0.6109
关系质量	间接效应	0	0	2.4679
	直接效应	0	2.0865	0
	总效应	0	2.0865	2.4679
制度执行力	间接效应	0	0	0
	直接效应	0	0	1.1828
	总效应	0	0	1.1828

3. 经济绩效对制度执行力与组织稳定性之间关系的调节结果

根据表6-6可知,假说模型中的调节项(经济绩效×组织稳定性)对组织稳定性有显著正向影响,表明经济绩效能够显著调节制度执行力与联合体组织稳定性之间的关系,假设H6成立。采取简单斜率分析检验的方法对经济绩效调节制度执行力与联合体组织稳定性之间的关系进一步分析,将经济绩效根据正负一个标准差进行高低分组,结果如图6-3所示,在低经济绩效分组制度执行力能够显著正向影响联合体组织稳定性($slope1 = 1.0338, P <$

0.05），在高经济绩效分组中，制度执行力同样也能显著正向影响联合体组织稳定（$slope2 = 1.3338, P < 0.05$），但根据斜率可以判断这种正向影响随着联合体经济绩效的提高而增强。

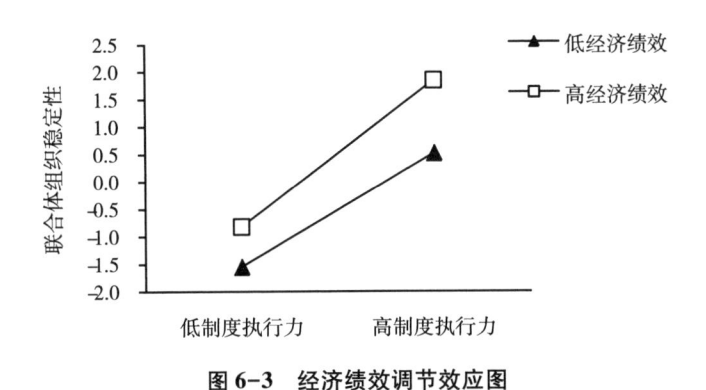

图 6-3　经济绩效调节效应图

四、基本结论

（一）渠道治理机制对组织稳定性有显著影响

渠道治理机制中的契约治理、规范治理通过关系质量、制度执行力间接影响到联合体的组织稳定性。就联合体组织稳定的契约治理而言，家庭农场通过和企业（合作社）签订详细的契约，使联合体内不同主体之间有了合作的法律基础，家庭农场同企业（合作社）签订的契约越详细、涉及范围和事项越广泛，联合体中各主体之间的合作关系稳定性将会越高。就联合体组织稳定的规范治理而言，家庭农场同企业（合作社）之间通过良好的沟通来共同解决问题和共同制定下一阶段生产计划，将会提高联合体问题的处理效率以及提升家庭农场在组织中的满意度，对联合体关系稳定产生积极影响，对维持家庭农场同企业（合作社）长期稳定合作至关重要。值得注意的是，在联合体组织稳定性的治理方式中，规范治理的影响程度相对于契约治理更大，这是由于渠道治理这一复合治理机制在对当前联合体组织稳定的影响过程中存在规范治理对契约治理的部分替代效应,规范治理方式下家庭农场同企业(合作社)之间更容易形成互信的良好关系。

(二) 网络结构嵌入强度对组织稳定性有显著影响

联合体网络组织的结构嵌入强度通过制度执行力这一中介变量间接正向影响到联合体组织稳定性,表明联合体中家庭农场这一经济主体在其中的网络结构嵌入强度越高,家庭农场经济行为受到的制约力度将会越大。家庭农场在联合体这一网络组织中表现为高结构嵌入强度,意味着在交易过程中更倾向于遵守既定的价格约定以及行业内的交易规范和规则,家庭农场的违约倾向也将大大降低。家庭农场选择违约将会带来更大的道德风险,不利于自身的经营发展,家庭农场为了降低这一风险的发生往往更倾向于继续维持合约,使联合体中各主体之间能够维持长期稳定的合作关系。但联合体在实际治理过程中,经济主体在组织网络中的结构嵌入强度应当适度,家庭农场同企业(合作社)之间的结构嵌入性过强或者过弱都将对组织稳定性产生不利影响。如果结构嵌入性过强,则会降低联合体的社会适应能力,降低其组织稳定性。如果结构嵌入性过弱,则会导致家庭农场降低对自身的约束力度,进而衍生出一系列的投机行为,降低组织稳定性。

(三) 联合体的经济绩效对组织稳定性具有显著调节作用

联合体经济绩效的高低能够显著调节制度执行力对组织稳定性的影响,并且随着联合体的经济绩效逐步提高,制度执行力对组织稳定性的正向影响程度也将提高。低经济绩效条件下,联合体制度执行力对组织稳定性影响同样显著,说明联合体这一现代化农业生产组织模式在治理过程中能够给家庭农场带来一定的归属感,提高家庭农场的生产积极性。尽管联合体在发展初期经济绩效不是很高,通过合作社的联结来加强联合体内部制度执行力,也能够提高龙头企业同家庭农场之间的关系质量,增强农户的归属感,进而提高整个联合体组织稳定性。

第五节 典型案例分析及经验借鉴

一、安徽新联禽业产业化联合体发展情况

安徽新联禽业位于安徽省宿州市泗县,于1982年成立,注册资本为720万元,2007年成立了泗县蛋鸡养殖专业合作社,2013年正式发展成为联合体,是以宿州市新联禽业有限责任公司为龙头、由泗县新联蛋鸡专业合作社、泗县羽禽养殖家庭农场、泗县益禽养殖家庭农场以及泗县周庆文养殖家庭农场等11家规模养殖家庭农场联合组建而成。其中,宿州市新联禽业公司是省级农业产业化龙头企业,泗县新联蛋鸡专业合作社是省级示范合作社,泗县陈会红养殖家庭农场是省农委直管直贷,泗县新联养殖家庭农场是新联禽业公司投资自营自管的省级示范家庭农场。联合体内的龙头企业获得了无公害农产品证书、计算机软件著作权登记证书、标准化良好行为证书以及OCL审核通过证书。

泗县新联禽业联合体严格按照"以农业企业为龙头、家庭农场和养殖大户为基础、农民专业合作社为纽带的一体化新型现代农业经营组织"的要求来建设,新联禽业有限公司作为省级农业产业化龙头企业,积极探索"龙头企业+合作社+家庭农场+养殖大户"的集约化经营、规模化养殖、标准化生产、品牌化销售模式,联合体基本上形成了养殖业—饲料业—加工业这一较完整的产业结构。其中,新联禽业的蛋鸡养殖量基本囊括泗县地区蛋鸡养殖量的50%以上,龙头企业净利润增长率达到30%,销售收入增长率达到31%。联合体的生产基地包括青年鸡场、育雏场、种鸡场、孵化场以及饲料场,其中种鸡场占地60亩,实行封闭式管理,采用严格的净化措施,坚持全进全出制度,种鸡全程笼养,采用全自动化的蛋鸡设备,全自动控制鸡舍环境。青年鸡场总占地40亩,通过采用全自动化的青年鸡设备,全自动控制鸡舍环境,每年育雏青年

鸡可以达到 100 万只,目前是安徽省实际存栏量最大的青年鸡养殖基地。孵化车间的年产量达到 1500 万只。从 2018 年至今,联合体通过户贷企用的扶贫措施一共带动了 120 户贫困户创收,每人每年增加收入 3600 元,总共增加超过了 36 万元收入。

联合体以宿州市新联禽业有限责任公司为龙头企业,各方通过签订合作协议,确立联合体各方的责权关系;通过生产效益的合理有序分配,把公司、合作社、家庭农场、养殖大户联络成利益共同体。龙头企业低价向家庭农场、养殖大户提供种苗及兽药、疫苗、预混料等生产资料;种植家庭农场以优惠价格向养殖家庭农场、养殖大户提供饲料原料(玉米、小麦等);龙头企业以及合作社以高于市场价格回收家庭农场、养殖大户的鲜鸡蛋,通过减少农产品采购环节及加工增值提高效益;家庭农场按照标准进行生产,通过高品质的质量、优惠的价格和降低养殖成本增加收入。龙头企业和有能力的专业合作社统一组织销售产品。企业将现代化的养殖技术、养殖理念和养殖手段有序提供给养殖大户和家庭农场,以进一步提高联合体的养殖效益。龙头企业充分利用资金和技术优势,增强联合体生产的科技支撑,发挥规模经营和集约经营优势,降低农业养殖生产成本,提高农村养殖业的经济效益,从而逐步提升品牌效应和核心竞争力。在自愿、平等、互利的基础上,找准结合点,形成紧密的利益共同体。

二、安徽新联禽业产业化联合体治理结构

联合体治理机构的设置和规章制度是否完整规范,决定着联合体治理效果的优劣,本书发现新联禽业联合体的治理结构相对完善,设置了联合体成员代表大会、理事会以及监事会(如图 6-4 所示)。新联禽业产业化联合体的理事会共有 1 名理事长和 4 名理事,理事会是联合体的执行机构,对成员代表大会负责,主要是执行成员代表大会的决议工作,通过理事会会议行使表决权。监事会是联合体的监督机构,代表全体成员监督联合体的财务和业务执行情

况。理事会和监事会之间成员不得互相兼任,以保证监事会行使监督权力的公正性。联合体的成员代表大会从全体成员中选举出来,并且产生一名理事长,依照制度行使职权。联合体的监事会成员由成员代表大会选举产生,每届任期两年。

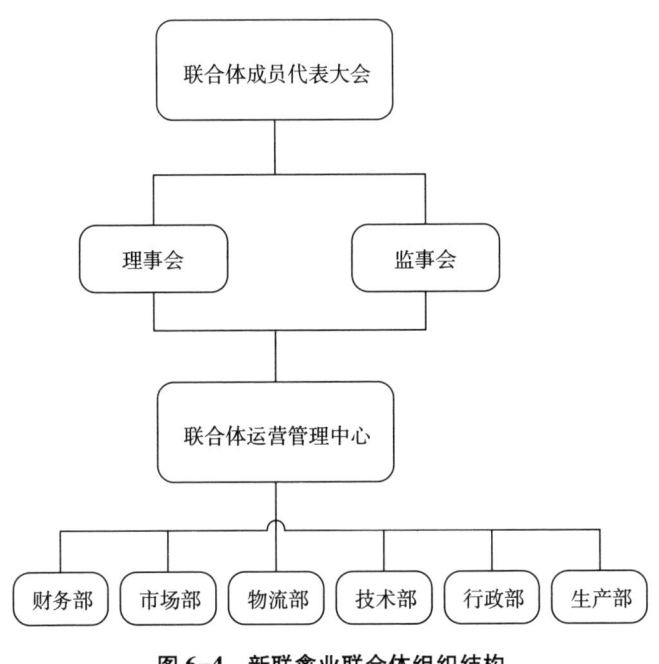

图 6-4 新联禽业联合体组织结构

新联禽业产业化联合体理事会制度:理事会是联合体的执行机构,对成员代表大会负责,理事会的成员由成员代表大会从全体成员中选举产生,任期2年。

理事会的权利包括四个方面:第一,制定联合体发展运营计划和财务方案,例如,制定和设计联合体的发展章程,制定联合体的年度业务经营计划,向成员代表大会提交审议,制定具体的年度财务预算、分配以及亏损补救方案;第二,决定联合体经营管理人员、财务人员和专业技术人员的聘用或解雇,决定联合体理事成员的加入或退出,制定各种奖惩激励事项;第三,组织重大协作活动,开展各种类型的培训活动,对联合体的财务资产进行合理的管理,保障资金的安全;第四,对监事会所提出的决议进行回复和处理,履行理事会的其他职责。理事会会议采取民主投标的方式,一人一票,集体讨论有关联合体的重大事项,只有三分之二以上理事同意才可以形成决定。对持有不同看法的理事,可以将理事的意见记入会议记录并进行签名。

新联禽业产业化联合体监事会制度:监事会是联合体的监督机构,代表全体成员监督联合体的财务和业务执行情况。监事会成员由成员代表大会选举产生,每届任期两年,理事与监事不可以互相兼任。其权利体现在:对理事和经营管理人员所作出的决策的执行情况进行监督,对联合体生产和运营情况进行监督;对联合体的财务工作进行监督;监事会需要向成员代表大会提交年度监察报告;向理事会提出工作改善建议;同时提出在合适的时间召开临时性成员代表大会;记录理事会在联合体的业务交易发生时的交易数量。监事长有权力召开监事会会议,如果监事长不在,可以委托其他监事召开监事会会议。监事会会议执行的也是一人一票制度,必须要有三分之二以上的监事在场才可以召开监事会会议。对于联合体重大事项的决定需要经过三分之二以上的监事赞同才可生效。同时需要记录下监事会会议内容,到场的监事需要在会议记录上签名。如果有监事对会议中某些决定持有不同意见时,需要在会议记录上记下监事的意见并且由监事签名。

三、安徽新联禽业产业化联合体治理机制

（一）决策决议机制

新联禽业产业化联合体在重大决策问题上,通常会进行理事会会议的表决,实行一人一票,重大事项集体讨论,只有三分之二以上的理事同意才可以形成决定。然后将决定上交到成员代表大会上,成员代表大会从全体成员中选取产生一名理事长,行使决策权。在整个决策过程当中,监事会要全程监督

理事会对成员代表大会的决议和章程的执行情况。

(二) 监督管理机制

科学合理的规章制度和契约协议是保障联合体持续发展的基础,健全的监管机制则是联合体各项决策和管理模式得以有效执行的手段。为了加强联合体的监督管理机制,新联禽业制定了详细的监管制度。新联禽业龙头企业将自己培育的鸡苗交予家庭农场养殖,同时向农场提供养殖所需的饲料、防控以及技术支持,家庭农场则是在建设养殖基地负责养殖,等到鸡蛋质量达标,不论市场价格高低,公司按照"合同价"的价格上门回收。在这个养殖过程中,家庭农场在自家的养殖基地进行工作,分散于各个乡镇,离企业的距离较远,如果企业的监督不力,就可能会出现农场饲养工作疏于管理不负责、回收的鸡蛋质量不达标等问题。但是,企业不可能耗费高额的监督成本对所有家庭农场都进行生产养殖全过程的监督,所以企业对家庭农场工作的监督机制就成了重要的制度设计。新联禽业主要从以下三个方面进行监督:

首先,新联禽业利用互联网、物联网技术,提升企业养殖管理智能化水平,养殖服务输出整合化水平构建养殖大数据平台。发挥新联禽业的区域鸡蛋产业龙头优势,用"互联网+"的手段探索云养殖模式,搭建功能完善、性能稳定的云养殖综合管理平台,利用大数据、云计算和物联网技术,实现自营养殖基地、养殖农场和养殖大户之间的紧密联系,实行全流程合作,推广自动化、智能化、标准化、规范化养殖,把传统的蛋鸡养殖活动情况放到线上,利用互联网随时随地掌控畜禽生长环境、发育情况,有针对性地开展远程诊疗服务、产品推广和质量监管等,让线上成为养殖户的服务前台。

其次,定期、定员地对家庭农场生产管理工作进行跟踪考核。安排技术人员定期对家庭农场进行指导建设,蛋鸡养殖、管理、免疫等方面由公司技术人员全程跟踪服务,同时解决鸡蛋销售问题。

最后,企业通过标识管理进行监督。企业回收多家家庭农场的鸡蛋,在批量监测时,存在如何确定质量的问题,因此新联禽业的龙头企业在签订合同时,明确要求家庭农场交售"符合质量标准"的鸡蛋,并通过标识管理来确保鸡蛋质量,即所有交售的鸡蛋都要填写标识号,上面注明产地,鸡蛋编号,生产日期等。企业入库时以家庭农场为单位,每批建立原料批号,每个生产环节都有生产记录。这样从成品到源头形成一套追溯程序:客户的质量反馈→成品批次→检验报告→生产记录→半成品编号→领料单→原料批次→家庭农场交售记录→鸡蛋编号。一旦发生质量问题,就可顺藤摸瓜,很快找到产品交售者,对其采取惩罚措施。

四、安徽新联禽业产业化联合体治理经验与启示

(一) 加强联合体的规范化治理

在安徽新联禽业产业化联合体中,联合体依托企业的技术优势,按照统一的技术标准,建立标准化实验室,组织技术人员进行技术研发,联合体实行引种、供料、技术服务、疾病防控以及回收等"五统一"的管理制度,同时企业承担对家庭农场等专业大户进行技术培训的职责,定期对农户进行培训监督和评比,为联合体内示范养殖户颁发奖金,激励农户养殖的积极性。对于新联禽业产品的监督机制,龙头企业通过建立鸡蛋质量可追溯系统,从源头上保证鸡蛋的质量安全,实现农业绿色发展。

(二) 构建民主管理的运行机制

在联合体实际运营的过程中,当核心人员与普通成员发生利益冲突时,龙头企业更占据优势,从新联禽业联合体的发展经验中可以看出,民主管理发挥了重要的作用,是联合体得以健康发展的有效保障。因此,新联禽业产业化联合体的发展要切实将民主管理落到实处,要消除很多联合体机制中将民主管理制度当成摆设的问题,积极保证联合体内各个经营主体的利益,尤其是家庭

农场的利益,家庭农场作为联合体当中的弱势群体,管理的权利很有可能无法得到保障。同时,要加强对联合体监事会制度和理事会制度的执行力度,尤其是监管部门监督力度,实现成员代表大会、理事会和监事会的有机结合运行,同时激发内外部治理制度的民主管理。升级联合体的经营方式。

(三) 完善联合体的流程规划

新联禽业产业化联合体的治理机制比较完善,但是目前还是缺乏很多规范性的治理流程。联合体只有在合理的治理体系下运行,才能够健康发展,提高各个经营主体的利润。对联合体的监督管理,要切实激发理事会在新联禽业联合体治理过程中的协调作用,一方面协调好联合体内部经营主体之间利益的关系,另一方面要处理好成员代表大会、监事会和管理层之间的关系,规范联合体的制度发展。

第六节 本章小结

本章主要介绍了联合体的治理机制问题,包括联合体的治理结构、治理机制、治理机制存在的问题以及治理机制对联合体组织稳定性的影响。治理机制对联合体组织稳定性的影响主要包括两个方面:网络治理中的嵌入关系治理能够影响联合体组织稳定性,渠道治理中的合同治理和关系治理也同样影响联合体组织稳定性。同时,引用新联禽业联合体案例来对联合体的治理机制进行案例分析。

第七章 农业产业化联合体的发展绩效评价研究

如上述章节分析,联合体作为一种新型的农业生产经营主体为农业现代化的发展作出了巨大的贡献,它的出现提高了农业的组织化程度,实现了产业链不同环节的有效衔接,构成了多种要素融通共享局面,它不仅是促进农业化、农民增收的重要组织,还是建立资源节约型、环境友好型的新型农业经营体系的重要载体。但是随着联合体工作的深入推进,其组织结构松散、内部机制薄弱、规模偏小、运行不规范、角色定位模糊不清等问题的频繁出现引发了人们的思考,如何能提高联合体总体发展质量水平?绩效评价是促进联合体持续健康发展的深层影响因素,而如何建立一套科学的创新型绩效评价指标对联合体进行评价是首先需要解决的问题。

在理论研究方面,联合体绩效评价一直都缺乏有效的解决方法,目前对联合体绩效评价的学术研究微乎其微。孙正东(2015)构建包括经济效益、社会效益、生态效益的绩效评价体系,对双福粮油公司产业化联合体进行实证研究,对联合体的运营效益进行定量分析。陈定洋(2016)同样以经济效益、社会效益、生态效益三方面为切入点评价联合体的运行机制,提出发展联合体的政策建议。窦祥铭(2019)则从运作模式、利益联结两方面解析联合体的运营状态。

由现有研究可知,大部分学者将联合体视为一个整体来设计相应指标体系,研究重点是探讨联合体的必要性、发展现状等宏观方面。针对联合体行为主体的能力和贡献、合作意愿等方面的研究微乎其微,缺乏对联合体多主体整合关系的探讨。总体来说,联合体绩效评价的研究才刚刚起步,没有形成一个广泛认可的标准。

本章在前人研究的基础上,创新性加入对联合体协同合作发展关系的探讨,本章将从协同发展绩效和经营绩效两个方面实证了解安徽省联合体的协同效果。

第一节 联合体绩效评价思路构想

一、基本原则

构建联合体绩效评价指标体系,要立足于其发展实际。为避免可能出现的指标选取不当,选取有效指标,联合体指标体系的构建应当遵循以下四个原则。

(一) 科学性原则

联合体作为一个复杂机构,涉及龙头企业、农民专业合作社、家庭农场三方利益主体协同工作。在研究联合体绩效时,应考量周全,分析各利益主体、生产要素的相互作用和影响。客观科学选择评价指标,测量反映联合体发展的目标和重点,做到内涵确切、结构合理,做到能准确度量联合体某个需要评价的方面。

(二) 多主体参与原则

联合体的运营不仅要考虑到整体发展水平,还应综合考虑各利益相关体的行为和贡献。不同主体考察联合体的视角不同,综合三方意见,获取全方位联合体绩效结果。选取指标应对各主体针对性设计,有效反映各方意见,提高指标采集的规范性。

（三）可行性原则

各地农业资源、土地禀赋不一而足,差异较大。因此,选择指标要能量化,数据来源可靠,易于获取。能为各具特色的联合体服务,即构建的指标具有一定的普遍意义。

（四）前瞻性原则

联合体要走可持续发展路线,因此,联合体绩效评价指标体系不仅要为现阶段发展服务,更要立足高远,为未来发展提供建议。

二、评价指标体系框架构建思路

联合体是龙头企业、农民专业合作社和家庭农场的联合体,其运行和发展依托三方共同配合。联合体作为一个独立的多元主体经营组织,有统领全局的经营目标,在经济、环境、社会责任驱动下,通过三方的高效配合,经过信任、沟通、信息共享等一系列协同合作,实现预期总体经营目标后,反过来提高经营目标,加强三方协作,增强协同效益。因此,联合体作为一个多方联合的组织,它的绩效或者说可持续性发展不仅体现在经营绩效,更取决于内部组织之间的协作,绩效设计更强调经营绩效和协同性绩效的整合。

经营绩效是指组织达到特定目标的程度,是衡量组织经营管理是否处于良好状态的重要标志,是经营目标的最终体现。英国学者 Elkington(1997)提出的"三重底线"理论认为,经济组织必须满足经济责任、环境责任和社会责任。孙正东(2015)对安徽联合体进行研究时提出,联合体经营中实现了经济、社会和生态的均衡。陈定洋(2016)认为,联合体在经营中要实现经济效益、社会效益以及生态效益的统一。本书基于现有研究,结合联合体现今发展趋势,从联合体社会效益、经济效益和生态效益进行考察和评价,有效评定其经营绩效。

协同绩效是指联合体内各主体为达到共同目标,通过信息共享、资源整合,运用各种技术和管理手段,三方并行、同步运行,形成过程和结果的绩效。哈肯(2009)的协同理论认为,可以通过设计一系列规则,使系统从无序转变成高级有序,将原本松散的组织集成追求共同利益的自组织,产生远大于各子系统简单组合所产生的效应,进而提高组织的整体竞争力。汪义军(2019)认为,资源共享能将分散在单个组织间的资源进行有效整合利用,信息共享是实现组织协同和资源协同的基础,可以消除组织间信息不对称,提升协同效率,发挥系统整体功能。本书基于现有研究,采用资源共享、制度规范、合作关系和组织稳定综合反映联合体协同绩效。

通过上述分析,建立以下一套多主体、多角度、更科学的联合体绩效评价指标体系框架模型,如图7-1所示。

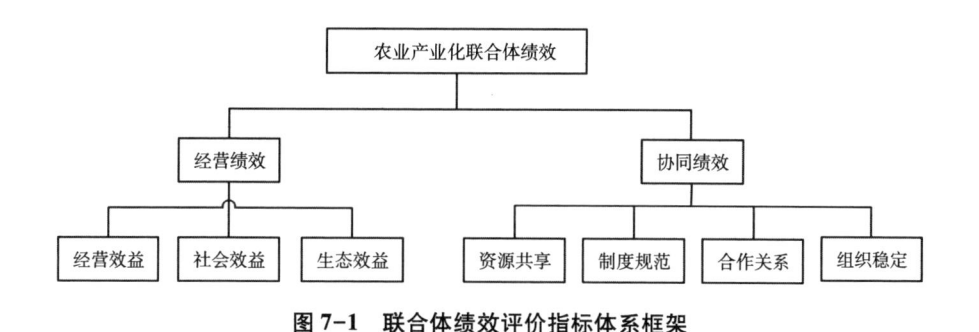

图 7-1 联合体绩效评价指标体系框架

第二节 联合体协同发展绩效评价及路径优化

一、协同绩效评价指标体系构建的理论框架

(一)协同绩效评价指标体系构建思路

协同的概念来源于系统学,由哈肯(Hermann Haken)于1976年提出的协同理论是本书联合体协同绩效评价的理论基础。根据协同理论,协同效应是复杂开放系统中大量子系统相互作用而产生的整体效应,系统能否发挥协同

农业产业化联合体的协同机制与绩效评价

效应是由系统内部各子系统的协同作用决定的。协同效应中最常见的是经营协同效应,主要指实现协同后的经营组织具有规范的制度,能够节约组织内部交易成本,实现资源互补,带来经济效益,形成持续竞争力。目前,我国农村三产融合发展正处于起步阶段向加速阶段迈进的关键时期,注重协同性是其发展的内在需求,也是推进改革的重要方法之一。

协同效应可分成"互补效应"和"整合效应"两部分(伊丹广之,2000),互补效应为协同效应的第一层次,即成员能对联合体内各类生产性资源进行充分整合利用。资源禀赋相互依赖是组建联合体的根本原因(Jay Barney,1991)[1],资源依赖性又产生于组织内长期资源交换。联合体长期进行互补式资源投资活动,如家庭农场投入土地、劳动力,合作社投入生产技术能力,公司投入生产资料、销售信息等。在互补效应下,联合体实现价值增值,达成规模经济。资源共享对协同绩效具有显著作用,但这种作用是有限、短期的,只有通过组织治理机制将资源联结,协调整合各类资源,才能发挥"互补效应"最大优势。

"整合效应"在此基础上得以提出,即在组织层面以治理机制为途径整合联合体各类资源,实现协同效应。现有治理机制理论学说一直存在两种主张:一是强调制度治理的重要性(Oliver E.Williamson,1991)[2],二是强调关系治理对协同绩效有显著影响(Granovetter,1985)。中国作为人情社会,其经济市场嵌入于社会关系结构中(刘欣,2005)[3],制度治理和关系治理在联合体管理中具有不同功效,在不同场合下可能表现出替代或促进的作用(万俊毅,2013),两者对协同绩效产生不同影响。制度治理是通过正式规章条文明确各成员的

---

[1] Jay Barney, "Firm Resources and Sustained Competitive Advantage", *Journal of Management*, 1991.

[2] Oliver E. Williamson, "Comparative Economic Organization: The Analysis of Discrete Structural Alternatives", *Administrative Science Quarterly*, 1991.

[3] 参见刘欣:《当前中国社会阶层分化的多元动力基础——一种权力衍生论的解释》,《中国社会科学》2005年第4期。

权利和责任。受产业特性影响,早期农业产业化经营组织合约存在诸多不合理处(寇光涛、卢凤君,2016)①,但在联合体内成员尽可能将其完善。详尽条约载明生产运作流程、奖惩机制、利益分配方式,减少误解和冲突,增强整体核心能力;增强合约的监督和激励功能,增进成员合作投入,这显然有利于生产活动的紧密衔接,消除非增值环节,提高协同绩效。关系治理则主要使用社会关系来规范成员行为,关系治理具有协调和激励功能,能提高绩效水平(黄梦思,2016)。在联合体组织模式中出现现代企业经济文化和传统小农经济文化碰撞,两者知识结构、生产行为差异性大,因此联合体采取沟通、承诺等关系治理手段对加深合作感情关系、改善协同运作效率尤为重要。

在整合效应下,联合体将企业、合作社和家庭农场各异的文化、战略目标、生产活动等纳入协同中,实现成员在生产行动中的一致、连续,促进建立稳定的合作关系。因此,组织稳定程度同协同绩效水平存在同向关系(隋博文,2017)②。

(二) 联合体协同绩效评价指标体系的构建

结合相关研究成果和联合体的特点,从资源共享、制度规范、合作关系和组织稳定四个层面构建了涵盖 4 个准则层、21 个目标层的联合体协同绩效评价指标体系。

1. 资源共享

旨在衡量生产资料、销售信息等资源在联合体内的整合利用程度。本书借鉴符少玲等(2015)③构建的指标体系,采用"销售信息共享及时有效""生

---

① 参见寇光涛、卢凤君:《适度规模、合理契约与农业产业化经营主体的目标协同机制研究》,《管理现代化》2016 年第 2 期。
② 参见隋博文:《关系稳定性、联盟绩效与跨境农产品供应链优化:一个理论框架及变量解释》,《经济与管理评论》2017 年第 2 期。
③ 参见符少玲、孙良媛:《公司资源依赖、信任及关系承诺农户对公司与农户信息共享影响研究》,《华中农业大学学报(社会科学版)》2015 年第 3 期。

产技术指导及时有效"等5个指标进行多维度衡量。在联合体运营中,龙头企业需要向家庭农场提供其所缺少的资金、技术;合作社为家庭农户提供社会性服务以获取稳定的经营收益;企业则得到优质农产品的供给和稳定的原材料供应渠道。实现要素的合理流动和资源的优化配置是联合体紧密联系、达成规模经济的重要保证。

2. 制度规范

旨在衡量联合体制定章程合约的规范程度。详尽的章程应在最大程度满足成员诉求的基础上,明确成员角色定位、责任义务以及监督过程(Laura Poppo,Todd Zenger,2002)[1],约定突发情况的处理方式(Robert F. Lusch, James R. Brown,1996)[2]。这些具有法律权威的条例对联合体协同绩效的提升应表现在以下三方面:一是为生产活动高效运作指明方向,二是预先为管理实践中遇到的分歧、冲突提供解决方案,三是奖惩制度、内部监督制度在防范成员投机行为和降低组织风险中发挥重要作用。重视制度是联合体显现成效并可复制推广的重要经验(卢千文,2018),健全的规章制度、规范的内部管理以及制度化的权责体系和利益共享机制是联合体内部产生新动能的决定性推动力量。本书借鉴刘景东等(2020)[3]的研究成果,采用"界定责任与权利规范""内部监督规范""奖惩制度规范"等6个指标进行衡量。

3. 合作关系

旨在衡量成员关系的规范程度。合作机制的制度化和规范化是联合体持续发展的重要保障。现有的对合作关系的研究较为一致,主要从沟通、承诺、

---

[1] Laura Poppo, Todd Zenger, "Do Formal Contracts and Relational Governance Function as Substitutes or Complements?", *Strategic Management Journal*, 2002.

[2] Robert F. Lusch, James R. Brown, "Interdependency, Contracting, and Relational Behavior in Marketing Channels", *Journal of Marketing*, 1996.

[3] 参见刘景东、朱梦妍:《惯例多元性:研发联盟何以提升治理绩效》,《科技进步与对策》2020年第23期。

依赖度、适应性以及协作等5个角度出发(符少玲等,2008①;曾文杰,2010)。根据已有学者的研究方法,本书用"其他主体之间进行正式和非正式交流频繁""主体间致力于加强进一步合作"等5个指标进行衡量。

4. 组织稳定

旨在从企业、合作社和家庭农户三方视角来衡量联合体是否能长期经营及组织的稳定程度。企业、合作社和家庭农户以签订契约的形式形成统一体,区分开内外部,其确定判断依据是统一体是否具有稳定性。稳定性是组织的重要维生机制,只有具备稳定机制,组织才能正常运转,发挥功能。组织信赖度(刘志华,2014)、合作意愿倾向、利益联结、风险规避模式(张琛,2018)均会对组织稳定性产生影响。借鉴上述学者的研究方法,用"对联合体的满意度""对联合体的信任度"等5个指标衡量组织稳定性。

表7-1 联合体协同绩效评价指标体系

准则层	目标层
资源共享 A1	销售信息共享及时有效 A11
	生产技术指导及时有效 A12
	生产资料共享及时有效 A13
	共同监控生产流程 A14
	其他生产经营信息共享及时有效 A15
制度规范 B1	界定责任与权利规范 B11
	奖惩制度规范 B12
	内部监督规范 B13
	财务制度规范 B14
	生产运作流程规范 B15
	应对突发状况制度规范 B16

---

① 参见符少玲、王升:《涉农供应链伙伴关系、合作绩效和合作稳定性的关系研究》,《情报杂志》2008年第6期。

续表

准则层	目标层
合作关系 C1	和其他主体之间进行正式和非正式交流频繁 C11
	主体间致力于加强进一步合作 C12
	经营效益与加入联合体相关度 C13
	会配合其他主体的合理要求 C14
	主体间共同制定生产计划 C15
组织稳定 D1	对联合体的满意度 D11
	对联合体的信任度 D12
	愿意保持长期合作 D13
	联合体实现利益共享 D14
	联合体实现风险共担 D15

二、基于物元可拓法的联合体协同绩效评价模型构建

从上文分析可知,联合体的协同绩效评价是一个多目标非线性问题,目标函数多而复杂,需要通过多样本、多指标比较分析才能得出科学评价结果。而物元可拓法作为一种多元数据量化评价方法,具有协同质和量的评价特点,可客观全面反映样本的绩效水平。因此,本书采用我国著名学者蔡文先生提出的物元可拓法,紧贴联合体协同绩效内涵和具体指标体系,构建联合体协同绩效评价模型,对其进行实证研究,具体步骤如下。

（一）确立联合体协同绩效物元

物元由事物即联合体绩效 N、绩效特征 C 及量值 V 构成,可采用三元有序数组 R = (N, C, V) 表示。假设绩效 N 有多个特征,它以 n 个特征 c_1,c_2,…,c_n 和相应的量值 v_1,v_2,…,v_n 描述,则表示为:

$$R = \begin{bmatrix} N & c_1 & v_1 \\ \square & c_2 & v_2 \\ \square & \vdots & \vdots \\ \square & c_n & v_n \end{bmatrix} = \begin{bmatrix} R_1 \\ R_2 \\ \vdots \\ R_n \end{bmatrix} \quad (1)$$

（二）确定经典域和节域物元矩阵

$$R_j = \begin{bmatrix} N_j & c_1 & v_{j1} \\ \Box & c_2 & v_{j2} \\ \Box & \vdots & \vdots \\ \Box & c_n & v_{jn} \end{bmatrix} = \begin{bmatrix} N_j & c_1 & (a_{j1},b_{j1}) \\ \Box & c_2 & (a_{j2},b_{j2}) \\ \Box & \vdots & \vdots \\ \Box & c_n & (a_{jn},b_{jn}) \end{bmatrix} \quad (2)$$

式中：R_j 代表第 j 个协同绩效物元模型,代表所属的绩效等级(j=1,2,3,…,n),表示第 i 个评价指标,代表的量值,为对应等级 j 的量值范围,即经典域。

根据联合体协同绩效内涵及要求,将待评价指标的反映程度划分为 Ⅰ（差）、Ⅱ（较差）、Ⅲ（良好）、Ⅵ（优秀）四个等级,各等级对应的评价指标取值范围分别为:(1—2),(2—3),(3—4),(4—5)。

（三）确定待评定物元

待评对象的物元为：

$$R_x = \begin{bmatrix} N_x & c_1 & v_1 \\ \Box & c_2 & v_2 \\ \Box & \vdots & \vdots \\ \Box & c_n & v_n \end{bmatrix} \quad (3)$$

（四）确定关联函数及关联度

令有界区间 X=[a,b]的模定义为：

$$|X|=|b-a| \quad (4)$$

某一点 x 到区间 X 的距离为：

$$P(x,X)=|x-(a+b)|-(b-a) \quad (5)$$

关联函数 k 定义为：

$$K(x)=\begin{cases} \dfrac{-P(x,X)}{|X|} & (x \in X) \\ \square \\ \square \\ \dfrac{P(x,X)}{P(x,X_p)-P(x,X)} & (x \notin X) \end{cases} \quad (6)$$

式中:$P(x,X)$表示 X 点与有限区间 $X=[a,b]$ 的距离;$P(x,X_p)$ 表示 X 点与有限区间 $X_p=[a_p,b_p]$ 任意距离;x、X、X_p 分别为待评联合体协同绩效物元的量值、经典域量值范围和节域量值范围。

（五）确定评价指标权重

评价指标权重赋予的合理性很大程度影响评价结果的正确性和科学性,常见赋值方法有主成分分析法、层次分析法等,但这些方法在操作过程中容易忽视指标内部性差异评价结果的影响,主观色彩强烈。据此,本书选取熵权法对各指标进行赋值,避免人为主观性影响,使绩效评价结果更客观准确。

（六）计算综合关联度及确定评价等级

$$K_j(N_x) = \sum_{i=1}^{n} w_i k_j(v_j) \quad (7)$$

式中:为 $K_j(N_x)$ 待评对象关于等级 j 的综合关联度,即综合绩效值;$k_j(v_j)$ 为评价指标 x 的单指标绩效值;为第 i 个特征指标权重。

三、实证分析

（一）联合体协同绩效指标分析

调研数据均采用李克特 5 点量表进行打分,其中正向指标表示越接近 5

越理想,负向指标反之。通过对问卷的信度和效度进行检验,Cronbach's Alpha 系数为 0.930,表明内部一致性良好,符合信度检验标准,KMO 值为 0.865,表明效度水平高。本章采用熵权法确定各指标权重,结果如表 7-2 所示。

表 7-2 联合体各评价指标的权重系数

准则层	权重	目标层	权重	准则层	权重	目标层	权重
A1	0.20	A11	0.03	C1	0.23	C11	0.03
		A12	0.04			C12	0.04
		A13	0.05			C13	0.07
		A14	0.04			C14	0.05
		A15	0.04			C15	0.04
B1	0.28	B11	0.04	D1	0.29	D11	0.04
		B12	0.04			D12	0.07
		B13	0.07			D13	0.07
		B14	0.04			D14	0.05
		B15	0.04			D15	0.06
		B16	0.05				

(二) 联合体协同绩效整体评价分析

利用物元可拓法,在资源共享、制度规范、合作关系和组织稳定四个维度综合分析的基础上,计算出安徽省联合体协同绩效的综合评价值,并根据协同绩效级别,将样本联合体整体协同水平以及四个准则层评价水平分为四类,分布情况如表 7-3 所示。

表 7-3　联合体协同绩效各类级别数量统计

协同绩效级别	Ⅰ类（差）	Ⅱ类（较差）	Ⅲ类（良好）	Ⅳ类（优秀）
协同绩效	0	10.97%	58.54%	30.49%
资源共享	0	13.42%	42.68%	43.90%
制度规范	0	25.61%	57.32%	17.07%
合作关系	0	13.41%	34.15%	52.44%
组织稳定	2.44%	9.76%	42.68%	45.12%

将21个具体目标层在4个等级中所占比例进行统计分析，以获取绩效的影响因素，即障碍度。单个评价指标在阻碍等级中（将较差和差定义为阻碍等级）所占比例高于50%，表明该指标是大多数样本绩效的阻碍因素（杨斌，2018），统计结果见表7-4。

表 7-4　联合体协同绩效的影响因素统计

准则层	目标层	障碍度（%）	准则层	目标层	障碍度（%）
A1	A11	41	C1	C11	35
	A12	57		C12	39
	A13	51		C13	33
	A14	46		C14	48
	A15	39		C15	40
B1	B11	40	D1	D11	29
	B12	36		D12	43
	B13	65		D13	46
	B14	40		D14	49
	B15	61		D15	63
	B16	47			

根据上述联合体协同绩效的综合评价结果，样本联合体整体协同绩效处

于中等偏上水平,Ⅳ类(优秀)、Ⅲ类(良好)联合体分别占样本总量30.49%、58.54%,处于Ⅱ类(较差)水平联合体仅占10.97%,Ⅰ类(差)样本量为零。从联合体类型来看,粮食种植类、瓜果蔬菜类、畜禽养殖类、渔业类、种养结合类联合体协同发展绩效在三个等级中分配较为平均,说明协同绩效与联合体的类型关联性小。从四个评价维度来看,联合体协同发展具有如下特征。

1. 资源共享

从资源共享的评价结果来看,Ⅳ类、Ⅲ类和Ⅱ类联合体分别占样本量43.90%、42.68%和13.42%,表明联合体整体而言共享性较高,联合体依托于紧密型组织形态,实行互助式核心生产资源共享。从具体5个目标层障碍度得分情况来看,"销售信息共享及时有效""生产技术指导及时有效""生产资料共享及时有效""共同监控生产流程""其他生产经营信息共享及时有效"障碍等级分别为41%、57%、51%、46%、39%。其中,"生产技术指导及时有效"和"生产资料共享及时有效"两个指标障碍等级高于50%,成为该准则层的阻碍度。根据调研分析可知,在联合体内龙头企业处于核心地位,企业为提高组织整体性竞争优势,会向家庭农场和合作社提供农机设备等生产资料以获取高质量农产品,但企业自身作为市场参与者,为实现利益最大化,只愿提供部分生产资料。合作社虽会根据企业要求对农户进行生产技术指导以确保农户进行标准化生产,但合作社为保护自身利益,也会尽力维护私有信息,在指导中隐瞒部分专业性生产技术。

2. 制度规范

从制度规范的评价结果来看,其综合水平较低,Ⅳ类、Ⅲ类和Ⅱ类联合体分别占样本量17.07%、57.32%和25.61%,Ⅳ类样本量远低于协同绩效整体水平,Ⅱ类样本量高于整体水平,"制度规范"是制约联合体绩效的首要因素。根据调研数据显示,处于Ⅱ类水平联合体部分规模较小,部分甚至尚无固定工作场所,未设定章程和管理,发展规划不够明确。即使是拥有完整制度治理机制的联合体,也难以根据具体运营情况选取最佳治理模式,章程缺乏灵活性、存在滞后性,难以应对日常经营活动中突发性状况,成员无法完全遵循章程进行生产性活动。从分指标的得分情况来看,"界定责任与权利规范""奖惩制度规范""内部监督规范程度""财务制度规范""生产运作流程规范""应对突发状况制度规范"障碍等级分别为 40%、36%、65%、40%、61%、47%。"内部监督规范程度"和"生产运作流程规范"成为决定性的障碍度,虽然联合体设有理事会、监事会和董事会,但资金强弱仍作为评判实力强弱的标准,若是出现"一股独大"的情况,这种不平衡的成员关系会导致强势主体绑架联合体意愿,监事会日常治理过程只流于形式,无法体现监督和制衡作用。联合体管理者与成员之间由于综合素质、文化水平存在差异,在合作中容易产生诸多管理问题,管理者难以通过分析内外部环境,对市场中各类变化进行识别,制定最优生产决策。联合体成员对生产运作流程的认知和执行情况也存在明显差异,企业、合作社和家庭农场三方主体实力不对等,导致家庭农场等弱势成员并不关心联合体的长期发展,只顾眼前利益。部分农户着眼于外部经济机会,缺乏追求集体价值最大化动机,机会主义倾向突出,在生产活动中采取不参与、不配合等行为,生产运作无法得到规范。

3. 合作关系

从合作关系的评价结果来看,Ⅳ类、Ⅲ类和Ⅱ类联合体分别占样本量 52.44%、34.15% 和 13.41%。Ⅳ类样本占比居四者之最,高于整体协同绩效水平的 30.49%,这表明多数联合体成员关系融洽,关系治理水平较高。从分指标的得分情况来看,"和其他主体之间进行正式和非正式交流频繁""主体间致力于加强进一步合作""经营效益与加入联合体相关度""会配合其他主体的合理要求""主体间共同制定生产计划"阻碍等级分别为 35%、39%、33%、48%、40%,并无阻碍度出现,可见联合体通过沟通、承诺等手段强化成员间联结关系,增强整体核心凝聚力。但各具体目标层评价水平还有提升空间,尤其是生产活动中协同配合度相对不足,主要受到个体综合素质偏低、联合体利益联结方式松散等因素制约。

4. 组织稳定

从组织稳定的评价结果来看,Ⅳ类、Ⅲ类、Ⅱ类和Ⅰ类联合体分别占样本量 45.12%、42.68%、9.76%和 2.44%。Ⅳ类样本占比为 45.12%,高于联合体整体占比,但同时Ⅰ类联合体占 2.44%,居四者之最。表明整体来看组织稳定性较高,但各联合体之间组织稳定性还是有差距。稳定性处于Ⅳ类水平的联合体会设立严格准立门槛,致力寻求能力协同、战略一致的合作伙伴;创建科学治理体系,迅速解决组织内矛盾冲突;构建以联合体为核心、成员认可的组织文化,加强成员交流频率。反观处于Ⅱ类乃至Ⅰ类的联合体一味考虑成员数量的"加总",未考虑成员匹配度,且组织模式不明确,利益机制松散致使组织化力量难以得到充分体现,成员缺乏沟通,导致协同合作过程中产生利益博弈行为,其结果必然抑制组织稳定性水平的提升。从分指标的得分情况来看,"对联合体的满意度""对联合体的信任度""愿意保持长期合作""联合体实现利益共享""联合体实现风险共担"阻碍等级分别为 29%、43%、46%、49%、63%。"联合体实现风险共担"成为组织稳定这一维度的障碍度,风险管理是协同运营中的重要环节,农业易受自然环境制约,属高风险行业,农业经营者抵御市场风险能力普遍偏低。联合体更是联结多数小农户群体,原生产风险得到放大,联合体抵御风险能力却得到降低。但目前联合体风险承担机制尚未普及,由于成本过高多数联合体难以建立全过程质量监管体系,因而难以建立有效的风险控制和风险成本分摊机制。

四、基本结论

上述研究基于协同理论,从资源共享、制度规范、合作关系和组织稳定四个角度,构建联合体的 21 个具体指标,研究联合体整体协同绩效水平如何。研究结果表明:

(1)现阶段联合体协同绩效处于中等偏上水平,制度规范水平对其产生显著影响。制度规范是影响联合体协同绩效的关键因素,为进一步推动联合体健康持续发展,联合体在往后发展中应当重视组织制度完善。制定科学合理的内部管理制度,提高管理者的治理意识和能力,积极引导联合体不断完善制度治理机制,着重强化运营监督机制和生产质量管控强度,加强动态监管检测。

(2)再对21个指标进行具体分解,表明"生产资料共享及时有效性""生产技术指导及时有效""监督制度规范程度""内部生产运作流程规范""联合体实现风险共担"这5个指标为制约联合体协同绩效水平的决定性因素。因此,从联合体内部风险防控来说,进一步协同联合体内各组织成员的有效措施主要有三点:一是提高成员保险意识,积极引导各主体参与政策性、商业性等多重农业保险,增强联合体抵御风险能力;二是联合体设立风险保障机制,按一定比例从年度盈余中抽取风险保障基金;三是设立严格的联合体进出制度,完善信息约束机制,对成员生产能力、信用状况等信息做出评判。从联合体外部信息资源共享平台的构建来说,充分利用现代化手段,实现联合体内部信息交流的规范化、灵活化是联合体协同的保障。制定相关制度鼓励成员在联合体内投入互补性资产,增加成员合作积极性。联合体选取合理方式对资源进行整合,最大化发挥资源价值,提高联合体竞争力等。

第三节 联合体经营绩效评价

一、联合体绩效评价指标体系

(一) 评价指标体系构建思路

联合体具有市场和企业双重属性,伦理学"商业道德观"认为,一个追求利益最大化的经济组织,又是一个社会组织,必须履行保护社会资源以及增加社会财富的责任,因此英国学者 Elington 于 1997 年提出的"三重底线"理论应成为联合体绩效评价的理论基础。"三重底线"理论认为,一个健康的企业在发展的过程中,应同时满足经济繁荣、社会福利和环境保护3个方面的平衡发展,需要在经济、社会、环境3个方面都取得显著的绩效。显而易见,"三重底线"理论与党的十八大以来强调的绿色发展理念和十九大、二十大提出的人与自然和谐共处的现代化精神高度一致。本书借鉴相关研究结果,结合联合体发展实际,在遵循科学性、可行性、多主体参与的原则下,构建联合体经营绩效评价指标体系(见表7-5)。

表7-5 联合体经营绩效指标体系权重赋值表

一级指标	权重	二级指标	权重
经济效益A1	0.4280	企业成本利润率A11	0.0695
		合作社营业增长率A12	0.0741
		土地产出率A13	0.0635
		企业收入占比A14	0.0595
		合作社收入占比A15	0.1138
		家庭农场占比A16	0.0479
社会效益B1	0.2874	区域示范效应B11	0.1002
		带动当地劳动力程度B12	0.0918
		带动相关产业程度B13	0.0445
		农民收入增长率B14	0.0511
生态效益C1	0.2846	化肥使用强度C11	0.0560
		农药使用强度C12	0.0771
		土地复种指数C13	0.0862
		节水灌溉率C14	0.0648

1. 经济效益

联合体运营的最大驱动力在于追求利益最大化,经济效益是衡量联合体价值的最重要依据。评价经济效益指标繁多,如资产负债率、流动资产周转率等。考虑到联合体是龙头企业、合作社和家庭农场以"利益共享"为纽带组织而成,联合体第一层次利益是企业利益,第二层次利益是合作社和家庭农场利益,第二层次利益虽派生于第一层次利益,但第一层次利益必须服务于第二层次利益,否则联合体难以为继,因此联合体经济效益应突出合作社和家庭农场的收益。借鉴张琛、任重、杨丹等(2019)的研究结果,采用以下指标衡量:

(1)成本利润率。该指标是反映联合体经营管理水平的重要指标。具体计算方法是:成本利润率=利润总额/成本总额。

(2)营业增长率。该指标反映农民专业合作社的经营状况,评定其发展能力,借以预测其业务拓展趋势。具体计算方法是:营业增长率=(本年度营业收入-上年度营业收入)/上年度营业收入。

(3)土地产出率。它是能综合反映家庭农场生产经营状况,发展效率的一个重要指标。具体计算方法是:土地生产率=农场总产值/经营面积。

(4)成员通过联合体获得的收入占总收入比例。龙头企业、合作社和家庭农场虽共同参与联合体运营,但各自亦有其他收入来源。该指标能更好体现联合体总体经济效益以及对各成员收入的贡献程度。

2. 社会效益

社会效益站在社会角度,衡量联合体对实现社会发展目标所做的贡献。联合体在追求自身经济效益的同时,需要兼顾其社会责任。联合体社会效益的体现在通过农业全产业协作带动当地居民就业,带领农户脱贫,促进农民增收,增加当地财政收入。借鉴孙正东、刘畅等(2020)的研究结果,采用以下指标衡量:

(1)区域示范效应。当地政府根据联合体对当地经济社会发展做出的贡献,授予其荣誉称号或是奖金鼓励,该指标能从侧面反映联合体在当地的影响程度。数据由联合体成员填写问卷获取。

(2)区域影响力。当联合体在当地被广泛认可后,对当地生产发展应产生积极作用,体现其示范性。评定依据可以采用"带动当地劳动力程度""带动相关产业程度"等指标。前者反映联合体促进当地就业,提供就业岗位能力;联合体带动相关产业规模扩大对农业产业发展具有乘数效应,后者反映联合体促进农业产业发展的贡献度。数据由联合体成员填写问卷获取。

(3)农民收入增长率。自联合体成立后,中央以及各级政府强调联合体发展的根本目的是带动农民增收。联合体应承担的主要社会责任是使农民生活富裕,助力脱贫攻坚工程。该指标反映农民在加入联合体后收入增长幅度。

3. 生态效益

生态效益是用来评定联合体的环境保护力度和资源利用效率。将其纳入指标体系旨在引导联合体追求代际公平,形成环境友好型农业生态体系,联合体的可持续发展要求农业生态长效化。借鉴陈定洋、高杨等(2018)的研究结果,采用以下指标衡量:

(1)化肥使用强度。农业生产中,化肥使用强度的增加带来一系列土壤污染、农产品有害物质超标等问题。该指标是反映联合体"两型农业"的负向指标,指标越小,化肥使用强度越低(李星星、曾福生,2015)[①]。其计算方法为:单位面积化肥使用量=施肥总量/种植总面积。

(2)农药使用次数。农药的过度使用亦能破坏生产环境内的生态平衡,该指标反映家庭农场在加入联合体后的农药使用情况。

(3)土地复种指数。该指标是评价农业资源利用程度的一个典型性指标

[①] 参见李星星、曾福生:《家庭农场综合评价指标体系设计——以湖南为例》,《湖南科技大学学报(社会科学版)》2015年第6期。

（赵佳荣，2010）[①]，反映耕地利用程度的指标。

（4）节水灌溉率。在我国水资源严重短缺的背景下，农业生产时对水资源的有效利用显得尤为重要。该指标用来衡量联合体是否能最大限度提高水资源的利用率（任重、薛兴利，2018）。其计算方法为：节水灌溉面积率＝节水灌溉总面积/耕地总面积。

（二）评价指标体系的综合量化

本书采用熵权-Topsis 法进行数据分析，具体步骤如下。

1. 数据规范化处理

采用"功效系数法"对各指标原始数据进行无量纲化处理，正向指标无量纲化处理公式是：$r_{ij} = \dfrac{x_{ij} - x_{min}}{x_{max} - x_{min}}$，负向指标无量纲化处理公式是：$r_{ij} = \dfrac{x_{max} - x_{ij}}{x_{max} - x_{min}}$。其中，$x_{ij}$ 为第 i 个联合体第 j 个指标的实际值，x_{max} 和 x_{min} 为第 j 个指标的最大值和最小值，经过无量纲化处理后，各项指标数据居于 0—1 之间。

2. 指标权重的确定

评价指标权重赋予的合理性很大程度影响评价结果的正确性和科学性，常见赋值方法有主成分分析法、层次分析法等，但这些方法在操作过程中容易忽视指标内部性差异评价结果的影响，主观色彩强烈。为避免人为主观性影响，进而科学评判联合体协同绩效，本书选取熵权法对各指标进行赋值。

$$e_j = -k \sum_{i=1}^{n}(f_i ln f_i)$$

$$w_j = \dfrac{1 - e_j}{m - \sum_{j=1}^{m} e_j}$$

[①] 参见赵佳荣：《农民专业合作社"三重绩效"评价模式研究》，《农业技术经济》2010 年第 2 期。

式中，w_j 代表第 j 个指标的熵权系数即权重，e_j 代表第 j 个指标的熵值。根据 w_j 和 r_{ij} 构建加权规范化值 v_{ij}：

$$v_{ij} = w_{ij} * r_{ij}$$

3. 确定正负理想解

根据 v_{ij} 确定正负理想解 M^+、M^-：

$$M^+ = \{v_1^+, v_2^+, \ldots, v_n^+\} = (\max\{v_{11}, v_{21}, \ldots, v_{i1}\},$$
$$\max\{v_{12}, v_{22}, \ldots, v_{i2}\} \ldots \max\{v_{1j}, v_{2j}, \ldots, v_{ij}\})$$

$$M^- = \{v_1^-, v_2^-, \ldots, v_n^-\} = (\min\{v_{11}, v_{21}, \ldots, v_{i1}\},$$
$$\min\{v_{12}, v_{22}, \ldots, v_{i2}\} \ldots \min\{v_{1j}, v_{2j}, \ldots, v_{ij}\})$$

4. 计算理想尺度

计算第 i 个评价对象到最大值和最小值的距离 D^+、D^-。D^+ 越小，表明联合体经营绩效越好，D^- 越小，表明联合体经营绩效越差：

$$D^+ = \sqrt{(v_{ij} - v_j^+)^2}$$
$$D^- = \sqrt{(v_{ij} - v_j^-)^2}$$

5. 计算评价向量与理想值的相对贴近度

$C_i \in [0, 1]$，靠近正理想解的 C_i 越大，代表联合体经营绩效评价越好，当 $C_i = 1$ 时，表明经营绩效评价最好，当 $C_i = 0$ 时，表明经营绩效评价最差。本书参照陈曼（2019）的研究，将 C_i 按四个等级进行划分，用来表示联合体经营绩效水平（见表 7-6）。

$$C_i = \frac{D_i^-}{D_i^- + D_i^+} \quad (i = 1, 2, 3, \ldots, n)$$

表 7-6 联合体经营绩效评判标准

绩效水平	较差	一般	良好	优秀
贴近度	0.00—0.30	0.31—0.60	0.61—0.80	0.81—1.00

6.障碍度分析模型

在评价联合体经营绩效过程中,更深层次了解各具体指标对经营绩效的阻碍因素,以便对其进行病理诊断,从而有针对性地优化联合体发展规划,为进一步提高联合体经营绩效提供决策参考。具体方法如下:

$$y_{ij} = \frac{w_{ij} * I_{ij}}{\sum_{j=1}^{m} w_{ij} * I_{ij}}$$

式中,y_{ij} 为对经营绩效的影响程度。I_{ij} 为单因素指标同经营绩效目标之间的差距,即单项指标标准化值与100%之差,换算成公式则可以表示为 $I_{ij} = 1 - r_{ij}$。

二、实证分析

(一)联合体经营绩效评价及贴近度分析

按照上一节的评价方法,计算得到联合体总体经营绩效、经济效益、社会效益以及生态效益的评价,最终结果见表7-7。

表7-7 联合体经营绩效综合评价值

联合体	经营绩效	经济效益	社会效益	生态效益
1	0.6890	0.7035	0.7187	0.6327
2	0.6714	0.6308	0.6368	0.8031
…	…	…	…	…
81	0.6327	0.6158	0.5739	0.7402
82	0.7748	0.7720	0.8524	0.6957
均值	0.6255	0.6334	0.5955	0.6781
方差	0.0798	0.1236	0.1179	0.1344
绩效水平	良好	良好	一般	良好

根据上述绩效得分情况,样本联合体发展具有如下特征。

1. 经营绩效

第一,水平有待提高,总体绩效差异较大。从样本平均来看,82家联合体得分为0.6255,经营绩效处于"良好"等级,但靠近"一般"等级分界点,且与最优值1存在较大差距,目前联合体处于中等偏上发展水平,表明了联合体还处于培育和发展阶段,还存在巨大发展空间。第二,联合体发展水平参差不齐。82家联合体仅有一家得分为0.8412,处于"优秀"等级;有50家联合体处于"良好"等级,占样本量61%;有31家联合体处于"一般"等级,占36%。第三,联合体个体间得分差异明显。联合体得分最高分为0.8412,最低分为0.4394,两者相差0.4018。表明目前联合体发展处于非平衡状态。这种不平衡表现在两方面:一是不同区域间联合体发展不平衡,等级为"优秀"和"良好"的联合体主要集中在亳州市和宿州市,而等级为"一般"的联合体主要集中在皖铜陵市和安庆市等地;二是同一区域内不同家庭农场之间的发展不平衡,得分最高和最低的联合体均属于宿州市。究其原因,主要是由于各个联合体的经营管理水平不同、发展基础有所差异、获得外部支持力度也不一样。

2. 经济效益

从得分情况来看,样本平均得分为0.6334,处于"良好"等级,整体方差为0.1238,样本最高分为0.89013,最低分为0.3024,相差0.5876。联合体通过集结企业、合作社和家庭农场,发挥各自比较优势而取得的规模经济效应逐步凸显。

3. 社会效益

从得分情况来看,样本平均得分为0.5955,处于"一般"等级,样本最高分为0.9002,最低分为0.3485,相差0.5517,但整体方差为0.1180,表明联合体社会效益普遍不够理想,联合体带动当地农业增收和农民增效水平不够。

4. 生态效益

从得分情况来看,样本平均得分为0.6781,处于"良好"等级,但样本整体方差为0.1344,最高分为1,最低分为0.3956,相差0.6044,表明尽管各联合体间生态效益有所差异,但整体水平较高,联合体发展从粗放型向集约型转型升级。

比较三个一级指标看来,生态效益和经济效益表现较好,均为"良好"等级,但得分数贴近"一般"等级。社会效益表现较差,处于"一般"等级。由此可见,经济、社会和生态效益有巨大发展潜力可以挖掘。

(二) 联合体经营绩效障碍因子分析

为进一步分析影响联合体经营绩效的因素,本书采用障碍度模型计算障碍因子,进行诊断分析。由于指标数量过多,本书根据障碍度排序,列出位于前5位的障碍因子进行分析,详见表7-8。结果显示,影响联合体经营绩效前5位的障碍因子依次是"农民收入增长率B14""带动当地劳动力程度B12""土地产出率A13""化肥使用强度C11""龙头企业成本收益率A11"。

表7-8 联合体经营绩效障碍因子

项目	指标排序				
	1	2	3	4	5
障碍因素	B14	B12	A13	C11	A11
障碍度	14.03	11.55	11.69	9.45	8.20

从经济效益维度看,"龙头企业成本收益率""土地产出率"是主要障碍因子。其主要原因可能在于以下几方面:第一,规模经济效应未形成。联合体成立初期会面临较高的组织成本,但随着组织化程度的提高,形成发展合力后,其经济效益提升会有巨大潜力。经实地调研得知,早期注册的联合体在组织协同水平、经营管理能力、生产规模等方面较新成立的联合体更具优势。79%的联合体成立在2015年后,还处于发展初期,规模经济效益还未显现,但具有高度开发潜力。第二,缺乏品牌效应,就调查样本而言,除却肥东老母鸡、六安

瓜片等少数几个联合体已打响品牌知名度外,大部分联合体品牌都缺少省内外知名度,产品出售基本停留在初级加工阶段。第三,机械化水平和土地利用水平偏低,部分经营规模偏小的联合体无法完全提供农业高水平机械化生产所需的农机设备等生产资料,同时家庭农场经营者由于文化水平偏低,土地无法得到合理利用。

从社会效益维度看,"带动当地劳动力能力""农民收入增长率"是主要障碍因子。联合体兼具"社会"和"经济"两重属性,政府大力支持联合体发展在于其能带动当地农业发展,增加当地农民收入。联合体带动当地劳动力能力低、农民收入增长率水平不高原因在于两方面:一是目前具有较大辐射面积的联合体数量相对不足,许多社会效益良好的联合体受制于地理区位、宣传推广等因素制约,难以发挥其应有的辐射带动作用。调研样本中,78%的联合体带动家庭农场数量范围是在1—10家,只有2%的联合体带动家庭农场数量区间处于31—40家。二是在联合体内,农户的收入主要来源于龙头企业的二次分配,当联合体利益联结结构松散、风险机制不健全、龙头企业等强势成员行为无法得到监督时,农民无法享受生产成果,就此引发农户频繁进退联合体。

从生态效益维度看,"化肥使用强度"是主要障碍因子。联合体响应国家号召,积极推进"一控两减三基本",推行绿色循环发展。由企业向农户提供生产所需的机械设备、种子、化肥等生产资料,农户生产活动不受生产成本制约,节水灌溉率得到有效保障。家庭农场还需要在合作社监督下进行规范性生产,化肥、农药等物化产品使用水平受到限制。但目前农业生产对化肥已出现一定程度的依赖,农户长期习惯于大量使用化肥实现增产。化肥是具有边际报酬递减约束的农业现代投入要素,在化肥施用技术没有取得重大突破之前,农户维持土地生产就需要使用更多化肥。尤其是排名比较靠后的联合体由于尚未制度化、规范化,家庭农户生产活动未受到最大限度约束,农户进行生产时依然依赖大量化肥保证农产品产量、质量。

三、基本结论

为准确把握联合体发展现状,本书基于"三重盈余"理论从经济、社会和生态三方面构建联合体经营绩效指标体系,采用熵权-Topsis模型对安徽省82家联合体进行评价分析,得出以下结论:(1)目前联合体整体经营绩效水平良好,具有较大的发展潜力与增长空间。其中,经济效益得分为0.6334,绩效水平为良好;社会效益得分为0.5955,绩效水平为良好;生态效益得分为0.678,绩效水平为一般。(2)影响联合体经营绩效水平因子有5个,分别是"农民收入增长率""带动当地劳动力程度""土地产出率""龙头企业成本收益率""化肥使用强度"。

联合体作为三产融合的新型农业经营组织形态,自2012年被农业部列入发展规划,在全国范围内大力推广后,开始步入快速发展阶段。尽管当前总体发展态势逐渐向好,但目前联合体产业形态还未规模化、系统化与制度化,整体发展水平与发展层次还存在巨大发展空间。联合体是由农业产业链专业化衍生而来,其发展水平受多种因素的综合影响。因此各地在推广联合体同时,须因地制宜找出影响当地联合体发展的障碍,充分挖掘资源特色,提高联合体发展水平。在经济效益方面,要立足自身资源禀赋和地域特征,打造富有特色、具有竞争力的农产品品牌,打造核心产品,积极申报"三品一标",拓展品牌影响力;完善联合体经营管理体系,实现组织内技术、信息、生产资料等要素紧密衔接,降低交易成本、生产成本;完善农场基础设施建设,促进大中型机械化生产,规范生产流程,提高农产品质量,提高联合体整体竞争力。在社会效益方面,鼓励当地更多能力协同、战略一致的合作社、家庭农场和专业大户加入联合体;提高联合体组织治理水平,采取"保底收益+按股分红"等利益链接方式适当提高家庭农场分红,建立风险保障机制,同时鼓励家庭农场适当提高农民工资水平。在生态效益方面,积极引进先进生产技术和绿色环保项目,重点加强家庭农场培训力度,提高农场生态环保发展理念、生产技术能力,提高家庭农场的土地产出率和降低农药化肥使用强度,鼓励家庭农场采用新型节水灌溉方式。

第四节 家庭农场对联合体的满意度及影响因素分析

在各种新型农业经营主体规模扩张的背景下,家庭农场的发展在破解谁来种地的难题、提高生产效率等方面发挥着十分重要的作用。在联合体的组成中,家庭农场是非常重要的一个组成部分,联合体成立的其中一个作用就是带动家庭农场的增收,了解分析家庭农场对联合体的满意情况与经营状况,提高家庭农场对联合体的满意感,对于掌握家庭农场的实际需求、联合体的整体布局以及我国农业现代化发展有一定的现实意义。因此,家庭农场对联合体的满意程度是体现联合体发展绩效的一个重要方面。

联合体是我国现代农业生产最前沿的新型农业经营组织形式,但目前关于联合体及其满意度的研究甚少。一方面原因在于联合体相关的调查数据较为缺乏,同时联合体相关的已有研究主观性往往较强,缺少客观的实证评价。另一方面联合体作为一种高级形态的农业组织联盟,联盟现象的复杂性导致其满意度影响因素具有很强的不确定性。在对农业产业组织联盟的结果影响因素研究中,许多研究已经处理了"合作社+农户""公司+农户""公司+合作社+农户"等传统一体化经营组织模式中的合作绩效、组织稳定性以及满意度等问题,对联合体满意度的实证研究不足。出于理性考虑,加入联合体的家庭农场总是追求利润最大化,由于有限理性,其对联合体所支付的价格较为敏感,对合作风险、行为与环境的不确定性总是较为厌恶。因此,家庭农场加入联合体所带来的生产经营方式改变必然会对联合体的满意情况产生重要影响。

那么,家庭农场对联合体的满意情况具体受到哪些因素影响?如何提高家庭农场的满意感？这些问题的研究对联合体持续稳定发展有十分重要的现实意义,但现有文献的研究仍然不够。鉴于此,本节将新古典主义与交易成本作为主要理论依据,采用 LASSO 方法与多分类有序 Logistic 回归模型,深入探讨家庭农场对联合体的满意度的影响因素。

一、理论分析

家庭农场不仅是以家庭成员为主要劳动力的农业经营单位,同时也是小农户融入农业产业链的重要载体,是联合体存在和生产的基础。联合体存在的一个重要目的是能够带动农民增收,有效促进小农户与现代农业有机衔接,促使小农微力量聚合为产业发展的大动能。因此,家庭农场对于联合体的满意度直接决定了联合体这个组织的稳定性和可持续性发展。

本书参考农业合作社社员满意度理论,认为家庭农场对联合体的满意度取决于家庭农场经营主体加入联合体之后的预期与实际结果之间的差距,当实际结果符合或高于预期结果时便会对联合体产生满意感,反之满意程度会下降。家庭农场加入联合体对其预期主要来自两个方面:一是对实际收入的预期;二是由于农业资产的专用性、生产环境和组织成员行为的不确定性,对交易成本所带来的风险预期。作为联合体的组织成员,家庭农场总是追求自身的收入最大化,这一过程主要通过联合体对农产品的支付价格、扩大经营规模以实现规模经济等方式实现。新古典经济学理论解释了价格如何对市场资源进行配置,现实农产品交易过程中小农户对市场反应失灵现象的出现,则强调了农业合作组织联盟成立的必要性,也解释了联合体这一组织模式形成的必然性。理论指出,合作组织联盟总是追求自身的利润最大化,农业生产者对经济利润最大化动机则重点体现在组织联盟对其农产品的价格支付与利益分配中,实际支付价格较市场价格相对越高,对剩余利润的分配越为合理,农业生产者对所参与的合作经济组织联盟满意度越高。

联合体成员间的组织交易与利益冲突使交易行为具有不确定性,农业资

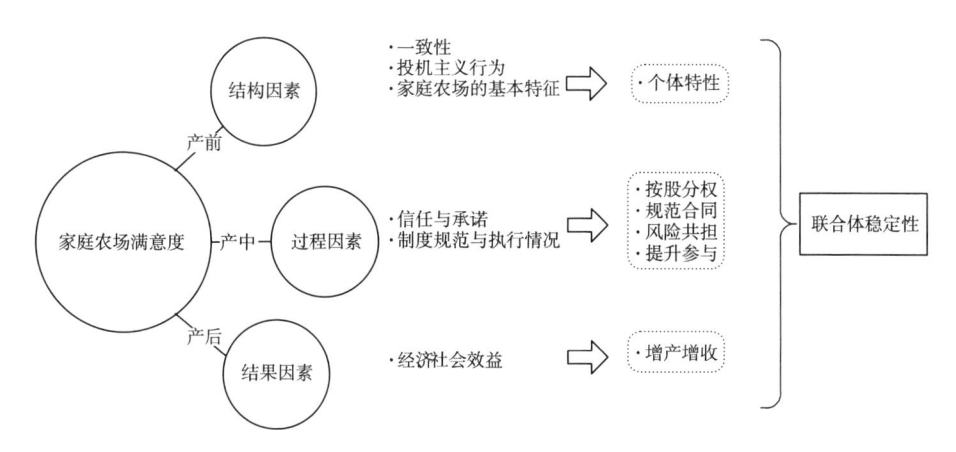

图 7-2　家庭农场满意度与联合体稳定性的关系

产的高专用性、组织成员的异质性导致组织内部高交易成本存在的可能性,家庭农场对交易成本的态度则决定了其加入联合体的满意度。交易成本理论指出,有效降低交易成本是组织从市场到纵向一体化组织模式的选择过程,联合体这一农业产业化组织模式具有高度的产业链纵向一体化程度,加强了产业链间的分工协作,提高了分工收益,能够降低交易成本。从农业生产者角度来看,注重于生产的农业生产者与注重于市场的企业或者合作社之间的认知水平往往不同,各主体之间难以沟通或者缺乏沟通将导致他们之间信息不对称问题的出现,使机会主义行为频发。农业生产除了受到不稳定的消费偏好与市场竞争的影响,还很大程度受到自然环境变化的影响,在不确定性较大的背景下,联合体的创建能够应对这一风险。同时,交易成本理论还指出,可以通过共同目标、共同解决问题等措施,制定较为完整的合同来对抗这一风险。

结合新古典理论和交易成本理论的观点,家庭农场加入联合体的满意程度不仅决定于联合体的经营利润与利益分配情况,还取决于联合体对生产经营中的不确定性解决以及对合作关系中产生的交易成本的看法。在农业生产的各个阶段,家庭农场对联合体的满意度影响因素不尽相同,家庭农场在正式开展农业生产活动之前即产前阶段,组织成员参与合作所带来的初始因素即结构因素,对满意度水平有积极影响,表现为家庭农场、合作社、龙头企业的基本特征以及考虑事前交易成本的合作特征,包括生产前所制定的生产目标、合同保障、治理机制等。在产中阶段,联合体组织成员间的合作方式与合作流程即过程因素,表现为联合体内的信息交换与沟通、信任与承诺以及资源共享情况等对满意度的影响。在农业生产结束后对产品进行加工销售的产后阶段,加入联合体所带来的结果因素,表现为对家庭农场的价格支付、利益分配等对满意度的影响。

二、研究设计

(一) 家庭农场对联合体的满意度现状

总体上看,家庭农场对于当前联合体发展的满意度良好,平均满意度得分为2.67,介于"一般"与"满意"态度之间(见表7-9),且倾向于满意。分地域看,各个地区对联合体的满意度差异并不大,平均满意度最大相差0.94,仅安庆地区的平均满意度超过3,意味着对联合体的平均评价态度比较满意;其次是铜陵、宿州以及亳州,宣城最低,得分仅为2.33。因各区域的样本量不均及样本总量的影响,对满意度分析的结果会造成误差。

分类型看,种植业的平均满意度最高,其次是种养结合业,养殖业的平均满意度最低。种植业中从事粮食种植的家庭农场平均满意度(2.80)高于瓜果蔬菜(2.77),养殖业中畜禽养殖的平均满意度(2.60)高于渔业养殖(2.42)。不同地区由于经济条件、自然环境条件等因素的差异,所能够种养的农产品类型与规模也就不同。一些自然条件优良与经济、交通信息发达的地区,有利于家庭农场种养规模的扩大,实现规模经济。就种养类型而言,种植业的周期性较养殖业更长,并且对于土地规模的要求更高,投资回报率更低。家庭农场加入联合体后有利于规模的扩大,其中种植业规模的扩张程度往往更大,因此种植业平均满意度往往稍高,但按类型分类的满意度差距不大,也说明联合体这种组织模式适合各类农业生产。

表 7-9 各地区不同类型家庭农场对联合体满意度情况

地区	样本量	平均满意度	种养类型	样本量	平均满意度
安庆市	15	3.27	粮食种植	96	2.80
亳州市	71	2.72	瓜果蔬菜	32	2.77
池州市	19	2.63	畜禽养殖	78	2.60
合肥市	90	2.66	渔业	21	2.42
六安市	54	2.35	种养结合	90	2.61
铜陵市	30	2.97	其他	35	2.32
芜湖市	26	2.38	合计	352	2.59
宿州市	41	2.73			
宣城市	6	2.33			
合计	352	2.67			

注:家庭农场对联合体的满意度是被调查者对自我报告的结果,其中 1 代表"不满意",2 代表"一般",3 代表"满意",4 代表"非常满意"。

从整体的满意度评价分布结果来看(见图 7-3),调查地区的大部分家庭农场对联合体达到"满意"及以上水平的占比近 60%;其中,持"满意"态度的家庭农场占到 43.8%,"非常满意"占比达到 14.7%,"不满意"占比最低,仅为 8%。整体评价分布的结果与地区间评价结果的差异,说明了不同区域的家庭农场对联合体的满意度评价存在差距,联合体在不同区域的发展应当因地制宜。

(二) 变量选择及定义

1. 被解释变量

本书直接将家庭农场满意度作为被解释变量,合作者对联盟满意度的测度可以从两个角度出发,一是直接向合作者询问满意度情况,二是从继续留在联盟中或者长期合作的可能性等角度反映满意度情况。本书采用"您对所在联合体的满意情况"这一变量来衡量家庭农场满意度,将满意度分为"不满

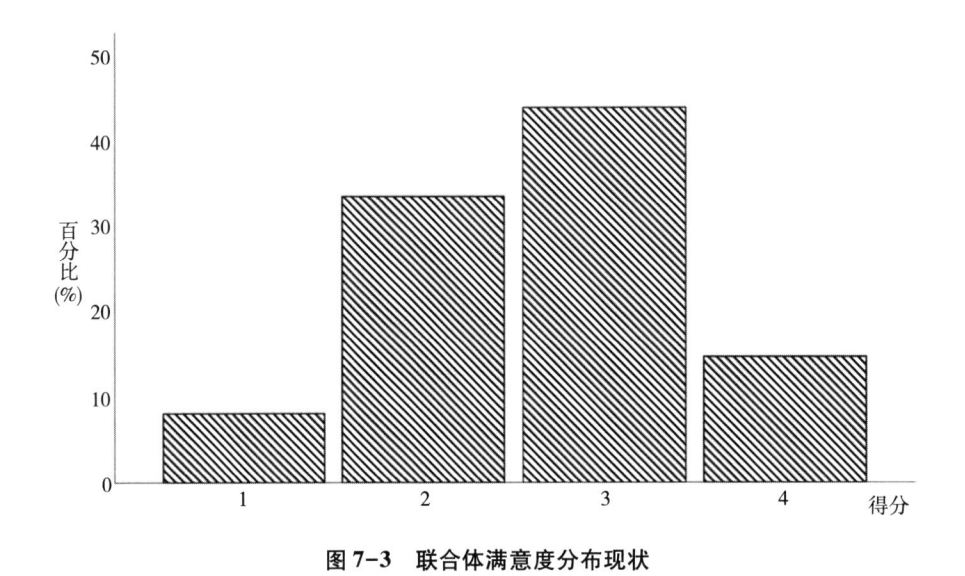

[图表：联合体满意度分布现状，横轴为得分1-4，纵轴为百分比(%)，各柱高度约为8、33、44、15]

图 7-3 联合体满意度分布现状

意""一般""满意""非常满意"四种情况。

2. 解释变量

(1) 结构因素,即参与联合体的各主体为合作带来的各种初始因素,包括合作者的基本特征和基于交易成本的事前合作特征。联合体这一农业经营组织联盟中的合作主体有家庭农场、合作社以及龙头企业,本书旨在研究家庭农场联合体的满意度情况,因此仅考察家庭农场的基本特征,采用年龄、文化程度、加入联合体年限、种养面积、涉及户数 5 个指标作为衡量。基于交易成本的合作特征可以认为合作伙伴间合作的一致性,表现为生产目标、共同解决问题、沟通以及资源共享上的一致性,这对成员之间可持续合作关系的形成并从联合体中受益至关重要。交易过程中不可避免的机会主义行为会导致交易成本的增加,使联合体的合作者彼此产生不信任感,对满意度产生影响。

(2) 过程因素,是指联合体这一组织模式的实施方式与合作过程对其结果的影响,具体表现为信任与承诺以及制度的规范与执行情况。在合作的初级阶段,联合体各合作主体重点关注的是共同生产销售的能力,农业资产的专

第七章 农业产业化联合体的发展绩效评价研究

用性使组织成员往往依赖联合体来获得他们无法获得的资源,这就要求良好组织间关系的建立,加强信任与承诺。组织成员之间高信任与承诺是联合体满意度与稳定发展的决定性因素,也是减少组织成员合作关系不确定性和机会主义发生可能性的重要因素。联合体作为横向和纵向一体化演化的结果,往往表现为规模大、成员以及利益多样性,这就要求联合体制定相应的制度,形成一定的行为规范,例如分工制度、激励制度、监督制度以及利益分配制度等等,才能使其在稳定运行过程中保证公平公正。

(3)结果因素,可以理解为家庭农场参与联合体的结果,家庭农场通过与其他组织成员之间交换信息与资源,降低农产品交易的市场风险,提高议价能力,为其带来了竞争优势。联合体带来的结果具体表现为产生的经济、社会效益,即对当地劳动力的带动能力、家庭农场利润增长以及家庭农场员工收入增长情况。结合以上分析,解释变量中各个指标的具体测度如表 7-10 所示。

表 7-10 变量定义与描述性统计

变量	定义	赋值	均值	标准差
被解释变量 满意度	您对所在联合体的满意情况	1=不满意;2=一般;3=满意;4=非常满意	2.64	0.838
解释变量				
结构因素				
家庭农场 基本特征	年龄	1=30岁以下;2=31—40岁;3=41—50岁;4=51岁以上	3.02	0.811
	文化程度	1=小学及以下;2=初中;3=中专或高中;4=大专及以上	2.56	0.853
	加入联合体年限	1=1年以下;2=1—3年;3=4—5年;4=5年以上	4.42	1.121
	种养面积	1=100亩以下;2=100—500亩;3=500—1000亩;4=1000亩以上	2.02	0.834
	涉及户数	1=50户以下;2=30—100户;3=100—200户;4=200—300户;5=300户以上	1.55	0.933

续表

变量	定义	赋值	均值	标准差
一致性	生产过程中出现问题,合作社(企业)会与您共同积极解决问题	1=非常不同意;2=比较不同意;3=一般;4=比较同意;5=非常同意	4.09	0.757
	联合体的组织架构合理	1=非常不同意;2=比较不同意;3=一般;4=比较同意;5=非常同意	4.06	0.768
	您与合作社(企业)的共同目标明确	1=低;2=较低;3=一般;4=较高;5=高	3.89	0.768
	您与联合体其他组织成员的沟通程度	1=低;2=较低;3=一般;4=较高;5=高	4.06	0.821
	获取生产资料的及时程度	1=低;2=较低;3=一般;4=较高;5=高	4.10	0.817
	同联合体其他成员资源共享程度	1=低;2=较低;3=一般;4=较高;5=高	4.08	0.770
投机主义行为	您会遵守协议上并未明文规定,但是行业内都默认遵守的规则	1=非常不同意;2=比较不同意;3=一般;4=比较同意;5=非常同意	3.92	0.969
	如果其他收购者收购价格更高,您会选择与他们合作	1=非常不同意;2=比较不同意;3=一般;4=比较同意;5=非常同意	2.62	1.219
	有时,您会选择隐瞒一些事实,以便从合作者那里得到想要的东西	1=非常不同意;2=比较不同意;3=一般;4=比较同意;5=非常同意	2.14	1.197
过程因素				
信任与承诺	企业合同履行程度	1=低;2=较低;3=一般;4=较高;5=高	4.09	0.802
	您与现在的合作者合作愉快,愿意继续签订合约	1=非常不同意;2=比较不同意;3=一般;4=比较同意;5=非常同意	3.95	1.024
	您愿意与现有的合作者保持长期合作关系	1=非常不同意;2=比较不同意;3=一般;4=比较同意;5=非常同意	3.94	1.114

续表

变量	定义	赋值	均值	标准差
制度规范与执行	加入联合体后,生产管理更加规范	1=非常不同意;2=比较不同意;3=一般;4=比较同意;5=非常同意	4.04	0.773
	生产激励制度完善	1=非常不同意;2=比较不同意;3=一般;4=比较同意;5=非常同意	3.64	0.948
	生产监督制度完善	1=非常不同意;2=比较不同意;3=一般;4=比较同意;5=非常同意	3.64	0.901
	受培训次数	1=3次以下;2=3—6次;3=6次以上	1.15	1.003
	农场对于现代机械的使用程度	1=低;2=较低;3=一般;4=较高;5=高	3.90	0.824
	参与培训的有效程度	1=低;2=较低;3=一般;4=较高;5=高	3.88	0.743
	利益分配合理程度	1=低;2=较低;3=一般;4=较高;5=高	4.00	0.714
	联合体内纪律完善	1=非常不同意;2=比较不同意;3=一般;4=比较同意;5=非常同意	3.99	0.784
结果因素				
经济、社会效益	净利润增率	1=0以下;2=0—50%;3=50%—100%;4=100%以上	2.03	0.704
	对当地劳动力带动能力	1=低;2=较低;3=一般;4=较高;5=高	2.01	0.847
	家庭农场员工收入增加率	1=-10%以下;2=-10%—-5%;3=-5%—5%;4=5%—10%;5=10%以上	3.84	0.697

三、模型选择

本书研究家庭农场对联合体的满意度情况,将满意度划分为四个维度,属于反应变量为多分类有序变量的情况,因此选择多分类有序 Logistic 回归模型对家庭农场满意度的影响因素进行探索。考虑到本书所构建的指标体系维数较高,同时为了避免 Logistic 回归在估计过程中带来的过拟合与多重共线性问题,本书首先使用 LASSO 回归实现变量选择的目的,再利用多分类有序 Logistic 回归模型研究家庭农场对联合体满意度的影响因素。

(一) LASSO 回归模型

LASSO 方法是在普通线性模型中添加 L_1 惩罚项,通过正则化系数 λ 的调整,将对被解释变量影响很弱的解释变量系数约束至 0,起到筛选变量的作用,线性回归模型下的 LASSO 估计形式如下:

$$\hat{\beta}_{Lasso} = \arg\min\left(\frac{1}{2}\|Y - X\beta\|^2 + \lambda\sum_{J=1}^{P}|\beta_J|\right)$$

其中,公式中的第一项代表误差项,第二项代表惩罚项,λ 为正则化系数,决定模型的压缩程度,λ 的选择是 LASSO 回归模型的关键,通过选择恰当的正则化系数能够将一些不重要的影响因素剔除。

(二) 多分类有序 Logistic 回归模型

二元 Logistic 模型被广泛运用在满意度评价问题中,但是在对家庭农场经营主体的满意度度量时,通过"满意、不满意"这种二分类变量不能准确地衡量,本书将家庭农场的满意度分为四类,采用多分类有序回归探索满意度的影响因素,回归方程如下:

假设被解释变量 Y 有 K 个水平,解释变量的向量表示为 $X = (x_1, x_2, x_3, \ldots, x_m)$,$Y$ 取 J 水平的概率为 $\pi_J = P(Y=J|X)$,$J = 1, 2, 3, \ldots, k$,$\pi_1 + \pi_2 + \pi_3 + \cdots \pi_k = 1$,将 K 个水平分为两类,按照二元 Logistic 回归模型对多分类有序 Logistic 模型进行回归,需要拟合如下 $K - 1$ 二元 Logistic 回归方程:

$$\ln\left[\sum_{i=1}^{j} P_i \Big/ \left(1 - \sum_{i=1}^{j} p_i\right)\right] = a_j + \sum_{i=1}^{m} b_i x_i, j = 1, 2, \ldots, k-1$$

其中,a_j 表示截距项的估计值,b_i 表示偏回归系数的估计值,p_j 为 π_j 的估计值,本书将家庭农场对联合体的满意度分为四类,选择 29 个备选因素进行探究,即 $k = 4, m = 29$。

第七章 农业产业化联合体的发展绩效评价研究

四、实证结果

(一) 变量筛选结果

在进行多分类有序 Logistic 回归时,需要检验解释变量之间是否存在严重共线性,将变量代入 SPSS 中的线性回归模型求解得到各个变量的方差膨胀因子,其中 VIF>10 的解释变量为 19 个,表示解释变量之间存在严重的多重共线性,因此本书尝试采取 LASSO 回归降低多重共线性的影响,利用 MATLAB 进行 LASSO 回归分析结果如下。

根据图 7-4 可以判断最小的 MSE=0.6577,此时对应的正则化系数 λ = 0.0235,依据图 7-5 的变量拟合系数变化轨迹图可以判断在该正则化系数下,LASSO 回归模型从 29 个变量中筛选得到 21 个变量。LASSO 方法的使用在本书中是为了筛选变量剔除初始解释变量之间的多重共线性问题,利用筛选得到的 21 个变量代入 SPSS 中的线性回归模型检验其多重共线性,结果显示各个变量的 VIF 均小于 10,意味着筛选变量后的模型不具有严重多重共线性,满足了多分类有序 Logistic 回归模型的假设前提。

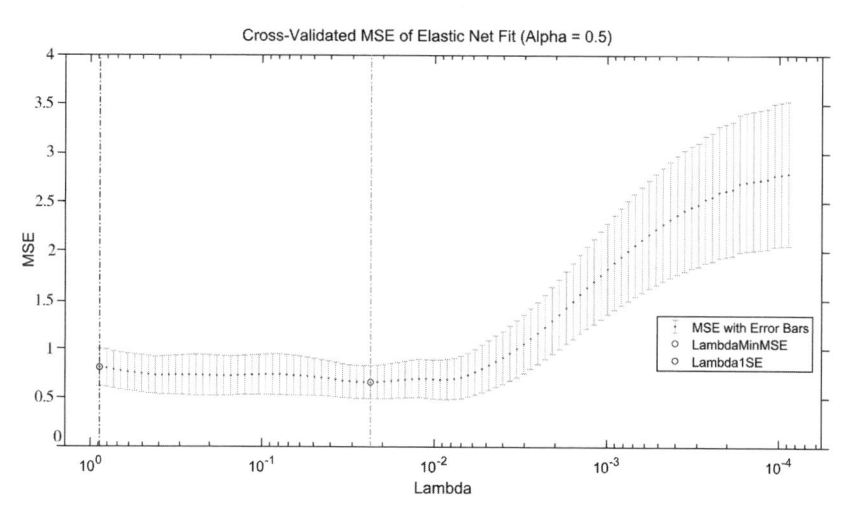

图 7-4 交叉验证下 MSE 变化轨迹图

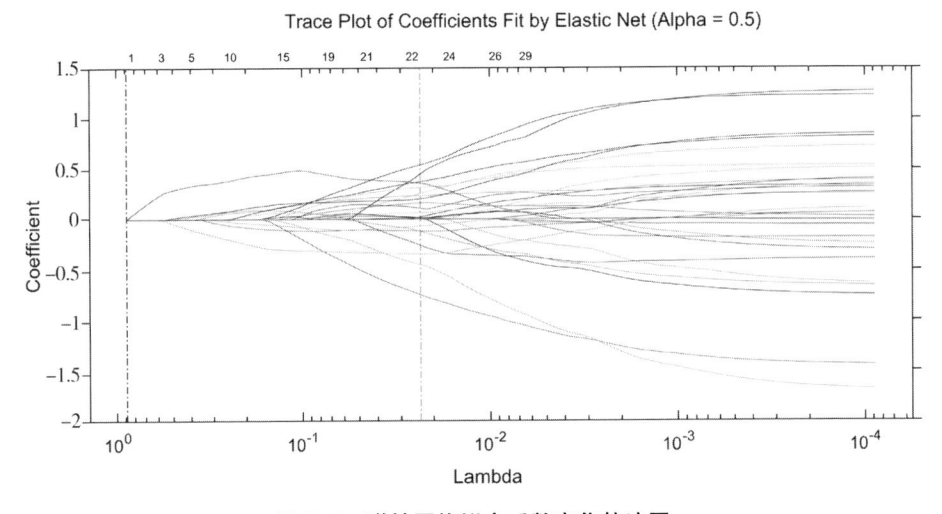

农业产业化联合体的协同机制与绩效评价

图 7-5 弹性网络拟合系数变化轨迹图

(二) Logistic 模型回归结果

1. 平行线检验

在对多分类有序 Logistic 回归结果解释之前需要进行平行线检验,具体的平行线检验结果如表 7-11 所示。结果显示 $\chi^2 = 34.764$, $P = 0.887$,这里 $P > 0.05$ 表明平行线假设成立,即各个回归方程相互平行,可以采用多分类有序 Logistic 回归进行分析。

表 7-11 平行线检验

模型	-2 对数似然	卡方	自由度	显著性
原假设	114.792			
常规	80.029	34.764^c	46	0.887

2. 回归模型拟合情况

根据表 7-11 的似然比检验结果 $\chi^2 = 81.973$, $P < 0.001$,说明至少有一个

解释变量的偏回归系数不为零。Cox 和 Snell 的 R^2 与 Nagelkerke 的 R^2 分别为 0.711 和 0.782,说明解释变量的解释程度高于 70%,同时模型的预测准确率为 80%,均在可接受范围内。

3. 模型估计结果

模型的估计结果如表 7-12 所示,截距项中"家庭农场对联合体满意度 = 0"代表不满意同其他组的累积概率模型截距,"家庭农场对联合体满意度 = 1"代表不满意和一般同其他组的累积概率模型截距,"家庭农场对联合体满意度 = 2"代表不满意、一般和满意同非常满意的累积概率模型截距。

表 7-12 多分类有序 Logistic 模型回归结果

变量	B	Std Error	Wald	Exp(B)
截距项				
[家庭农场对联合体满意度 = 0]	6.874	5.706	1.451	966.629
[家庭农场对联合体满意度 = 1]	11.538	5.698	4.100	102555.344
[家庭农场对联合体满意度 = 2]	16.942	6.136	7.623	22787706.054
解释变量				
结构因素				
家庭农场基本特征				
年龄	0.589	0.491	1.440	1.803
加入联合体年限	-0.198	0.474	0.174	0.820
种养面积	0.969*	0.512	3.587	2.636
[文化程度=1]	0.566	1.922	0.087	1.762
[文化程度=2]	1.503	0.984	2.333	4.494
[文化程度=3]	4.350***	1.315	10.941	77.448
[文化程度=4]	对照组	——	——	——
一致性				
联合体的组织架构合理	1.521	1.104	1.896	4.576

续表

变量	B	Std Error	Wald	Exp(B)
您与合作社(企业)的共同目标明确	2.341***	0.885	6.991	10.390
您与联合体其他组织成员的沟通程度	2.502**	1.048	5.695	12.204
同联合体其他成员资源共享程度	0.941	1.189	0.627	2.563
投机主义				
您会遵守协议上并未明文规定,但是行业内都默认遵守的规则	-2.096**	0.908	5.332	0.123
如果其他收购者收购价格更高,您会选择与他们合作	1.193***	0.454	6.913	3.295
有时,您会选择隐瞒一些事实,以便从合作者那里得到想要的东西	-0.257	0.537	0.228	0.774
过程因素				
信任与承诺				
企业合同履行程度	2.341**	0.885	6.991	10.390
您愿意与现有的合作者保持长期合作关系	-0.640	0.374	2.932	0.527
制度规范与执行				
联合体内分工明确	-1.053	1.000	1.110	0.349
生产监督制度完善	1.489**	0.725	4.219	4.434
受培训次数	0.738	0.551	1.794	2.092
农场对于现代机械的使用程度	-1.379	0.870	2.510	0.252
参与培训的有效程度	-0.618	0.809	0.584	0.539
结果因素				
经济、社会效益				
净利润增长率	2.820***	0.872	10.463	16.777
家庭农场员工收入增加率	0.140	0.441	0.101	1.150
对当地劳动力带动能力	2.571**	1.312	3.840	13.081
预测准确率	80%		仅截距	最终

续表

变量	B	Std Error	Wald	Exp(B)
Cox 和 Snell 的 R^2	0.711	−2 对数似然	158.947	76.973
Nagelkerke 的 R^2	0.782	卡方		81.973***

注：*、**、***分别表示统计检验达到10%、5%、1%的显著性水平。

4. 回归结果解释

(1)结构因素

家庭农场基本特征。家庭农场种养规模和高中及中专文化程度(以大专及以上作为对照组)分别在10%和1%的水平上显著,其中种养规模正向显著影响家庭农场对联合体的满意度,原因可能是联合体具有高规模经济这一制度特征,在适度规模经营范围内,家庭农场种养规模越大,越能够降低平均经营成本。以大专及以上文化程度的家庭农场经营主体作为对照组,中专及高中文化程度的家庭农场经营主体认为高满意度的 OR 值是大专及以上文化程度经营主体的77.448倍,表示这两个组别对联合体的满意度有显著差异,两组都属于文化水平较高群体,对联合体有较为全面的认知,但也存在差别。具有高文化水平的大专及以上群体对联合体的预期往往更高,但由于当前联合体这一产业组织模式发展并不成熟,联合体实际现状与其预期结果之间的差距较大,进而导致满意感相对于高中及中专文化水平更低。年龄与加入联合体年限未通过显著性检验,表明其对满意度的影响较小。家庭农场经营主体年龄40岁以上占比70%以上,高龄群体对联合体这一新兴概念可能认识不够。同时,在相关政策干预下,新加入联合体的家庭农场数量不断增加,这也增加了联合体加入年限对满意度测度的不确定性。

一致性。共同目标明确在1%的统计水平上显著,代表家庭农场、合作社与龙头企业之间一致的共同目标显著正向影响家庭农场对联合体的满意度,这是由于共同目标明确是联合体分工的基础,也是实现规模经济的前提,有助于解决环境的不确定性问题,这对于家庭农场至关重要,因为农业生产受自然环境、市场的消费偏好等因素影响很大,这将直接导致家庭农场生产量和收益的波动。沟通的顺畅程度在5%的统计水平上显著正向影响家庭农场对联合体的满意度,沟通越是顺畅越有利于联合体的信息交换与资源共享,能够提高联合体运行效率。

投机主义。当家庭农场选择在遵守契约的同时默认行业规则的行事法则,这一做法在5%的统计水平上显著负向影响家庭农场对联合体的满意度。当家庭农场为了获得更多利益选择违背联合体契约进行生产销售时,其在1%的统计水平上显著正向影响家庭农场对联合体的满意度,意味着家庭农场投机主义倾向越强,反而对联合体的满意度越高。家庭农场出于自身收益最大化考虑,可能会出现"搭便车"的投机主义行为,最为普遍的是有关农产品质量的"搭便车"行为,表现为家庭农场不按联合体质量要求,例如出于利益最大化考虑,过度使用农药等违规行为以增加产量,获得较正常生产条件下更高的收益,同时为了维持这种收益,家庭农场往往可能会对联合体表现出一种虚假满意,这将直接以联合体的集体利益和农产品安全等作为代价。

(2)过程因素

信任与承诺。企业合同履行程度在5%的统计水平上显著正向影响家庭农场对联合体的满意度,家庭农场作为联合体生产的基础,同时也是联合体中最为弱势的一方,企业的违约往往会给家庭农场带来很大的损失,合同作为约束双方的共同承诺,龙头企业作为联合体的核心,其合同履行是联合体协同生产的基础。

制度规范与执行。监督制度完善程度在5%的统计水平上显著正向影响家庭农场对联合体的满意度,联合体作为高度分工和规模经济的一体化组织模式,规模往往较大,组织的稳定运行依赖于良好的监督制度,监督制度完善一方面能够对家庭农场的实际贡献有效识别,另一方面也能够对农产品质量安全进行监督。

（3）结果因素

经济、社会效益。净利润增长率和对当地劳动力的带动能力分别在1%和5%的水平上正向显著，表明家庭农场加入联合体之后带来的净利润增长、对当地劳动力的带动这些与家庭农场直接相关的经济、社会因素会对其满意度产生正向影响。

五、基本结论

基于上述研究，本书认为结构、过程以及结果因素对满意度均有影响，其中结构因素影响较大，主要体现在一致性与机会主义行为上。过程因素中合同履行与监督制度对满意度起着决定作用，而结果因素表现在经济效益方面。依据满意度分布结果，联合体在地区间的满意情况具有一定差距，但在生产类型上满意度差距不大，说明联合体这一组织模式具有很强的产业适应性，就不同地区而言，联合体需要因地制宜的发展。

主要结论如下：首先，家庭农场对联合体的满意度受到其基本特征的影响，对家庭农场而言，种养规模越大，越能够实现联合体的规模经营要求，达到降本增效的目的。家庭农场经营主体的文化程度会显著降低满意度，表现在高中及中专文化程度群体同大专及以上文化程度群体之间的满意度差异，两类群体对联合体这一新型农业组织模式了解相对较多，然而更高文化程度的群体，对联合体的预期往往更高，实际联合体发展的不充分、不平衡与其预期之间的差距造成了满意度降低。其次，生产前家庭农场同龙头企业共同制定生产目标、生产中联合体各个经济主体间积极沟通都会正向影响满意度，通过制定共同目标与积极沟通，能够帮助家庭农场应对生产的自然环境和经营的市场环境中的风险，促进信息与资源在联合体中交换共享。家庭农场经营主体的投机主义行为与满意度呈正相关，原因在于家庭农场通过"搭便车"的投机行为，能够获得投机所带来的短期超额利润，但这种满意感的提升并不利于联合体持续稳定发展。再次，共同承诺与制度规范有利于家庭农场满意度的提升。合同履行是联合体生产经营的基础与保障,随着联合体及各经营主体的规模不断扩大,良好的监督管理制度能够实现对农产品安全质量的有效控制,防止联合体内部利益侵占。最后,家庭农场参与联合体的经济利润增长情况、联合体对当地劳动力的带动能力显著正向影响满意度。联合体所产生的经济、社会效益越强,意味着在市场上的竞争优势越大,越能够得到当地家庭农场的认可。

根据上述研究结论,本书提出以下政策启示来提高家庭农场对联合体的满意度:第一,在适度经营规模条件下,鼓励家庭农场主继续扩大农场的经营规模,降低经营成本,以实现规模经济。积极引导有资质的家庭农场加入联合体,发挥联合体这一农业生产组织模式优越性。第二,联合体各主体在共同目标与共同解决问题上,应该制定较为详细的合同,以应对农业生产与销售过程中所出现的自然与市场的不确定性风险。同时,联合体内部应该加强沟通,保证同家庭农场的沟通正式性。第三,制定较为完善的监督制度,并对实际贡献较高的组织成员进行选择性激励,提高对联合体各组织成员的监督与惩罚力度,避免联合体内集体机会主义行为的发生,保证农产品安全。第四,完善利益链接机制,增强龙头企业的带动能力,促进成员互相入股,增加农民的产业增值收益,提高联合体的社会、经济效益。

第五节 基于"发展—制度"二重性下联合体绩效变化原因分析

在我国农业产业化的进程中,政策引导和扶持是推动农业组织提高市场化程度的重要力量。之后,各地方政府不断推出联合体的扶持政策。但是,联合体的组织效率却存在着"先高后低"的组织现象。具体而言,在联合体建设之初,通过政策支持,经济组织确实提高了经济要素之间的流动效率,推动了地方农业产业的发展。但随着时间的推移,这种经济组织的效率又逐渐降低,对农业经济发展的贡献却呈现出下降趋势。那么,作为地方发展型政府的经济组织形态,政策导向型经济组织是以何种的组织逻辑运转,造成了组织效率先高后低的组织现象?本节试图通过一个具体案例的分析,对上述问题进行理论上的解释。

一、文献回顾和研究方法

改革开放以来,连续40年的经济增长对西方经典经济学理论提出了前所未有的挑战,从而在学界构成了令人瞩目的"中国经济增长之谜"(China Puzzle)。根据制度经济学的经典假设,中国由于缺乏有效的产权保护制度,不可能出现长时间的经济增长(Daron Acemoglu,Simon Johnson,2005)[①]。为了解释这个"中国经济增长之谜",理论界发现一个显著的现象,地方发展型政府在经济发展过程中一直扮演着重要角色。目前对这一问题的研究集中在两个方面。一方面,从制度层面上对地方政府推动经济发展的激励问题进行解释。如"财政联邦主义"(Y.Y. Qian,B. R.Weingast,1997)[②]、"行政发包制"(周黎安,2008)等,力图从财税制度与行政体制的角度解释地方政府推动经济发展的动力问题;另一方面,从非正式关系的角度理解地方政府在经济发展中的角色。如"地方法团主义"(Local Cooperatism)(Jean Oi,1995)[③]、"地方政府主导的发展型资本主义"(Local State–led Developmental Capitalism)(Marc Blecher,2008)[④]、"关系产权"(周雪光,2015)[⑤]、"政权经营者"(张静,2007)、

---

① Daron Acemoglu, Simon Johnson, "Unbundling Institutions", *Journal of Political Economy*, 2005.

② Y. Y. Qian, B. R. Weingast, "Federalism as a Commitment to Market Incentives", *Journal of Economic Perspectives*, 1997.

③ Jean Oi, "The Role of Local State in China's Transitional Economy", *China Quarterly*, 1995.

④ Marc Blecher, "Into Space: The Local Developmental State, Capitalist Transition and the Political Economy of Urban Planning in Xinji", *City*, 2008.

⑤ 参见周雪光:《"关系产权":产权制度的一种社会学解释》,《社会学研究》2015年第2期。

"地方政府公司化"(赵树凯,2012)①等都从"政府—企业"关系的角度研究了地方政府的发展积极性。

这些研究对于解释中国经济增长之谜,尤其是地方政府在介入经济发展中的作用都具有很强的启发性。但是,却难以从中理解,地方发展型政府在推动经济发展过程中所用的基本工具及其逻辑。

在西方主流经济学的知识体系中,无论是经典经济学还是制度经济学,市场一直被理解为经济的自组织形态(Ronald Coase,2013)②,而国家与政府的干预则只是在市场失灵条件下的制度补充。国家与政府的干预不应改变市场这一基本的生产组织形态,主要是通过宏观调控与间接干预的方式对经济绩效构成影响(J. Stiglitz, J. A. Ocampo, S. Spiegel, R. French-Davis, D. Nayyar, 2006)③。受限于这种理论背景,地方发展型政府更多地被置于市场经济体制的对立面而成为一种改革对象,从而忽视了这一经济发展模式的运作逻辑与特定规律。因此,长期以来的理论研究往往只能笼统地从"政府—市场"关系或"计划—市场"关系的角度理解地方政府干预的必要性。但事实上,经济从来就不是一个独立的领域(K. Polanyi,1944)④,即使在西方理论界,也无法否认一个基本事实,市场与经济发展并非自然并驾的(Chenggang Xu,2011)⑤。由此可见,地方发展型政府的运作模式依然是存在许多重要的理论问题需要厘清,尤其是这种经济模式通过什么样的政策工具展开运作,以及如何展开运作都有待深入的理论挖掘。

产业政策(Industrial Policy)是发展型政府干预经济的基本手段。1994 年

---

① 参见赵树凯:《地方政府公司化:体制优势还是劣势?》,《文化纵横》2012 年第 2 期。
② Ronald Coase, "The Problem of Social Cost", *The Journal of Law & Economics*, 2013.
③ J. Stiglitz, J. A. Ocampo, S. Spiegel, R. French-Davis, D. Nayyar, *Stability with Growth: Macroeconomics, Liberalization and Development*, Oxford University Press, 2006.
④ K. Polanyi, The Great Transformation: *The Political and Economic Origins of Our Time*, Beacon Press, 1944.
⑤ Chenggang Xu, "The Fundamental Institution of China's Reforms and Development", *Journal of Economic Literature*, 2011.

的分税制改革以来,地方政府办"自己的企业"的积极性明显降低(周飞舟,2006)[①],直接干预市场与企业的选择性产业政策也日益呈现出不良效应(江飞涛、李晓萍,2015)[②]。但是,通过产业政策有计划地组织企业从事经济生产活动,以提高企业经营能力的方法依然是地方发展型政府的关键性手段。在这个过程中,产业政策主导下的经济组织就成为地方发展型政府最为重要的政策工具。这种政策导向型经济组织的效率将对产业政策效果构成深入影响,也是地方发展型政府的重要立论基础。

但是,从动态经验来看,这种政策主导型经济组织的效率却表现得并不稳定。本书在对农业产业政策主导下的一个经济组织——联合体的观察中就发现这种组织效率不稳定的现象。不仅有助于从组织学的角度进一步厘清地方发展型政府的运作机理,为辨析地方发展型政府的理论争论提供新的视角,而且也是破解"中国经济发展之谜"的一次重要理论契机。由此可见,理论发展的空白与经验观察的困惑都迫切地要求学术界对政策导向型经济组织的运作机制与运转效度作出有效的回应。

(一) 文献回顾与分析

1. 结构本位 VS 市场本位:产业政策有效性的经典争论及其影响

产业政策是政府为了实现一定的经济和社会目标而对产业的形成和发展进行干预的各种政策的总和。长期以来,产业政策对于经济发展的有效性问题引发了发展型政府在宏观层面的经典争论。总体而言,这种争论沿着结构本位与市场本位两种路径展开。

第一,结构本位观。结构本位观从结构主义的视角出发认识到,国家结构性的产业政策在经济结构调整上的作用与意义。根据"格林沃德-斯蒂格利

[①] 参见周飞舟:《分税制十年:制度及其影响》,《中国社会科学》2006 年第 11 期。
[②] 参见江飞涛、李晓萍:《当代中国产业政策转型的基本逻辑》,《南京大学学报》2015 年第 3 期。

茨模型",如果没有来自非市场力量的干预,市场通常不能产生帕累托最优的结果,会引致在垄断、外部性和公共物品之外的市场失灵,带来效率损失(B. Greenwald, J. E. Stiglitz,2013)[1]。因此,当出现市场失灵的时候,需要运用公共政策去控制市场失灵和约束市场霸权(Jean Tirole,2017)[2]。二战以后,东亚地区发展型政府的成功,尤其是日本的经济崛起(C.A. Johnson,1982)[3]强化了结构本位观的合理性。在经济追赶的过程中,中国从20世纪80年代引进产业政策,并且在理论界开始形成一种共识,作为一个发展中国家,中国很难回避"政府介入"这一问题(耿署、陈玮,2017)[4]。基于这一认识,产业政策对经济发展的正向功能被作为发展型政府的重要特征。Greenwald 和 Stiglitz(2013)认为市场本身并不能通过促进经济增长来加强投资,而政府却能够在产业技术进步、产业升级以及经济多样化的转型中发挥巨大作用。林毅夫就认为,由于外部性和协调失灵的存在,没有产业政策的国家,其经济发展必然不成功(林毅夫,2017)[5]。政府的规制机构也要依据市场失灵的多样性,采取不同的处理方法。因此,按照新结构经济学的思想,产业升级和发展需要"有效的市场"和"有为的政府"协同起作用(林毅夫,2017),制定正确的产业政策,是调整产业结构、进行宏观调控的重要依据。

第二,市场本位观。这一派以经典的市场体制为本位,对国家产业政策在结构层面的干预提出批评。新自由主义学派哈耶克(1948)认为,市场经济促进自发秩序,导致更好地"分配社会资源,而不是任何设计可以实现"。根据这种观点,市场经济的特点是形成复杂的交易网络,在整个经济中生产和分配

---

[1] B.Greenwald, J. E. Stiglitz, *The Industrial Policy Revolution I*, Palgrave Macmillan, 2013, pp. 43-71.

[2] Jean Tirole, *Economics for the Common Good*, Princeton University Press, 2017.

[3] C. A. Johnson, *MITI and the Japanese Miracle: The Growth of Industrial Policy*, 1925-1975, Stanford University Press, 1982.

[4] 参见耿署、陈玮:《"发展型国家"与中国模式》,《华东师范大学学报》2017年第1期。

[5] 参见林毅夫:《产业政策与我国经济的发展:新结构经济学的视角》,《复旦学报(社会科学版)》2017年第2期。

第七章 农业产业化联合体的发展绩效评价研究

商品和服务。在中国,产业政策却一直存在着行政排斥、限制市场竞争的现象(李平、刘桂清,2018)①。以布坎南为代表的公共选择学派提出了"政府失效"的概念,指出政府与政治本身也存在寻租、交易成本大、运行效率低等缺陷和不足(詹姆斯·布坎南,1989)。张维迎(2017)②认为外部性和协调失灵都不构成产业政策干预的理由,由于认知限制和激励扭曲,产业政策注定会失败。市场最适合分配稀缺资源,只要国家干预经济,就会阻碍自由市场创造财富的能力。因为意想不到的后果,对政府无力有效管理经济问题和其他考虑因素,政府干预是有害的。

结构本位观与市场本位观的实质是"政府是否应该干预市场"这一经典论争的延续,争论焦点也集中在产业政策对经济发展是否有效上。因此,吴敬琏认为,这种论争是一个无法证伪的"信念之争",直言产业政策所面临的问题不是存废,而是如何转型,改善经济结构,提高经济效率(吴敬琏,2017)。郑永年在分析中国政治经济模式时也指出,在中国的经济体制改革过程中,一直都没有存在一个典型意义的自由市场,而是一个由国家政策所规制的"制内市场"(Yongnian Zheng,Yanjie Huang,2018)③。从这个观点出发,问题的关键就转化为如何提高产业政策的有效性问题。相当部分实证研究佐证了产业政策存在着两面性,即产业政策可以促进产业发展(C. Crisculol,R. Martin,H. Overman,et al.,2016)④,也可能具有抑制作用(Pastl,Veronesip,2012)。

上述关于产业政策有效性的理论研究格局为解释本书的研究问题提出了一个宏大的历史背景,政策导向所派生出来的一系列制度和机制,既促成了产

---

① 参见李平、刘桂清:《产业政策竞争导向转型的现实需求与内在动因》,《当代经济》2018年第23期。
② 参见张维迎:《产业政策争论背后的经济学问题》,《学术界》2017年第2期。
③ Yongnian Zheng, Yanjie Huang, *Market in State: The Political Economy of Domination in China*, Cambridge University Press, 2018.
④ C. Crisculol, R. Martin, H. Overman, et al., "The Causal effects of an Industrial policy", *CEP Discussion Paper*, 2016.

业过去的成功,也导致了产业现在发展的停滞。Krugman(1994)[1]曾说,亚洲高速经济增长依赖于强势政府动员资源以刺激经济成长的所谓"亚洲模式",主要来源于物质资本和人力资本的巨额投入,因此会随着资本回报率的递减而不具有可持续性,但是,对于"先高后低"的组织现象却难以提供一个通则式解释。

2.政策导向中的组织绩效:乐观还是悲观?

在经典理论辩论的宏观格局下,产业政策的两面性争论使"政策导向是否能够提高组织绩效"这个中观层面的问题自然地浮现出来。事实上,在中国的经济发展过程中,政府除了直接的干预手段之外,还有一种推动经济发展的间接手段——"组织",即政府在市场经济的原则下,通过政策的导向作用有为地组织经济生产活动。这种"组织"存在于经济结构与企业个体之间,是政府干预与民间资本积极互动的中间层面(Yongnian Zheng, Yanjie Huang, 2018)。当前,理论界也勾勒了组织绩效的"两幅图景"。

现代组织理论认为,组织是一个开放的系统,没有任何一个组织是永远有效率的、普遍适用的(Fremont E. Kast,E. James,1970)。关于政策导向对组织绩效的影响,学术界大体可以分为两类:对于政策导向取向度高的乐观主义者和与之相反的悲观主义者,这与他们对于政策导向的取向度密切相关。乐观的这部分学者确信政策导向会给组织带来更大的利润。特别是对于农业产业来说,政策导向在农业产业化过程中起到积极的作用,陈启杰等(2010)[2]通过实证研究认为,政策导向对农业企业绩效的影响主要作用于短期层面。农业政策只有注重其长效机制,才能推动着农业组织自身战略结构和能力的调整。另一部分是悲观的学者,同乐观主义者不同,他们不认为政策导向是一个重要的、高质量的影响因素,尽管他们都认为政策导向在产业发展的初期可以产生

---

[1] Paul Krugman, "The Myth of Asia's Miracle", *Foreign Affairs*, 1994.
[2] 参见陈启杰、江若尘、曹光明:《"市场—政策"双重导向对农业企业绩效的影响机制研究——以泛长三角地区农业龙头企业为例》,《南开经济评论》2010年第13期。

更多的经济收入。完善的市场体系和良好的市场秩序是市场在资源配置中有效发挥决定性作用的基本前提,韩超(2014)依据近年我国新兴产业发展现状及问题指出,"政策扶持依赖"愈发突出,已经严重影响了产业的正常发展。江飞涛等(2012)[①]认为,造成传统产业产能过剩的重要因素在于资本的行政配置,与制度安排、体制运行机制存在密不可分的关系。林毅夫(1999)认为一些政府扶持的经济组织在开放、竞争的市场中缺乏自生能力,只能靠政府永无止境的保护补贴来生存。

宏观层面的经典辩论与中观层面的组织分析,对分析政策导向型经济组织的效率有着积极的参考价值。但是,上述研究又为微观层面的研究预留了空间。一方面,在现有的理论解释中,"政策导向—组织绩效"被简单地化约为"外在刺激—内部成效"的二元互动,从而忽略了"宏观结构的议题、时间秩序或次序的角色"(保罗,2014),从而没有把从历史演进的角度对政策导向组织绩效之间的关系进行理论提炼。事实上,"先高后低"现象是一种历史现象,因此,没有历史维度的研究支持,这个现象将难以在理论上得到有效解释。另一方面,这种带有"去历史化"特征的研究方式同时造成了"去现实化"的结果。组织效率高与低虽然在逻辑层面是对立的,但是,在现实运作的层面中,"高"与"低"事实上是呈现政策导向型经济组织的不同侧面。那么,如何能够将逻辑层面的矛盾与现实运作的组织形态有效地统一起来需要新的理论解释。这就需要进一步研究,为什么同样的组织形态会出现组织效率先高后低的结果?其背后又体现了什么样的组织逻辑?

(二) 案例引入:安徽省 G 粮油产业化联合体

联合体形成于市场,为破解农业产业化各经营主体之间产业、要素、利益联结不紧密的问题,降低交易成本,实现规模经济,一些新型农业经营主体在

[①] 参见江飞涛、耿强、吕大国、李晓萍:《地区竞争、体制扭曲与产能过剩的形成机理》,《中国工业经济》2012 年第 6 期。

利益博弈中逐渐形成了联合体。本书选取了安徽省促进联合体发展相关政策导向下成长与发展起来具有典型性的联合体——安徽省 G 粮油产业化联合体(以下简称"G 联合体")作为研究对象,分析联合体的组织演变。在案例研究的过程中,本书主要以非结构性访谈作为基本工具,访谈对象包括地方相关职能部门的工作人员、联合体企业、合作社及家庭农场的负责人共 20 人,采访内容为 G 联合体采用的模式、取得的成果、政策支持、建立的制度、联合体成立前后的延伸差异、面临的问题、发展的需求等。每次访谈约 30 分钟,形成最原始的质性数据。

近年来,安徽省粮食产业结构性供大于求,"种粮难、卖粮难"问题突出。增产并不意味着增收,农民种粮效益下降。因此,安徽省提出要把现代产业发展理念和组织方式引入农业,提升价值链,延伸产业链,打造供应链,形成全产业链,完善利益联结机制,走一二三产业融合发展之路,让农民从产业链增值中获取更多利益,探索建立新型农业经营组织联盟——联合体,期望通过"政策扶持→联合体→农户"的政策路径,促进农业产业化组织的发展。

在此背景下,G 联合体于 2015 年成立,由一个龙头企业和一个农产品专用合作社组成。其中龙头企业 Z 米业公司成立于 2014 年 12 月,注册资本 1000 万元,从事粮食收购、销售、大米生产、销售等,日生产能力达 200 吨稻谷,市级农业龙头企业。H 农产品专业合作社是在县农委和镇政府指导下、联合辖区内 7 家合作社和 13 家家庭农场发起成立的合作社,成立于 2014 年 3 月,成员出资总额 100 万元。现有社员 152 户,其中核心成员 20 个,成员出资总额 220 万元,带动农户 2022 户。联合体成立之前,Z 米业公司采取"公司+农户"的模式经营,但由于信息不对称,农户之间的凝聚力很低,企业与农户之间没有形成紧密的合作关系,存在管理松散、推行成本高等诸多不利因素。由于生产与经营的脱节,主体之间具有迫切形成全产业链条的需求,在县镇政府和农业部门的建议下,Z 米业公司吸取教训,转变发展思路,成立 G 联合体。联合体成立以后,串联了产前、产中、产后各生产环节,覆盖了从田头到餐桌全产业链。企业有了稳定的原料供应渠道,产品质量安全有了保障,家庭农场基本解决了技术、资金、市场、社会化服务等问题,合作社有了稳定的服务对象,提升了服务组织能力和水平。但是,随着组织运转,存在的问题也逐渐暴露出来,导致联合体的绩效边际递减。G联合体的问题可以呈现出各经营主体之间的互动过程,从中探寻隐藏着的组织运行机制,这也是本书选择G联合体而不是其他规模大或绩效高联合体的原因所在。

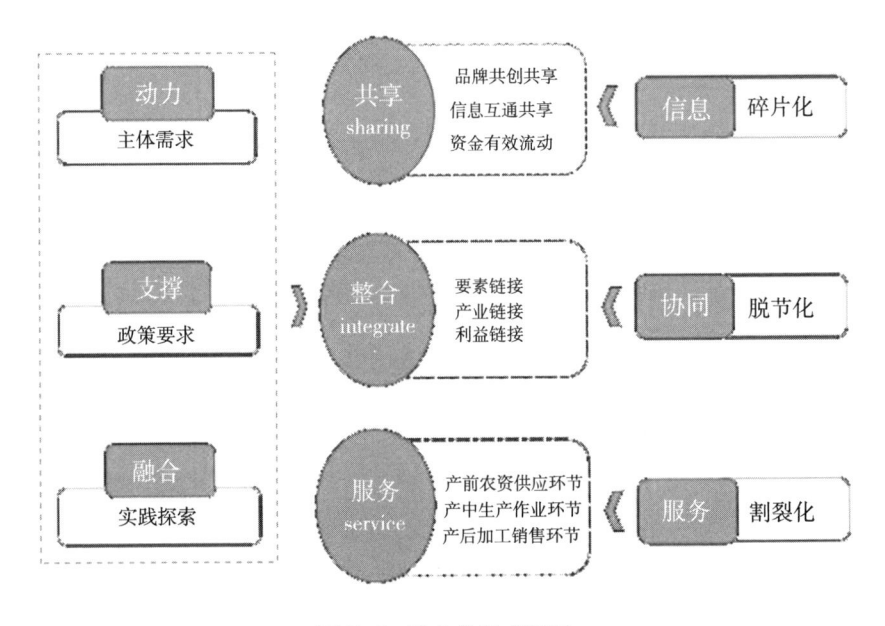

图 7-6 联合体形成原因

二、"发展—制度"二元逻辑:政策导向型经济组织的分析框架

(一) 理论基础:"组织—制度"关系理论

对经济组织现象的关注来源于西方理论界,在这其中,制度经济学对这一问题的讨论具有启发意义。制度经济学派从理论层面上意识到组织与制度之间的不一致性。诺斯(1990)在他的经典论述中曾经指出,制度本质上是一种

约束行为互动关系的游戏规则。通过这种规则,制度为整个社会提供了基本机会约束,并通过激励手段引导行动者的行为。

而组织则是一种具有目的意义与行动意义的实体。一方面,它本身是制度的一个主要组成部分。特定的制度组织正是在这种机会约束的环境下有意识地创立的。但另一方面,组织又是一个具有目的导向的行动诉求。组织不是被动地在制度的约束下行为,相反,它是具有特定目的的行动主体。因此,组织被赋予特定的目的或任务形态,如"剥削工人"(1974)、"解决契约问题"(1985)、"降低交易成本"(1982)等等。

在组织实现目的的过程中,就引发了"组织—制度"之间的潜在矛盾。组织为了实现目的会客观地对现有制度构成修正需要。但与此同时,因为制度也会对这种修正需要构成反应,通常会挫伤组织的激励。因此,组织的目的需要与制度的激励结构之间的矛盾一直是西方理论界关于制度变迁讨论的一个重要矛盾。

(二)"发展—制度"二元逻辑:基于对"组织—制度"关系理论的中国化修正

"组织—制度"关系的理论研究对于分析中国的政策导向型经济组织是具有启发意义的。但是,中国情境与西方情境的典型差异使简单的理论移植无疑不利于中国问题的深化讨论,因此,从中国国情出发的理论修正是必要的。

在西方典型的资本主义国家中,资本的独立发展过程造成了政治与经济相对分离的政治经济发展模式。因此,发展不是国家与政府的天然责任(郑永年,2019)[①]。尤其是1970年以后的新自由主义经济一次将"福利国家"时代联结在一起的政治与经济关系进行分离。在这种背景下,市场是资本的主

---

① 参见郑永年:《国家与发展:探索中国政治经济学模式》,《文化纵横》2019年第2期。

要组织形态。这也是整个制度经济学的一个重要的逻辑前提。

但是,自近年以来,中国的政治社会经济嵌入于一个"赶超型现代化"(罗荣渠,1995)的历史框架中。这个历史框架形塑中国的政治经济发展模式与"政府—社会"关系。因此,在中国,组织的理论定位不是为资本运转服务的工具,而是整个国家实现"赶超型现代化"的工具。对此,毛泽东同志在全国政协第一届全体会议的会议宣言中指出,"我们应当将全中国绝大多数人组织在政治、军事、经济、文化及其他各种组织里,克服旧中国散漫无组织的状态"①。这在事实上已经隐喻了一种不同于西方情境的组织意义。

由此可见,"赶超型现代化"的特殊情境赋予了"组织"一个关键性的目的——国家的整体性"发展"。唯有突破性和大力度改革释放的动能,才能推进国民经济良性和快速增长;只有实施赶超型经济增长战略,才能初步建成现代化国家,并最终成为现代化的强盛国家(周天勇,2017)②。基于此,本书以"发展—制度"二元矛盾为基本逻辑,对"组织—制度"关系进行中国化的修正,从而为政策导向型经济组织提供一个有利于改革的分析框架。

第一,政策导向型经济组织嵌入于一个内生的组织权威中。在西方,作为资本的组织形态,市场的运转是"去政府化"的,企业之间的合作、联盟等组织形态也是基于现代产权制度而生的。但在中国,政府介入的"强发展意愿"规定政策导向型经济组织的目的维度。政府与经济组织之间则构成了一个组织权威关系,政府的政策是经济组织发展的基本方向。

第二,在政策导向型经济组织中,"组织—制度"矛盾被转化为"发展—制度"矛盾。"组织—制度"矛盾的背后是资本主义市场经济发展的政治经济关系。而"发展—制度"矛盾的背后则是国家主导的"赶超型现代化"的政治经

---

① 《毛泽东文集》第五卷,人民出版社 1996 年版,第 348 页。
② 参见周天勇:《经济增长的特殊性与各种政策调控的困境》,《中国发展观察》2017 年第 18 期。

济关系。政策主导型经济组织以"发展"为内生目的,但是这种以政策为导向的组织形态又与市场经济制度中对资源配置市场化的要求存在着复杂的矛盾。

由上述分析可见,与西方典型国家相比,中国兴起的政策主导型经济组织是国家整体发展的客观需要,其运作的过程必然内嵌着发展逻辑与制度逻辑之间的复杂矛盾。

三、政策导向型经济组织的绩效波动:基于"发展—制度"二元互动的分析

为了弥补现有研究中"去历史化"的不足,本书尝试性地在"发展—制度"的二元逻辑中引入时间变量,使二者之间的互动具有历史意义。长期以来,为了修正由经典经济学的"理性人"假设所带来的理性选择主义的"去历史化"影响,理论界不断地强调历史的重要意义。其中吉登斯(Anthony Giddens)所提出的结构二重性最具有代表性,他批评传统研究将"结构"概念化为一个没有具体时空意义的互动关系,而认为结构对行动者的影响是在具有时空意义的情境中发生的,而行动者也在具体的时空情境中完成了对结构的维持、改变和再生产。那么,以下以中国农村经济发展为情境,对政策导向型经济组织进行历史意义的解读,并对组织绩效的波动进行尝试性的理论解释。

(一) 市场经济体制的组织失灵:"政府—市场"关系的再次梳理

改革开放以来,家庭联产承包责任制的改革在事实层面上建立了一个初具规模的现代产权体系,从而逐渐拉开了农村经济市场化的改革序幕。1992年,中国特色社会主义市场经济体制的建立,市场作为优化资源配置的重要方式,对于整个农村经济发展的影响更加深远。通过市场化的改革,我国乡村治理新机制逐步完善,新型农业经营体系初步建立,农产品流通市场多元化竞争

主体格局已经形成,农民就业和收入对土地的依赖程度大幅度下降(叶兴庆,2017)①。由此,一个现代化、市场化、企业化的农村经济形态逐渐成型。

但是,市场经济同时也是一种充满各种不确定性的风险经济。市场只是提供了企业平等竞争的场域,无法保证平等竞争的结果是否符合社会经济发展的整体预期。正如前文的论述,市场经济与经济发展并非相向而行。市场失灵依然是市场经济无法规避制度原罪,导致了资源配置无法达到帕累托效率。一方面是由完全竞争市场假设条件并不存在造成的(庄序莹,2012),另一方面是由市场结构的转换造成的(刘戒骄、张小筠、王文娜,2019)②。因此,市场经济活动依然需要政府的有效干预。发展型政府理论的内核,也正是在讨论国家与市场的何种关系以及何种政治经济制度结构更加有利于经济成长。

对于农业经济而言,这种市场失灵就进一步地深化为经济发展的组织失灵。作为现代企业的基本组织形式,市场并没有为个体企业参与市场竞争提供安全担保,也就无法保证区域性的个体企业能够自然地适应全局性的市场经济发展。这对地方政府的经济发展构成了重要的挑战。在此,地方政府需要面临发展型政府的内核问题,即何种"政府—市场"关系有利于地方性的经济发展。

(二) 政策导向型经济组织:基于"发展"逻辑的价值链探索

在"政治锦标赛"的机制作用下(周黎安,2014)③,地方政府经济发展的属地压力依然存在。因此,在市场组织失灵的背景下,政策导向型组织就成为地方政府组织个体企业适应市场经济的一种重要的政策工具,也是地方政府

---

① 参见叶兴庆:《新型农业支持政策体系的轮廓逐步清晰》,《中国发展观察》2017 年第 4 期。
② 参见刘戒骄、张小筠、王文娜:《新中国 70 年产业组织政策变革及展望》,《经济体制改革》2019 年第 3 期。
③ 参见周黎安:《行政发包制》,《社会》2014 年第 34 期。

探索"政府—市场"关系的一种方案。

从结构上看,政策导向型经济组织由"一个原则与两个支点"共同构成。

第一,价值链是组织的基本原则。任何个体在价值链上的价值增值活动不可能都拥有核心专长、拥有同样的比较资源。根据价值链理论,组织形成的基础是核心专长的互补,每位个体彼此在价值链的战略环节上展开合作,以扩展其价值链的有效范围,从而求得整体组织收益的最大化。这种组织建立有两层次的目的:一是价值维度的目的,马克思认为,合作功能不是单个要素的简单加总,而是众多单个要素资本聚合而产生的一种倍增效应,实现生产力的集体创造。个体的协同行为为产生出的超越各要素自身的单独作用,从而形成整个组织系统的统一作用和联合作用。二是工具维度的目的,合作的过程必须能够降低交易成本。组织的建立具有稳定的交易关系和便于监督的特点,个体之间的沟通、谈判和监督的成本自然会减少,因而降低交易成本。组织合作的原因,就在于使用市场机制带来的交易成本太高却不足以高到组建内部组织。因此,联合组织出现是追求更高资源配置效率的结果。

第二,组织权威是实现价值维度目标的制度保障。虽然政策导向型经济组织中的个体合作符合价值链的基本原则,但是合作的形成与维系既非基于市场的资源配置方式,也不是建立在个体企业对市场适应性的自觉判断,而是地方政府对政府发展判断的一种投射。基于一定的信息优势,地方政府较个体企业更早地意识到相关个体企业合作的价值链内涵。在这一基础上,地方政府通过合作性政策出台,要求各级政府支持与动员相关独立企业之间的组织。在这个过程中,经济组织的运转也嵌入于地方政府的组织权威之中。由此可见,地方政府的组织权威是实现价值链内涵的保障。

第三,政府补贴是实现工具维度目标的技术手段。为帮助政策导向型组织的市场化运行,制度经济学的传统解决方案便是提供补贴,通过干预资源分配,把外部效应内部化,从而有效解决市场失灵,起到调节经济发展的作用。

由上述分析可见,政策导向型经济组织通过突破了市场经济的资源配置方式,在不打破现代产权制度的基础上,通过组织权威与政策补贴两个支点完成政策导向型经济组织的建构。通过政策导向型经济组织,促进资源互补或提高资源配置的合理程度,提供合作剩余的源泉,实现产业的发展、经济的增长。

(三) 政策导向型经济组织的运转局限:制度化进程中的组织困境

政策导向型经济组织是地方政府在"发展"逻辑的干预下而形成的临时性组织。由于市场参与者间的非对称性,单凭价格信息市场不能充分成立,或是只依靠市场会产生道德风险而使资源不能充分利用,为了避免这样的失败,组织建立起各种激励和惩罚的机制。像这样能使协调顺利进行的组织结构能够固定下来的,就是"制度"(青木昌彦、奥野正宽、冈崎哲二,2001)。制度化能够为经济组织内的个体间合作供给稳定性的动机约束,从而使经济组织能够由临时性的组织安排转变为自我运转的稳态组织。但是,正是在"制度化"的诉求中,"发展—制度"的冲突开始显现。

一方面,制度化进程中的交易成本困境。政策导向型经济组织运转的一个重要前提,地方政府的补贴手段降低了组织内个体之间互动的交易成本,从而提高个体间的合作诉求。但是,随着组织的运转,地方政府是否具有持续供给补贴的内在动力就成为组织稳态运转的一个重要关键问题。从现实经验来看,这种内在动力是存在一定风险的。首先,政府补贴存在明显的财政约束。近年来,财政高速增长的现实条件日益严峻,地方政府提供补贴的动力在很大程度上依赖于现有的财政条件。其次,政府补贴的相关政策可能随着地方政府的注意力转移而发生变动。政策导向型经济组织的价值链意义来源于地方政府对经济发展形势的主观判断。一旦这种主观判断发生变化,地方政府对于经济发展的注意力也将随之转移,而为政策导向型经济组织提供补贴的动力也将随之弱化。因此,制度化的基本条件是,组织在市场化运行中使个体之间的交易成本能够明显降低,并且在政府补贴缺位的条件下,自愿承担交易成本。由此可见,组织的制度化过程依然必须以市场经济体制及其现代产权制度为基本制度背景。于是,交易成本困境就带来了制度化过程中的一个组织悖论,为了适应"发展"逻辑,需要克服市场经济的组织失灵,突破市场经济的资源配置方式;但为了适应"制度"逻辑,又需要以市场制度为背景。

另一方面,制度化进程中的组织权威困境。如果在交易成本困境中,制度化过程隐含着对市场经济的制度回归,那么,地方政府的补贴手段显然是不可持续的。在这种背景下,政策导向型经济组织只能依赖组织权威这一单个支点维持运转。这就意味着,地方政府通过行政命令的方式将经济组织转变为各级政府的行政任务,强制性地要求个体企业之间在政府补贴缺位的条件下组织起来。这实质上又回到了计划经济时期以行政命令为主导的经济运行模式。这种模式在事实上又阻碍了以市场经济为制度背景的组织制度化进程。由此可见,在交易成本困境的背景下,组织权威的"单兵作战"又与制度化需要相互排斥,从而构成了制度化进程中的组织权威困境。

综上所述,制度化是政策导向型组织经济持续发展的需要,但是,这种需要又反向地排斥地方政府的政策导向作用。这两个交互逻辑的冲突是导致组织绩效呈现边际递减的关键原因,这与分析框架的理论推导相互印证。

许多关于政策的结构性描述倾向于从组织的系统外部引入变化,然后追踪随之而来的结构性变化,而不是展示组织内部结构的运作如何产生变化。基于此,本书将通过案例呈现,尝试厘清这二重逻辑之间的相互暗示与相互支持并随着时间的推移是如何相互矛盾的过程。

四、案例呈现:G 粮油产业化联合体的组织演变

(一) G 粮油产业化联合体的组织缘起:"公司+农户"的组织困境的局限

"公司+农户"的生产模式是农业产业化的重要组织形式。联合体成立以

前,为了获得稳定的粮食原料供应,Z米业公司建立了企业与农户之间的产销联合,主要集中于附近乡镇,以签订经济合同形式建立互惠互利的供销关系,每年订单面积约2万亩,通过契约机制结成利益共同体。这种规模化的生产模式,Z米业公司向农户提供产前、产中和产后服务,按合同规定收购农户生产的产品,而农户不用担心生产出来的粮食卖不出去,也帮助Z米业公司稳定成长,同时也促进了农户增收。但是,这种模式也存在无法解决的弊端,着重体现在以下两个方面。

一是公司与农户之间的利益联结不紧密。相对于农户而言,Z米业公司在合作中的地位更为强势,单方面规定契约条款。农户是弱势的一方,不具有和企业平等对话的实力,利益分配完全由公司单方决定,这是一种松散的合作模式。调查的时候,在问及联合体成立以前的合作模式时,明显可以感觉到企业与农户之间双方都有不满。调研中,农户及企业工作人员都曾提到过:

"以前做订单的时候,比较散,大家在一起也没有互相帮助,互相带动,各做各的,没有现在方便。"(案例编号:S农户20180725007)

"老板很'厉害的'(地方语言,意思为精明能干),会根据我们粮食的质量,来压我们价格。"(案例编号:T农户20180725005)

"以前我们喊农户过来开会,就是讲订单的事,不像现在还喊他们吃个饭,送点小礼物,农户的积极性没有现在高。"(案例编号:W企业员工20180726015)

二是产品质量难以得到保证。在收购过程中,Z米业公司发现由于农户的质量意识淡薄,难以实现无公害生产模式,乃至绿色生产方式、农户交售的原粮品质不一,给Z米业公司的运营增加了难度,导致公司大米品牌效益不明显,市场知名度不高,难以打开销路,投入了大量的成本,但效益却不好:

"对于产品我们进行抽检,我们企业有化验室,如果我们做不到就拿到市里的农产品检验中心。以前没有技术员、水稻专家的监管,所以这个产品的不合格率比现在要高些。"(案例编号:L企业负责人

20180723001）

"我们自己种自己的粮食,就是靠经验,哪有什么统一的标准？"（案例编号:W 农户20180726011）

通过 Z 米业公司的发展来看,由于农业产业的弱势性与特殊性,机会主义双向并存,使"公司+农户"这种组织形式在市场条件下,很难有效地运转。公司与分散农户之间的交易成本非常高,农户的利益在这种模式中经常得不到保障,需要借助外部力量进一步提升企业与农户发展的动力。因此,农业生产组织形式的变迁,迫切需要政府的干预。按照市场经济的要求,运用经济、法律手段妥善处理企业与农户及有关服务组织之间的关系,鼓励农业龙头企业与农户之间建立更加紧密型利益联结机制。例如,联合体这种组织模式的创新则来自于基层,通过在公司和农户之间加入中间组织,有效规避"公司+农户"模式与生俱来的弊端,属于诱致性制度变迁的范畴。

（二）G 粮油产业化联合体的成立与运转:政策导向型组织的尝试

1.产业政策的系统化与 G 粮油产业化联合体的成立

为了解决新型农业经营主体所面临的困难,促进现代农业的发展,安徽省通过政策引领推动联合体规范发展,XC 市也相继推出《关于培育联合体的实施意见》《XC 市加快农业产业化发展行动方案（2017—2021 年）》等政策,将联合体作为农业产业化发展的重要载体,大力推进。G 县政府成立了县长为组长、各涉农部门负责人为成员的县农业产业化指导委员会领导组,出台了《G 县发展现代农业奖励扶持办法》等政策措施,文件规定要不断加大在财政扶持、土地使用和项目安排等方面扶持力度,推进新型农业经营主体联合协作和抱团发展,促进了联合体的新发展。

在培育发展农业经营主体时,G 县政府坚持"先组建、后规范,边发展、边完善"的原则,通过登记备案、完善管理制度、辅导员定期指导服务和规范化评比等活动,积极探索建立农民经营主体的运行机制、利益分配机制、农户和会员之间的契约约束机制等制度化建设,培育组建合作社联合社和联合会。

2014年,在县农委和镇政府指导下成立了H水稻种植专业合作社,构建起合作社大联合的平台。联合辖区内7家合作社和13家家庭农场发起成立的合作社,成立于2014年3月,成员出资总额100万元。2015年4月8日重新登记注册,现有社员152户,其中核心成员20个,成员出资总额220万元,带动农户2022户。

2015年,同样是在政府支持和指导下,Z米业公司与H水稻种植专业合作社联合,以签约优质水稻种植订单的方式,形成G粮食产业联合体。县政府通过加强资金扶持、提升综合服务等方式加大对联合体的扶持,在项目申报、信贷融资等方面重点向其倾斜。2015年,G县强化土地流转信息平台建设,进行土地区域化流转,G联合体当年共流转土地12132亩。在政策扶持下,G联合体将外部交易内部化,降低交易费用,迭代特征体现明显,为经济行为预期提供保障。

2016年,G联合体申报成为市级示范联合体。2017年,申报成为省级示范联合体,县政府给予了5万元的补助。

2. G粮油产业化联合体的"1+2"组织及其运转

在该模式中,政府依然是组织变迁的主导力量,龙头企业、合作社、家庭农场作为重要的参与主体也在积极探索,最终形成政策导向型经济组织。

第一,"1+2"的组织模式。合作社与家庭农场是以Z米业公司为圆心,以交易联结、互助联结和资产融合为节点,形成一二三产业高度融合的整体粮食产业链条,结成了利益共同体。由Z米业公司牵头,制定了联合体章程,规定了联合体由成员代表大会、理事会、监事会构成。联合体实行民主化管理,成员代表大会为最高权力机构,日常事务和重大事项由理事会研究并执行,监事会负责监督。H水稻种植专业合作社为保证种植及经营管理工作的顺利进行,也建立了各项规章制度,明确了各部门的职责及成员的权利和义务。联合体实现了从生产经营合作拓展到要素合作,从松散型合作走向紧密型合作,在相互博弈中实现利益最大化。

第二,G 产业化联合体的运行过程。以龙头企业为运行支撑,架起交易联接和互助联接的桥梁。Z 米业公司作为龙头公司,负责联合体生产经营计划、生产标准的制定、良种及生产资料供应、农业栽培技术服务、产品收购、产品销售。以联合体为服务调度中心,为新型农业经营主体开展系列化服务。H 水稻种植专业合作社为联合体提供全程服务,与家庭农场签订作业服务协议,安排统一作业服务,成员之间也可以相互提供农资、农技、农机、植保等专业化的服务。家庭农场按照龙头企业的技术标准,负责粮食生产。

3. G 粮油产业化联合体的组织协调和绩效评价

从经济效应看,2017 年合作社实现总收入 1841.64 万元,实现盈余 63.9 万元,当年提取盈余公积 6.39 万元,可分配盈余向社员返还 34.51 万元,占当年可分配盈余的 60%。成员与当地同类型非成员相比增收 40%。成员生产资料统一购买率 100%,农产品统一销售率 100%,标准化生产率达 100%,成员与合作社交易量占合作社总交易量的 100%。从生态效应看,以绿色种植秸秆还田技术为示范,把秸秆深翻沤肥还田技术推行到联合体成员和周边农户,改善了土壤结构,增加了土壤有机质和各种养分含量,涵养土壤水分,提高土壤保水保肥能力,相应地减少了化肥的投入量,降低生产成本,提高了产品市场竞争力。联合体成员之间可以享受到打捆式服务、批发式服务、专业化服务、低廉化服务,尤其是在生产资料和农机作业上,服务者与被服务者互惠互利优势特别明显。

随着纵向协调的增加,合作的活动延伸到产业链的上下游两端。作为一种新型的组织联盟,企业有了稳定的原料供应渠道,产品质量安全有了保障,家庭农场基本解决了技术、资金、市场、社会化服务等问题,合作社有了稳定的服务对象,几大主体以契约形式结成稳定的交易关系,建立紧密的要素链接、产业链接、利益链接,促进一二三产业融合发展,降低了风险,形成分工合作、

第七章　农业产业化联合体的发展绩效评价研究

优势互补、互惠互利的新型农业经营方式。

（三）G 粮油产业联合体的制度建设与组织局限：政策导向型组织绩效边际递减

1. G 粮油产业化联合体的集体行动困境

Mancur Olson（1977）指出，集体行动的困境是一个群体虽然有着共同的利益，但却无法达成追逐这个集体利益的一致行动。集体行动中如果没有良好的组织结构设计和组织制度建构，必然会陷入丧失组织效率的困境。G 联合体虽形成于市场，在政策导向下试点推广，制定组织章程，快速扩散，但联合体中的各经营主体的匹配程度决定了联合体的发展。

第一，经营主体的机会主义行为。机会主义行为在所有交易中都是一种风险，这种行为源于恶意追求自身利益，由于信息不对称和有限理性的存在，导致道德风险和逆向选择。G 联合体所面临的一项重要的困难就是在合作参与方面。作为一个合作相对紧密的组织，利益分配制度由企业主导，Z 米业公司有强烈动机选择有利于自己的利益分配方案，但家庭农场通常会为追求更高的收益而违约。家庭农场对联合体的看法是短视的，不愿意在组织中承担风险，更关心的是自己的利益而不是联合体。由于组织向各经营主体提供的刺激不足以降低交易成本，各主体之间缺乏忠诚，危及整个联合体，使合作的框架极具脆弱性，这也是联合体这种组织的制度环境所导致的无法解决的问题：

"做水稻订单的时候，我们给的价格比较高。如果市场收购价 1.5 元左右，我们给的起步价就直接是 2 元，所以农户违约的非常少。但是，农户还是这样，如果市场上价格高一些，哪怕市场的价格只比我们高 2 分钱，他们也会卖给市场。"（案例编号：L 企业工作人员 20180724012）

第二，合作经营中的信息不对称。联合体中的信息不对称使经营主体之间的关系变得紧张，降低了家庭农场与企业和合作社之间交易的信心。合作方民主管理的目的是使经营主体参与联合体中进行一切讨论和审议,民主是合作的核心,没有民主,合作就无法发挥作用。联合体原则上应确保决策的全体参与,虽然有成员代表大会制度,但实际上G联合体却只有执行小组实际管理联合体的运作,联合体的日常管理决策通常是不让相关家庭农场参与而做出的。调查显示,家庭农场也不总是愿意参与组织的运作,更多的是以听众的身份参与,而不是决策者。家庭农场缺乏参与的动机,因为没有从这种参与中看到任何直接的利益。民主的缺失损害了经营主体之间的良好关系:

"平时开会,我们有一个微信群,会在群里通知开会的时间地点,讨论一下明年的新品种啊,邀请农业技术推广中心的专家们给我们讲一讲农作物种植这块。但是,一年最多也就搞个次把。"(案例编号:W_2农户20180725016)

第三,经营主体发展联结不匹配。Z米业公司现有的产品附加值普遍不高,在自身利润率不高的情况下,核心带动作用有限。合作社规虽然建章立制,但运行仍有待规范,经营管理水平有待提高,没有起到联结纽带作用。家庭农场和专业大户中从事农业生产的多是老人、妇女,劳动能力偏低,劳动力结构性短缺严重,科技种田能力普遍不高,精细规范的生产管理难以到位,农产品安全和生产标准得不到保证。因此,如果联合体内各经营主体发育不足,那么这样的联合体就是低层次的,经营主体整体实力不强制约联合体发展,真正的现代农业产业联合体也就无从谈起。所以,培育壮大经营主体就显得尤为重要:

"我们这里种田的年轻人少,大多跟我这么大吧(50岁左右),还有年纪更大的,一般农忙的时候年轻人会回来下。"(案例编号:L合作社20180725017)

2. G粮油产业化联合体的制度建设

为了克服集体行动困境,保证种植及经营管理工作的顺利进行,G联合体建立了各项规章制度:会议制度、理事会职责、培训制度、财务制度、分配制度、

第七章 农业产业化联合体的发展绩效评价研究

成员账户、入(退)社制度、档案管理制度和生产技术规程,明确了各部门的职责及成员的权利和义务。这在短期内确实能够改善组织的经营绩效,但对于政策导向型组织而言,如果没有相应的资金使用规范和激励机制,政府补贴带来的组织业绩增长只是暂时的,后续所带来的组织发展问题,严重制约了组织发展。在地方政府不会对组织发展持续补贴的背景下,联合体又无法形成制度化的合作激励。

第一,掩盖了组织的经营困境,养成组织依赖政策扶持的惰性。由于农业产业的弱势性,政府补贴是支持我国农业发展的一种重要的政策工具,但是,对于农业生产组织而言,如果一定时期内的政策扶持没有促进其自身竞争力的培养,则会导致组织对于工作的推动缺乏自觉性,没有主观能动性,一遇到困难就寄希望于政府来解决,形成政府扶持就发展、政府不扶持就停滞的状态。访谈时,这种观点屡见不鲜:

> "如果政府在联合体发展这块主导,能给点补助项目资金,那联合体能开展的事情就要多一些。但如果政府给的补助少,搞个一次两次还可以,但是时间长了,老是我们企业贴钱,这事也难办。"(案例编号:Z 企业工作人员 20180723008)

第二,当好的政策变成任务,政策执行的走样不可避免。由于政策不是具体的实施方案,政策在执行中与原有的利益格局产生冲突和矛盾,会导致政策落实出现扭曲和变形,形成"上有政策,下有对策"的局面。访谈中,可以感受到的是 Z 米业公司对于成立联合体虽然有市场的需求,但更多的是为完成政府的任务:

> "他们一来就是五六十人,也就是要五六桌饭,光吃饭就要好几千块钱。评上了省级联合体,政府奖励了 5 万块钱,开几次会就没有了。"(案例编号:Z_2 企业工作人员 20180724018)

如果组织不能够完善治理机制以及自身核心竞争力开发,政府的扶持政策对于经济组织的倾斜只会使其更加弱化。农业产业化组织普遍存在较为严重的发展约束问题,因而对产业政策影响较为敏感,更有可能产生政策依赖症。对于联合体而言,特别是经政府审核的示范联合体,当企业成为可以享受优惠政策的主体后,联合体还能不能按申报方案来生产经营？而即便扶持性产业政策是必要的,其施政的最重要一环是何时退出以及以何种方式退出？

3. G 粮油产业联合体的组织限度

政策导向在组织建立的初期,作为强有力的一种推进方式,在资源配置和社会生产中很好地发挥着作用,但是伴随着组织的运行和相关制度的建立,其作用空间不断缩小。

第一,个体所面临的问题,联合体成立后依然没有解决。甚至在组织形成以后,一些问题因此而放大。例如,G 联合体为规模经营,对农业保险的需求更高,但目前农业保险却存在保险费用高,而保障水平非常低等问题,远远满足不了联合体发展的需要,比如水稻的保费已增加到 15 元/亩左右,但是在大灾之年,农业保险根本无法弥补联合体的损失；G 联合体缺乏新型农机及灌溉、仓储烘干等农业大型装备,致使联合体在实现规模化生产中面临困境；组织负责人年龄偏大,专业技术人才匮乏,多数上了年纪的农户接受新事物、新销售方式的能力弱,不能及时掌控现代农业发展趋势和市场信息；农村劳动力短缺,土地资源紧张,农村承包土地纠纷多,窒碍了土地流转；联合体内各经营主体融资担保缺乏有效的抵押物、贷款成本高、流动资金缺乏,制约了联合体的发展。

第二,政策之间衔接不够充分,某些方面存在脱节的情况。资源配置模式以政策补贴和项目为主,由于部门之间的分工不同,资源配置缺乏协调,最终导致许多政策落实效率不高,具有明显的滞后性,也是问题得不到解决的原因之一。如在 G 粮油产业化联合体中,农业企业经营用电问题,尽管省里已经有相关规定出台,但是至今没有落实到位等。

在组织发展的起步阶段,新的组织模式所面临的风险通常会大于原有模式,亟待建立健全新的体系制度与其匹配,因此,需要政府出台相关的扶持政策来弥补市场失灵,进行宏观调控,协调组织的发展。在这过程中,政府一方面希望通过政策干预消除一切阻碍新组织发展的不必要的限制力量,另一方面又希望尽可能利用市场机制实现政策目标协调,维护产业升级的顺利进行。但是,当组织过早制度化后,又有可能出现政策存在则发展、政策退出则落后的现象,导致组织发展高度依赖政策扶持,绩效边际递减。新型农业经营主体原本就面临的资金难、人才难等问题,联合体依然无法解决,环境约束、成本上涨等新问题接踵而来,但这些问题对于组织规模更大的联合体来说更为严重,制约其持久发展。

五、结论与讨论

根据上述研究,一个基本结论呈现出来:政策导向型经济组织的绩效波动是由组织运作所嵌入的发展逻辑与制度逻辑之间的二元冲突造成的。具体而言,政策导向型经济组织是地方政府通过产业政策安排,以"组织"的方式诱导资源突破市场约束,在企业间进行重新配置。在这种背景下,政策导向型经济组织由于弥补了市场组织的缺陷而产生了一定的经济绩效。但是,这种组织方式又与市场经济内在的制度逻辑相互冲突。因此,随着时间的推移,政策导向型经济组织所产生的绩效又会存在边际递减的现象,从而产生了组织绩效的波动。这个基本结论有助于进一步解释中国政治经济发展的一系列问题。

第一,这一基本结论可以从组织学的角度进一步解释发展型政府理论的核心问题。发展型政府理论旨在讨论有利于经济发展的政治经济模式。当前,理论界的一个基本共识是,在中国经济持续增长的背后存在着一个不同于西方典型国家的政治经济模式。这种政治经济模式是对"华盛顿共识"(2006)主导的西方政治经济理论的一种外在挑战,同时也构成解释中国经济40年持续增长的一个关键因素。但是,当前对这种政治经济模式的研究格局主要集中在制度经济学领域,其所关注的话题主要是中国的政治体制如何为地方政府的经济发展供给有效激励,以及地方政府在特定激励下如何实现角色的转换。而对于地方政府采取何种政策工具促进经济增长却缺乏足够的重视。本书的研究正是在讨论地方政府以"组织"为政策工具推进经济发展的政治经济模式。事实上,这种模式是中国经济体制转型的特有产物,它既与计划经济时期的组织传统密切相关,但又遵循市场经济体制的现代产权逻辑。这种制度逻辑的复杂性超出了西方经济学界的理论假设与经验积累,也是中国经济发展实践所蕴含的理论贡献。从这个角度上看,本书的研究也能从政策工具的角度丰富制度经济学界关于中国经济增长之谜的理论解释。

第二,这一基本结论有助于进一步透视中国的地方政府与企业之间的关系变迁。"政府—企业"关系破解中国发展型政府的一个关键性的关系维度。1994年分税制改革突破了地方政府与在地企业之间的直接隶属关系,以及由此生成的"地方法团主义"模式。但是,经济发展的属地责任,又使地方政府积极地利用组织权威对企业进行组织。由此可见,分税制改革并没有完全解释"地方法团主义",而是将地方政府与在地企业之间的关系由"直接隶属"向"间接控制"转变。这种转变的背后是属地原则在"政府—企业"关系中的内在作用,同时也是中国经济发展背后的重要政治逻辑。

第三,这一基本结论有助于在理论与实践上对"市场失灵"问题的经典辩论做出回应。世界经济在经历数次经济危机后,理论界对"市场失灵"的现实作用已经达成了广泛共识。但是,对于政府干预的争议与辩论却屡见不鲜。其中,福利经济学与新自由主义经济的辩论已经形塑关于政府如何应对"市场失灵"问题的基本辩论框架。在这个基本框架下,理论界往往争议于政府干预在"优—劣"之间的质性判断,对于"政府—市场"关系的现实复杂关系缺乏足够的案例观察。本书通过政策导向型经济组织的个案研究,发现了时间要素在"政府—市场"关系中的重要意义。通过时间要素的引入,不仅能够发现组织初期地方政府扶持性政策的作用机制,也能观察到组织后期的制度性约束。因此,政府干预并不是一个"优—劣"之间的质性判断,而是在时间要素作用下而呈现出的属性变迁。

第四,这一基本结论同时隐喻了地方政府深化改革的导向。政策导向型经济组织依然必须顺应市场经济体制,以及遵循市场规律。(1)政策扶持应与政府职能转变相互配合,明确扶持农业产业联合体发展时市场与政府之间的关系。做到不大包大揽,不强制发展方向,尊重市场的导向规律。调整政府职能转变为引导农业产业结构的调整、服务于农业组织的转型发展,为联合体的发展提供宽松的环境。(2)政策导向型经济组织应在长期视域内明确市场经济体制的决定性作用。随着组织的发展,产业联合体应逐渐由服从地方政府的组织权威向服从市场经济的运行法则转型。这就需要在组织发展的过程中,明确地方政府的政策干预应转向于完善市场秩序、加强基础设施建设、提高公共服务的范围和质量等宏观性与基础性作用,而逐步减少以组织权威为基础直接性行政干预。(3)政策导向型经济组织的联结机制应由发展逻辑向制度逻辑转变。融合组织的发展,关键在于联结机制。地方政府应根据经营主体的情况,合理优化和调整政策支持体系,推动随着联结方式的提升。对于联合体而言,联结方式必须要考虑当地经济社会发展状况、各新型经营主体能力和家庭农场的认识程度等因素,从而在引导龙头企业与家庭农场在形成利益共享、风险共担的联结机制基础上,形成促进农业不断发展和农户增收的制度基础。与此同时,做好示范带动,利用好这些示范联合体增强对政策的信赖度和对政策的理解,提升组织利用和运用政策的意愿,从而做出相应的决策,提高组织绩效。

第六节　本章小结

本章主要从协同绩效、经营绩效和政策导向型经济组织三个方面,对联合体的发展绩效评价进行了研究。首先,对于协同绩效方面的研究,主要利用安徽省9个市县的574份联合体问卷,根据协同理论,从资源共享、制度规范、合

农业产业化联合体的协同机制与绩效评价

作关系和组织稳定四个维度构建联合体协同绩效指标体系,并遵循逻辑主线又体现区域特色,形成多层次、复合型的有机整体。采用物元可拓法对协同绩效水平进行定量测度和比较。对于经营绩效方面的研究,主要基于"三重盈余"理论,从经济效益、社会效益和生态效益三个维度构建经营绩效指标体系,并采用熵权-Topsis法对安徽省9个市县82个联合体进行评价和实证分析。对于政策导向型经济组织方面的研究,文章首先引入了案例,提出解释路径和分析框架;其次,以安徽省G粮油产业化联合体为例详细描述和分析政策导向型经济组织绩效的变化过程,并对分析框架进行丰富和扩展;最后进行总结和讨论。

第八章 农业产业化联合体发展的路径选择

在乡村振兴战略背景下,推进农村一二三产业融合发展、构建现代农业经营体系是推动乡村建设的重要动力。近年来,安徽省农业产业化快速发展,以新型农业经营主体为核心的农业产业化联合体规模也在逐步扩大,促进农民增收,加快农业现代化建设,使农村面貌焕然一新。通过实地调研,分析联合体发展的协同机制及绩效评价,针对目前安徽省联合体出现的问题,提出以下发展路径。

第一节 优化利益机制,推进联合体一体化发展

一、完善联合体的产业链、要素链、利益链机制

提升农民专业合作社的服务水平和联结农业龙头企业与家庭农场之间的能力。强化各新型经营主体之间的沟通协作水平,合理分析联合体内部成员的优劣势,建立合理的分工协调机制。促进一二三产业融合,实现产业链纵向延伸、横向拓展,发展从生产养殖、规模加工、包装运输到品牌销售、休闲旅游等全产业链的农业产业化经营模式。合理配置土地、资金、技术、人才等要素

资源,促进要素在联合体内流动和共享,建立公开透明可追溯的要素链,从而提高生产经营效率,实现规模化经营。建立公平合理的契约合同约束机制、以协作为基础的利益共享机制,由参与主体和政府共同监督,实现互惠互利、合作共赢。延长产业链,打通要素链,完善利益链,围绕把联合体打造成为一种创新利益联结机制,实现"三链融合",促进联合体发展。

二、扩大龙头企业规模,提升带动作用

农业龙头企业是联合体发展的关键依托和主导力量。在政策上对联合体进行扶持,培育一批优质的农业龙头企业,鼓励农业龙头企业扩大自身规模,充分发挥其引领、带动作用。要积极贯彻现代企业制度,完善产品链条,对农产品进行深加工,增加农产品的附加值。同时,从技术研发创新与组织管理创新两方面增强龙头企业的综合创新能力,提高企业综合实力,加强带动作用。鼓励农业龙头企业利用网络平台,提升农产品包装服务,运用物联网平台,进行线上营销,拓宽农产品营销渠道。要建立科学合理的规章制度,加强通过签订协商合同,建立联合体管理规范,及时将股份分红、利润进行公示,兼顾成员利益诉求,确保联合体内部成员利益不受损害。农业龙头企业应该合理整合企业资源,带动联合体的整体发展。

三、鼓励股份合作,实现互利共赢

研究发现,联合体的经济绩效在治理机制对组织稳定性影响中具有调节作用,在经济绩效提高的条件下,治理机制对组织稳定性的促进作用更加有效。因此龙头企业应发挥自身优势,促进联合体整体经济绩效的提高,让农户更多分享联合体这一产业模式下"1+1+1>3"聚变效应带来的增值收益。就家庭农场、农民专业合作社而言,通过土地、劳务、资金、生产设备以及技术等资源资产入股,参与生产经营,壮大联合体经济,以按劳取酬、按股分红的原则进行利益分配,提高农户参与生产的积极性,实现良性循环。通过建立合理公

平的利益共享、风险共担的利益联结机制,保持各个经济主体之间稳定的合作关系,实现互利共赢。

四、提高农产品服务水平,强化联合体社会责任

首先,建立健全农业信息化服务体系。整合农业信息资源,打造覆盖面广、涉及内容多的综合性信息服务平台。及时将相关农业信息、优惠政策、补贴信息在平台上公示,让广大人民群众可以准确了解农产品的相关信息,提高农产品服务水平。其次,创新营销手段。充分利用互联网平台,通过直播带货、电子商务等方式进行网络销售,简化营销程序。再次,建立农产品质量安全检测体系,对农产品从生产、加工、销售等各个环节严格把控,按照不同环节、不同产品生产经营的技术操作规范进行管理,保障农产品质量安全。最后,加强联合体社会责任意识,积极构建联合体生产经营的诚信体系,认真履行社会责任。树立正确的社会责任观念,保障消费者合法权益,积极服务社会,奉献社会;制定社会责任管理的考核指标体系和诚信体系,对生产过程及时监督,自觉接受政府和社会的监督;积极营造诚信文化,潜移默化地影响产业化联合体的各个成员,强化各个成员的职业道德。

五、创新运行的新模式,保障小农户利益

小农户是联合体发展的重要组成部分,积极构建"农业龙头企业+农民专业合作社+家庭农场+小农户"的组织模式,促进安徽省农业现代化的发展。政府制定扶持小农户发展的优惠政策,在政策上给予补贴,鼓励小农户积极融入联合体生产经营,共享联合体发展成果。农业龙头企业与普通农户建立合理的利益联结关系,为他们提供良好的发展机会,发挥其带动作用。农民专业合作社发挥中间纽带的作用,发挥组织动员的能力,积极主动与小农户建立联系,并为其提供服务,保障小农户的利益。

第二节　完善治理机制,提高联合体治理能力

一、规范多元主体治理的协作运行,加强联合体内部治理

联合体是由农业龙头企业、农民专业合作社、家庭农场等新型农业经营主体构成,各个新型农业经营主体之间的资源共享与合作互利,推动联合体的运行。联合体的内部成员之间的治理依靠制度、政策、信息等来约束,制定严格的组织规章制度,树立制度权威,确保联合体内部成员都严格遵守。联合体中制度权威的形成主要靠农业龙头企业为主导的多元治理主体,根据各个新型农业经营主体的诉求和市场现状,制定符合各主体利益的规章制度,从而达到规范新型农业经营主体的行为的要求。

在生产经营方面,为了提高联合体的生产效率,可以聘请专业的技术生产人员,从而使生产朝着专业化、标准化方向发展,生产高质量的农产品。在决策方面,由于决策权一般受农业龙头企业控制,因此,鼓励农民专业合作社和家庭农场的成员积极参与到决策当中来,建立民主决策机制,保障各成员的相对平等的话语权和知情权,使决策更加倾向于反映联合体所有成员的利益。在制度制定方面,明确各个农业经营主体之间权、责、利的关系,制定战略规划,调整各个农业经营主体之间的合同关系,使新的忠诚与合作标准成为可能。

规范多元主体治理的协作运行,有利于加强联合体内部的管理,提高联合体的生产效率和农产品质量,有利于增强联合体各成员的参与意识。

二、不同阶段差异化综合治理,实现有效治理

联合体的稳定发展应当以规范联合体成员经济行为作为前提,联合体内部成员之间通过签订详细的契约、积极沟通、共同制定目标与计划等方式提高

联合体成员之间关系质量稳定。我国联合体处于发展初期,联合体制度不完善、家庭农场经营主体法律意识不强等问题对当前联合体的稳定性的治理方式提出了更高的要求。因此,联合体在不同的发展阶段需要采取差异化的综合治理方式才能够达到有效治理的目的。在发展初期,应当重视规范治理对组织稳定性的作用,尊重当地家庭农场经营者的交易惯例和交易伦理,同时也要意识到契约治理的必要性,建立较为完善的正式契约作为保障。随着联合体制度不断完善以及联合体成员法律意识的提高,联合体走向成熟期时,应当加强正式契约治理,制定更为详细的合作条款和生产经营计划等,保证家庭农场同龙头企业之间稳定的供求关系。

三、加强内外部信息沟通,提升联合体市场竞争力

联合体内部各主体之间良好的信息沟通是提高生产经营效率的关键,各个家庭农场之间通过加强沟通,能够在交易过程中自觉形成双方认可的交易规则和交易规范。同时,良好的沟通环境能够加速有关信息的传播和扩散,一定程度上能够约束联合体内经济主体的行为。就家庭农场而言,高信息沟通量和传播扩散情况,会提升家庭农场的违约成本,能够减少投机主义行为的发生,有利于组织内部稳定。

外部信息沟通同样重要,龙头企业应当加强同有关科研院和农业科技研发队伍的合作沟通,为家庭农场的生产提供专业化的种养殖技术,对农民进行专业化培训,提高农民生产专业素养,依托科技创新实现农业产业链的延长和资源的充分利用,提升农业产业联合体市场竞争力。同时,外部市场信息不可忽略,根据市场产品的供需情况对生产经营及时做出判断与调整,减少联合体整体效益因市场波动而造成的损失,保证联合体的稳定发展。

四、完善农产品价格支持制度,平衡稳定农产品价格

农产品价格的变化对联合体生产经营具有重要影响,农产品价格过低或

过高,都会增加联合体内部各成员的违约风险,因此,稳定农产品价格有利于联合体的发展。首先,完善农产品价格支持制度,避免因市场价格大幅波动给联合体带来不必要的损失,为联合体的发展营造良好的市场环境。其次,完善农产品价格形成机制。当联合体的农产品价格低于市场价格时,应以市场价格和售价之间的差价和购入量为标准,对联合体农产品加工销售企业给予财政补贴;当联合体的农产品价格高于市场价格时,应以市场价格和售价之间的差价和销售量为标准,对联合体农产品生产者发放财政补贴。通过这种形式的控制,可以有效防止农产品价格变动给联合体带来的收益损失,有效降低风险,有利于联合体的长期稳定发展。

第三节　完善保障措施,厚植联合体的发展优势

一、积极保障用地需要,解决"用地难"问题

首先,政府应该积极落实农用地政策,加大对农用地政策的执行力度,简化审批程序,出台专门的关于农用地的实施细则,对联合体各成员用地给予政策上的支持。政府应积极为联合体提供设施农用地,尽可能将闲置的集体建设用地开发成厂房用地、仓库用地、生产用地,并根据申请主体的生产面积合理分配土地,为他们创造良好的生产环境,鼓励他们做大做强。其次,协调好建设用地的指标,对新增建设用地适当增加,并考虑优先分配给发展状况比较好的联合体,给予审批,同时提供一定的土地优惠政策,从而促进安徽省农业的发展。最后,土地流转的不规范使农民利益受到损害,安徽省应尽快出台相关政策,规范土地流转程序,成立土地纠纷部门,积极处理好因土地纠纷而带来的问题,建立互联网网上土地流转平台,对土地流转的全过程进行监控,加大土地流转检查力度。

二、积极开展金融服务创新,解决资金困难

首先,积极鼓励银行、保险等金融机构进行金融体制创新,在金融借贷方面,适度偏向于联合体各成员。安徽省联合体存在着融资难、金融体系不健全等问题,政府应积极倡导银行、保险等金融保险机构为联合体提供贷款、担保,政府要以身作则,通过扩大财政贴息、金融担保等方式来扶持联合体的发展;同时拓宽政策性农业保险的范围,将农民专业合作社、家庭农场生产的主营农产品列入政策性农业保险的范围,享受财政保费补贴的优惠政策,扩大保费补贴力度,解决联合体在生产经营中的后顾之忧,提高联合体抗御各种风险的能力;政府应建立健全信用体系和信用评级体系,加快联合体的信息采集,各类经营主体可以凭借信用评级结果向金融机构借款,一定程度上放宽对联合体的贷款条件。其次,金融、保险机构应根据联合体内部成员的具体情况,针对性地开发金融产品和保险产品。扩大抵押、质押范围,将股权、林权列入抵押、质押范围,并提高抵押物的抵押率。积极引导农业龙头企业为农户、家庭农场担保贷款。打通农村产业融资渠道,引导其他金融资本、工商资本和社会资本投入产业重点领域。

三、加大财政支持力度,落实各项政策

资金是联合体发展的重要要素,政府加大财政支持力度是联合体稳定发展的重要保障。首先,设立专项资金,专门给予联合体资金支持,通过直接补助、以奖代补、贷款贴息等方式,对于想扩大规模但缺乏资金进行贷款的龙头企业,应给予财政贴息;对家庭农场的土地流转达到一定规模的家庭农场给予财政奖补;对购置农机、农具的联合体给予农机购置补贴。对农业项目,特别是在农田上实施灌溉排水、道路整治等基础设施建设方面,优先考虑让联合体各经营主体来实施。联合体或各经营主体对以上项目资金的使用实施定期向专门部门进行回报,防止弄虚作假情况的发生。落实农业相关税费政策,对联

合体各成员给予税费扶持优惠政策。农业龙头企业从事种养生产的,享有企业所得税优惠;家庭农场、农民专业合作社销售自产产品,免征增值税。

四、完善人才政策,培育新型农民

首先,提高农村薪酬待遇,为吸引农业技术人才、青年大学生、企业家等到农村创业创造条件。政府应积极建立和完善具有针对性的人才政策,投入人才培育资金,鼓励先进的知识分子和农业专业性人才主动支农,带动农村的发展。开展高校和农业科研院所专家交流会,让农业专家深入农业龙头企业进行指导工作,建立实训基地,鼓励高校大学生到农业企业实习。建议农业、科技部门派指定专业技术人员驻扎农业企业,为农业企业提供技术指导,鼓励大学生到乡镇担任村官,为乡村的发展出谋划策。其次,整合培训资源,利用各种社会培训资源对生产、经营、管理、技术人员进行相关技能培训。优先安排联合体生产、管理部门人员到外地考察学习,业务骨干到科研院所进行培训学习,提高经营管理能力。加强职业农民培训力度,对于农村学历偏低的农民进行农业职业教育,并设立考核机制,提高农业知识水平,培养有知识、有技能的现代化新型农民。

五、加快统筹协调推进,强化工作指导

安徽省应积极构建新型农业经营体系,促进农业产业化转型升级,建立专门的工作领导小组,强化组织领导。省政府、农业部门等各职能部门共同参与,相互配合,积极投身统筹推进联合体发展建设。完善奖励考核制度,将联合体建设和发展情况列入农业农村工作考核内容,鼓励单位和个人积极投身联合体的建设,对于成绩优异者,给予表彰。建立健全认定体系,规范联合体认定管理制度,提高联合体的准入原则,对于不符合要求的经营主体不予进入。联合体内部建立完整的工作机制,加强各新型经营主体之间的协作能力。

六、加强品牌建设,实施商标战略

农产品具有同质性,品牌是对产品的识别。利用品牌效应提升产品价值,进一步提高联合体经济效益。首先,是对品牌产品和企业的选择。瞄准较高市场占有率且溢价能力较高的农产品作为打造对象,选择综合实力较强、信誉度高的企业实施核心运营。其次,提升农产品的质量,在生产方面农业龙头企业应进行农产品标准化生产,规范生产操作流程,建立农产品质量监测机制,实时检测农产品流转的各个环节,确保农产品质量安全。农业龙头企业应积极落实"三品认证"及原产地标记、地理标志等工作,加快绿色产品、有机产品、地理标志产品的质量标准体系建设。最后,提高联合体内部成员的品牌意识,引导联合体各成员进行商标注册,提高农产品品牌竞争力,品牌建设应当体现出当地特色,延长农产品产业链,提高农产品附加值。通过参加农展会,利用物联网进行销售,加强品牌营销,扩大品牌的知名度。

第四节 研究展望

随着我国联合体注册数量的增多,影响力的增强,联合体的研究领域也将不断扩大,这是发展的必然趋势。联合体的研究在未来发展中至少可以在如下三个方面扩展。

一、多学科多角度研究联合体

目前,我国研究者们对于联合体的研究大多数是从经济学视角出发,研究的角度较为单一,联合体在发展过程中,利益联结机制不健全所致的各经营主体之间存在的利益问题、管理模式不完善问题,未来可以从管理学的视角出发,研究联合体内部运行机制,完善利益分配机制、管理体系,促进联合体稳步发展。鼓励多学科、跨学科研究农业产业联合体及各经营主体之间的关系,提供多角度研究思路,完善联合体的管理体系,实现高质量发展。

二、现代生态联合体的研究

随着生态理念的推广,未来的农业发展趋势会朝着生态、绿色的方向发展。因此,未来联合体的发展方向应当与生态农业相结合,探索出一条新的现代生态联合体的发展路径。积极构建绿色产品、企业、产业生态圈体系,通过品牌培育打造绿色产品生态圈,建立农产品从繁育、生产、加工到销售的全过程可追溯体系。通过联合体各经营主体相联合打造绿色企业生态圈,培育一批生态企业、生态农场和生态农庄,形成紧密的产业链。通过生态循环发展打造区域农业产业生态圈,形成以生态企业为中心的小循环、以示范区为中心的中循环、以区域为中心的大循环的循环体系。因此,未来的联合体的研究应拓展到生态联合体领域上来。

三、互联网+联合体融合的研究

随着互联网的发展,大数据的时代已经到来,为联合体的发展提供了良好的机遇。综合利用好现代网络技术实现联合体的发展,鼓励互联网+联合体融合的研究,促进农业现代化的转型升级。结合物联网、大数据、云计算等技术发展智慧农业、创新农业等新业态产业,为现代化农业发展注入活力。以网络信息平台为基础,建立信息共享机制,对农业信息资源进行整合与发布,帮助人们了解到支农惠农政策、新技术新品种应用等农业相关信息;构建农产品信息交易平台,生产者可以实时获取市场信息,根据农产品供求情况对生产作业进行及时调整,实现精准作业;在质量安全方面,利用互联网,对外公开农产品生产过程中各环节的相关信息,构建农产品质量安全追溯体系,如果农产品质量出现问题,可以找出问题的环节并及时解决。因此,未来对于互联网+联合体融合的研究也十分重要。

附件1　联合体龙头企业问卷调查

尊敬的女士/先生：

您好！为了研究安徽省联合体的发展情况，我们目前正在对联合体发展的相关信息进行调研，您的参与对我们的研究起着非常重要的作用。问卷所有数据仅用于学术研究，不用于任何商业用途，请您放心。再次感谢您的合作！

下列指标是可能影响联合体绩效的相关因素，请您根据您的实际情况作答，请您在符合情况的选项上打对勾，注明多选的可多个选项，其余均为单选，未有选项的可直接写。谢谢！

一、基本情况

1. 贵公司名称：
2. 贵公司成立时间：
　(1)1—3年　　(2)4—6年　　(3)7—9年　　(4)10年及以上
3. 贵公司注册资金：
　(1)50万以下　(2)50万—100万　(3)100万—500万　(4)500万以上
4. 贵公司是属于哪类农业龙头企业：

(1)国家级　　(2)省级　　(3)市级　　(4)县级　　(5)都不是

5. 贵公司员工人数：

(1)50人以下　　(2)50—100人　　(3)100—500人　　(4)500—1000人　　(5)1000人以上

6. 贵公司在_____年加入联合体,联合体内农民专业合作社_____个,家庭农场_____个。

7. 贵公司从事生产及加工类别(行业)：

A 粮食类　B 油料类　C 蔬菜类　D 肉类　E 林特产类　F 棉麻丝类　G 乳类　H 蛋类　I 水产类　J 糖类　K 水果类　L 食用菌类　M 种子类　N 皮毛类　O 其他

二、联合体产生的经济效益

8. 请根据贵公司近年经营情况,填写下列表格：

	2016年	2017年	2018年	2019年
销售收入(万元)				
生产成本(万元)				
所得税(万元)				
总资产(万元)				
总负债(万元)				
从家庭农场处购买农产品(吨)				
将其所加工、售卖(吨)				

9. 联合体有没有为农户提供贷款担保服务？○没有 ○有；若有,2019年为农户担保贷款余额_____万元。

10. 您认为企业净利润以及销售收入的变化与加入联合体的相关程度：

(1)高　　(2)较高　　(3)一般　　(4)较低　　(5)很低

三、联合体产生的社会效益

11. 贵公司所在联合体属于哪种类型：

(1)政府推动型　　(2)龙头企业带动型　　(3)合作组织带动型

(4)专业市场带动型　　(5)其他

12. 您认为联合体建成以来对当地综合发展起到了一个怎么样的作用(可多选)：

(1)增加了当地的就业水平

(2)带动农户从事专业化生产

(3)带动了其他相关企业的发展

(4)增加了本地的财政收入

(5)产生了环境问题,生态系统遭到破坏和受到影响

13. 联合体带动地方闲散劳动力就业的能力：

(1)强　　(2)较强　　(3)一般　　(4)较弱　　(5)弱

14. 联合体对带动相关产业规模的扩大的能力：

(1)强　　(2)较强　　(3)一般　　(4)较弱　　(5)弱

15. 贵公司形成联合体后,相比于形成联合体前,企业新增雇佣人数：

(1)50人之内　　(2)50人以上　　(3)没有变化　　(5)裁员50人以下

(6)裁员50人以上

16. 自成立联合体以来,是否有获得政府相关表彰？ ○没有 ○有；若有,获奖＿＿＿＿＿次。

四、联合体内资源共享情况

17. 贵公司与合作社、家庭农场是否共建信息沟通平台？ ○没有 ○有；若有,沟通平台是：(1)微信群　(2)QQ群　(3)短信　(4)其他

18. 请根据实际情况,在您认为的空格内打钩(√)：

	高	较高	一般	较低	很低
您认为联合体内部沟通是否顺畅					
贵公司在联合体内能获得需要的有效信息、生产资料的及时程度					
共享的信息、生产资料在联合体内得到有效利用程度					
共享的信息、生产资料及时更新程度					

五、联合体内制度规范情况

19. 联合体现产品知名品牌数_____个,三品认证数_____个。

20. 联合体是否设立理事会、监事会？○没有 ○有;若有,联合体董事会成员企业、合作社和家庭农场占比数分别为_____,监事会占比数分别为_____。

21. 代表大会的决策原则是什么：

（1）一人一票　　（2）一股一票　　（3）按出资额设立附加表决权

（4）按交易额设立附加表决权　　（5）其他

22. 联合体业务处理和运营是否有标准的流程和制度文本？○没有 ○有;若有,请回答以下问题,没有请跳过此题：

	非常同意	比较同意	一般	比较不同意	非常不同意
现有的制度非常合理					
组织成员对各自工作任务清楚					
联合体拥有完善的问题处理流程,问题处理效率高					

23. 联合体是否具有成员激励规章制度？○没有 ○有;若有,您认为是

否满意该规章制度：

(1)非常不满意 (2)比较不满意 (3)一般 (4)比较满意 (5)非常满意

24. 联合体是否具有成员监督制度？○没有 ○有；若有，您认为是否满意该规章制度：

(1)非常不满意 (2)比较不满意 (3)一般 (4)比较满意 (5)非常满意

25. 企业与家庭农场利益联结方式：

(1)订单农业 (2)规范合同 (3)合作或股份合作 (4)股权联结 (5)其他

26. 企业合作社利益联结方式：

(1)订单农业 (2)规范合同 (3)合作或股份合作 (4)股权联结 (5)其他

27. 贵公司如何承担联合体经营中的风险：

(1)单独承担 (2)与联合体成员共同分担 (3)政府分担 (4)政府和联合体共同承担 (5)其他_____

28. 联合体是否购买农业保险？○没有 ○有；若有，您认为保险是否能有效规避经营风险：

(1)非常不同意 (2)比较不同意 (3)一般 (4)比较同意 (5)非常同意

29. 向家庭农场返还盈余的方式有哪些？

(1)按股份分红 (2)按交易量返利 (3)按产品质量等级返利 (4)按合作时间长短返利 (5)其他_____

30. 向合作社返还盈余的方式有哪些？

(1)按股份分红 (2)按交易量返利 (3)按产品质量等级返利 (4)按合作时间长短返利 (5)其他_____

六、联合体内制度执行情况

31. 请根据实际情况，在您认为的空格内打钩(√)：

	高	较高	一般	较低	很低
企业在联合体利益分配中的合理程度					
贵公司的员工对联合体运作流程的了解程度					
请您客观评价联合体规章制度完善程度，纪律严明程度					
请您客观评价联合体内部管理合理程度					

32. 请根据实际情况，在您认为的空格内打钩(√)：

	非常同意	比较同意	一般	比较不同意	非常不同意
联合体各成员能共同进行生产计划的制定和执行协作					
联合体制度仍有需要完善之处					
联合体制度能根据发展不断进行自我完善					

33. 您对联合体哪些方面比较满意(可多选)：

(1)利益分配　(2)任务分配　(3)管理机制　(4)其他_____

34. 您认为联合体存在哪些需要改进的地方(可多选)：

(1)联合体利益分配不均

(2)联合体管理机制需要改进

(3)联合体任务分配不合理，使某方负担过重

(4)其他_____

35. 请您对农民专业合作社履行合同状况进行评价：

(1)高　　(2)较高　　(3)一般　　(4)较低　　(5)很低

36. 请您对家庭农场履行合同状况进行评价：

(1)高　　(2)较高　　(3)一般　　(4)较低　　(5)很低

七、企业对联合体稳定性认知状况

37. 请您根据联合体发展状况填写以下表格：

	2016 年	2017 年	2018 年	2019 年
退出联合体家庭农场户数				
加入联合体家庭农场户数				

38. 请根据实际情况，在您认为的空格内打钩(√)：

	非常同意	比较同意	一般	比较不同意	非常不同意
联合体成员在工作中对其他成员非常信任					
在解决冲突时，联合体内各成员会联合解决问题					
联合体能通过各单位的组织协同，快速有效解决棘手问题					
贵公司对家庭农场提供的农产品质量非常满意					

39. 贵公司是否已经完全实现了进入联合体时设想的目标：

(1)已经完全实现

(2)相信再过一段时间就能实现

(3)还需要较长的时间才能实现

(4)很难实现

40. 您认为将来联合体的发展如何：

(1)好　　(2)较好　　(3)一般　　(4)不太好　　(5)不好

41. 您认为限制联合体发展有哪些因素:(可多选)

(1)人才储备匮乏　(2)缺乏优势产品　(3)资金短缺　(4)产业标准不完善　(5)农产品流通和经营环境不宽松　(6)其他_____

42. 贵公司认为后期联合体发展应在哪方面加强完善,对联合体未来发展有没有更好建议？

_____

八、企业与联合体内农户的关系

43. 公司具体采用哪些措施带动农户增收？_____

_____。

44. 通过与农户的合作,贵公司在下列哪些方面得到了好处(可多选)：

(1)保证了原料的供应

(2)为了保证收购农产品的质量

(3)减低了市场交易成本

(4)为了稳定农产品的收购价格

(5)获得了政府的支持

(6)其他

45. 贵公司在与农户的合作过程中,农户有没有违约行为？ ○没有　○有;若有,主要原因是(可多选)：

(1)卖给出价高的第三者　(2)质量不符合要求　(3)交货时间不及时

(4)数量达不到要求

九、企业与联合体内合作社的关系

46. 您认为联合体内合作社的盈利能力能否逐年上升:

(1)不可能　(2)可能不会　(3)持平　(4)可能会　(5)一定会

47. 您认为联合体内合作社是否具有成长空间:

(1)可能会缩小　(2)不会成长　(3)可能会成长　(4)有很大空间

十、其他方面

48. 贵公司主要销售渠道(可多选):

(1)与批发市场达成销售关系　(2)企业收购　(3)网上电子平台　(4)其他

49. 贵公司在销售方面存在哪些困难(可多选):

(1)销售净利润太低　(2)销售渠道不畅通　(3)没有知名度　(4)产品附加值低

50. 贵公司收购产品时,是否根据原材料质量差异,支付不同价格:

(1)是　(2)否

51. 贵公司收购原材料时,是否高于市场价格?○没有 ○有;若有,收购农产品价格平均高于市场价格的比例:

(1)5%以下　(2)5%—10%　(3)10%—15%　(4)15%—20%

(5)20%以上

52. 目前,企业经营面临的主要困难有哪些(可多选):

(1)经营规模小,总体实力弱,抗风险能力差

(2)产品附加值低,同质化严重,缺乏竞争力

(3)投融资渠道不稳定,资金存在缺口

(4)市场占有率和市场增长率不高

(5)人工成本上升

(6)原材料价格上涨

(7)其他_____

53. 是否获得过有关行政主管部门的优惠政策及资金扶持,若有是多少:

(1)是,具体金额:_____ (2)否

54. 本企业科研状况:

(1)设有单独研发部门 (2)无研发部门,与科研院所有固定联系

(3)无研发部门,与科研院所无固定联系

55. 未来是否有技术创新方面的投入:

(1)1—3年内有该计划 (2)3年以上有该计划 (3)无计划

56. 制约贵企业所在联合体的外部因素(多选):

(1)融资成本过高 (2)生产经营用地受限 (3)生产经营用水、电成本过高 (4)政府扶持政策落实不到位 (5)农产品流通和经营环境不宽松 (6)其他_____

57. 制约贵企业所在联合体的内部因素(多选):

(1)资金短缺 (2)人才储备匮乏 (3)缺乏优势产业化项目

(4)联合体内部管理存在缺陷 (4)其他_____

附件2 联合体农民专业合作社问卷调查

尊敬的女士/先生：

您好！为了研究安徽省联合体的发展情况，我们目前正在对联合体发展的相关信息进行调研，您的参与对我们的研究起着非常重要的作用。问卷所有数据仅用于学术研究，不用于任何商业用途，请您放心。再次感谢您的合作！

下列指标是可能影响联合体绩效的相关因素，请您根据您的实际情况作答，请您在符合情况的选项上打对勾，注明多选的可多个选项，其余均为单选，未有选项的可直接写。谢谢！

一、基本情况

1. 合作社名称：_____。所在联合体的名称：_____。
2. 合作社创立年份：_____。
3. 专业管理人员总数：_____。
4. 带动农户数：_____。
5. 合作社正式成员户数：_____。
6. 您所在的农民专业合作社是_____年加入联合体。

二、联合体产生的经济效益

7. 请根据贵合作社实际经营情况填写下列表格:

	2016 年	2017 年	2018 年	2019 年
营业额				
投入额				
总资产				
总负债				
员工数				
农民培训支出				
专利技术				

8. 联合体与合作社发生的交易额占合作社年收入的比例:
（1）30%以下　　（2）30%—50%　　（3）50%—70%　　（4）70%—90%　　（5）90%以上

9. 您所在的合作社在进入联合体后,是否存在融资或者资金短缺的问题？○没有　○有；若有,您是怎么解决这个问题的:＿＿＿＿＿＿＿。

三、联合体产生的社会效益

10. 您认为联合体建成以来对当地综合发展起到了一个怎么样的作用（可多选）:

(1) 提高了当地的就业水平

(2) 带动农户从事专业化生产

(3) 带动了其他相关企业的发展

(4) 增加了本地的财政收入

11. 联合体带动地方闲散劳动力就业的能力:

(1)强　　(2)较强　　(3)一般　　(4)较弱　　(5)弱

12. 联合体对带动相关产业规模的扩大的能力：

(1)强　　(2)较强　　(3)一般　　(4)较弱　　(5)弱

13. 您认为联合体如何帮扶带动其他企业的发展(可多选)：

(1)发挥桥梁和纽带作用,协调好企业与政府、金融机构、市场之间的关系。

(2)发挥助推作用,整合优势资源,推进分工协作,加强企业之间的互信合作。

(3)发挥监督作用,加强行业自律和自我管理的行为。引导企业建立完善的生产、质量标准。

(4)发挥参谋的作用,及时整合现代农业产业的实时信息和新的政策。

(5)无

四、联合体内资源共享情况

14. 贵合作社在联合体内能获得需要的有效信息、生产资料的及时程度：

(1)高　　(2)较高　　(3)一般　　(4)较低　　(5)很低

15. 联合体之间成员沟通顺畅,信息传递效率程度：

(1)高　　(2)较高　　(3)一般　　(4)较低　　(5)很低

16. 共享的信息、生产资料在联合体内得到有效利用程度：

(1)高　　(2)较高　　(3)一般　　(4)较低　　(5)很低

17. 联合体内共享的资料、生产资料满足工作需要程度：

(1)高　　(2)较高　　(3)一般　　(4)较低　　(5)很低

18. 联合体内共享的资料、生产资料及时更新程度：

(1)高　　(2)较高　　(3)一般　　(4)较低　　(5)很低

五、联合体内制度规范情况

19. 合作社进行技术改进的频率:

(1)高　(2)较高　(3)一般　(4)较低　(5)很低

20. 合作社是否具有农产品示范基地:

(1)是　(2)否

21. 合作社是否有完整、详细的产品交易记录:

(1)是　(2)否

22. 合作社是否统一采购农资投入、统一收购及销售农产品:

(1)是　(2)否

23. 合作社是否拥有标准化生产技术:

(1)是　(2)否

24. 合作社有以下哪些资产(可多选):

(1)绿色无公害产品　(2)食品质量认证　(3)著名商标　(4)专利 (5)其他

25. 合作社有专门的人员和团队参与管理联合体运营流程:

(1)是　(2)否

26. 联合体业务处理和运营是否有标准的流程和制度文本:○没有 ○有;若有,您认为是否合理:

(1)非常不合理　(2)比较不合理　(3)一般　(4)比较合理　(5)非常合理

27. 联合体拥有完善的问题处理流程,问题处理效率高并且效率显著:

(1)非常不同意　(2)比较不同意　(3)一般　(4)比较同意　(5)非常同意

28. 联合体是否具有成员激励规章制度?○没有 ○有;若有,您认为是否满意该规章制度:

(1)非常不满意 (2)比较不满意 (3)一般 (4)比较满意 (5)非常满意

29. 联合体是否具有成员监督制度？○没有 ○有；若有，您认为是否满意该规章制度：

(1)非常不满意 (2)比较不满意 (3)一般 (4)比较满意 (5)非常满意

六、联合体内制度执行情况

30. 合作社在联合体工作过程中利益分配合理程度：

(1)高 (2)较高 (3)一般 (4)较低 (5)很低

31. 联合体对工作范围和职责划分清楚合理，组织成员对各自工作任务清楚：

(1)非常不同意 (2)比较不同意 (3)一般 (4)比较同意 (5)非常同意

32. 贵合作社员工对联合体的规章制度的了解程度：

(1)高 (2)较高 (3)一般 (4)较低 (5)很低

33. 贵合作社员工对联合体运作流程的了解程度：

(1)高 (2)较高 (3)一般 (4)较低 (5)很低

34. 请您客观评价联合体规章制度完善、纪律严明程度：

(1)高 (2)较高 (3)一般 (4)较低 (5)很低

35. 请您客观评价联合体内部管理合理程度：

(1)高 (2)较高 (3)一般 (4)较低 (5)很低

36. 联合体各成员能共同进行生产计划的制定和执行协作：

(1)非常不同意 (2)比较不同意 (3)一般 (4)比较同意 (5)非常同意

37. 联合体制度仍有需要完善之处：

(1)非常不同意 (2)比较不同意 (3)一般 (4)比较同意 (5)非常同意

38. 联合体制度能根据联合体发展以及市场发展不断进行自我完善：

(1)非常不同意 (2)比较不同意 (3)一般 (4)比较同意 (5)非常同意

39. 您对联合体哪些方面比较满意(可多选)：

(1)利益分配　(2)任务分配　(3)管理机制　(4)其他_____

40. 您认为联合体存在那些需要改进的地方(可多选)：

(1)联合体利益分配不均

(2)联合体管理机制需要改进

(3)联合体任务分配不合理,使某方负担过重

(4)其他_____

41. 请你评价企业遵守并且履行联合体内的各项合同、制度的程度：

(1)高　(2)较高　(3)一般　(4)较低　(5)很低

42. 请你评价家庭农场遵守并且履行联合体内的各项合同、制度的程度：

(1)高　(2)较高　(3)一般　(4)较低　(5)很低

43. 贵合作社是否对家庭农场进行培训？○没有　○有；若有,请您评价合作社对农场所做的培训有用程度：

(1)高　(2)较高　(3)一般　(4)较低　(5)很低

44. 贵合作社认为家庭农场生产的农产品质量如何：

(1)好　(2)较好　(3)一般　(4)不太好　(5)不好

七、合作社对联合体稳定性认知状况

45. 联合体成员在工作中对其他成员保持信任程度：

(1)高　(2)较高　(3)一般　(4)较低　(5)很低

46. 在解决冲突时,联合体内各成员会联合解决问题：

(1)非常不同意　(2)比较不同意　(3)一般　(4)比较同意　(5)非常同意

47. 联合体能通过各单位的组织协同,快速有效解决棘手问题：

(1)非常不同意　(2)比较不同意　(3)一般　(4)比较同意　(5)非常同意

48. 您所在的合作社是否已经完全实现了进入联合体时设想的目标：

(1)已经完全实现了

(2)相信再过一段时间就能实现

(3)还需要较长的时间才能实现

(4)很难实现

49. 你认为将来联合体的发展如何:

(1)好　　(2)较好　　(3)一般　　(4)不太好　　(5)不好

50. 你认为限制联合体发展有哪些因素(可多选):

(1)人才储备匮乏　(2)缺乏优势产品　(3)资金短缺　(4)很难实现

(5)农产品流通和经营环境不宽松　(6)其他

51. 贵合作社认为后期联合体发展应在哪方面加强完善,对联合体未来发展有没有更好建议?

八、其他补充

52. 合作社如果与企业或农户中任意一方产生纠纷,通过哪种途径解决的?

(1)通过法院解决　　(2)通过第三方协商解决　　(3)通过双方协商解决　(4)不了了之

53. 合作社为家庭农场提供的服务有哪些(可多选):

(1)生产技术指导　(2)农机服务　(3)原料供应　(4)组织培训　(5)市场信息　(6)其他

54. 合作社目前发展中最主要的困难是什么(可多选):

(1)自然灾害频发　(2)资金缺乏　(3)缺乏管理、技术等专业人才(4)用电价格高、用地手续难办　(5)其他

55. 参与联合体对自身经营发展的促进作用是否显著增强:

(1)不显著　(2)不太显著　(3)一般　(4)较显著　(5)非常显著

56. 您对农民专业合作社有什么期望或者建议?

附件3 联合体家庭农场问卷调查

尊敬的女士/先生:

您好! 为了研究安徽省联合体的发展情况,我们目前正在对联合体发展的相关信息进行调研,您的参与对我们的研究起着非常重要的作用。问卷所有数据仅用于学术研究,不用于任何商业用途,请您放心。再次感谢您的合作!

下列指标是可能影响联合体绩效的相关因素,请您根据您的实际情况作答,请您在符合情况的选项上打对勾,注明多选的可多个选项,其余均为单选,未有选项的可直接写。谢谢!

一、基本情况

您的性别:①男 ②女

您的年龄:①30岁及以下 ②31—40岁 ③41—50岁 ④51岁及以上

您的家庭一共有几口人:①3人以下 ②3—5人 ③5人以上

您的文化程度:①小学及以下 ②初中 ③中专或高中 ④大专及以上

您的务农的年限:①0—10年 ②11—15年 ③16—20年 ④21—25年 ⑤25年以上

1. 家庭农场名称:_____,所在联合体的名称:_____。

2. 您所在的家庭农场成立于_____年,在_____年加入联合体。

3. 贵农场种植的作物有_____,种植面积为_____,农场养殖的主要动物有_____,养殖数量(存栏)_____头\只\尾。

4. 农场的土地:经营土地_____亩,共分_____块,单块最大_____亩,其中转入土地_____亩,涉及户数_____户,来自_____个村,年均租金_____元/亩。

5. 您所在的家庭农场经营类型:

(1)粮食种植 (2)瓜果蔬菜 (3)畜禽养殖 (4)渔业 (5)种养结合均衡 (6)其他

二、联合体产生的经济效益

6. 请根据贵家庭农场实际经营情况填写下列表格:

	2016 年	2017 年	2018 年	2019 年
营业额(万元)				
投入额(万元)				
总资产(万元)				
总负债(万元)				
员工数				
打农药次数				
有机化肥每亩使用量(公斤)				
节水灌溉面积				
有效灌溉面积				

7. 您所在的家庭农场与联合体发生的交易额占家庭农场年收入的比例:

(1)30%以下 (2)30%—50% (3)50%—70% (4)70%—

90%　　（5）90%以上

8. 您所在的家庭农场在进入联合体后,是否存在融资或者资金短缺的问题:○没有○有;是否已解决:○没有○有;如已解决,您是怎么解决这个问题的?＿＿＿＿＿＿＿。

9. 您所在的家庭农场是否有参加农业保险:

（1）参加了政策性保险　　（2）参加了商业性保险　　（3）没有参加

10. 您认为保险是否能有效规避经营风险:

（1）非常不同意　（2）比较不同意　（3）一般　（4）比较同意（5）非常同意

三、联合体产生的社会效益

11. 您所在的家庭农场的劳动力能够满足生产需求的程度:

（1）充足　（2）比较充足　（3）正好满足　（4）比较紧缺　（5）很紧缺

12. 加入联合体后,您所在的家庭农场员工收入增加了多少:

（1）5%以上　　（2）10%以上　　（3）5%之内　　（4）-5%之内（5）-10%以上

13. 联合体带动地方闲散劳动力就业的能力:

（1）强　　　（2）较强　　　（3）一般　　　（4）较弱　　　（5）弱

14. 联合体对带动相关产业规模的扩大的能力:

（1）强　　　（2）较强　　　（3）一般　　　（4）较弱　　　（5）弱

四、联合体产生的生态效益

15. 您所在的家庭农场种植的土地是否得到了充分利用:

（1）高　　（2）较高　　（3）一般　　（4）较低　　（5）很低

16. 同一块地是否会考虑轮换种植? ○考虑 ○不考虑;若考虑,每年的土地使用重复种率:

(1)高　　(2)较高　　(3)一般　　(4)较低　　(5)很低

17. 肥料投入数量依据：

(1)土壤肥力　　(2)作物品种　　(3)去年产量　　(4)习惯经验

18. 打药及用药情况依据：

(1)病虫害情况　　(2)作物品种　　(3)习惯经验

19. 您所在的家庭农场的秸秆处理方式：

(1)机械化还田　　(2)卖给养殖场　　(3)卖给造纸厂、发电厂
(4)回收再利用　　(5)其他

20. 养殖类农场中各种畜禽粪便的处理方式：

(1)直接排放　　(2)发酵后做有机肥　　(3)出售　　(4)发酵后做饲料
(5)做沼气沼液,沼渣直接排放　　(6)做沼气,沼渣做有机肥　　(7)其他

五、联合体内资源共享情况

21. 您所在的家庭农场会获得哪些市场信息(多选)：

(1)价格波动情况　　(2)农产品供需情况　　(3)竞争者产品情况
(4)消费者对产品的评价　(5)其他

22. 您所在的家庭农场主要通过哪些方式获取市场信息(多选)：

(1)互联网　　(2)同行告知　　(3)龙头企业或者农场合作社
(4)其他

23. 您家从合作的合作社、龙头企业得到过哪些帮助(多选)：

(1)技术及生产器械　　(2)市场信息　　(3)销售渠道　　(4)资金
(5)其他

24. 您认为您所在家庭农场还需要获得哪些帮助(多选)：

(1)技术及生产器械　　(2)市场信息　　(3)销售渠道　　(4)资金
(5)其他

25. 请根据实际情况,在您认为的空格内打钩(√)：

	高	较高	一般	较低	很低
您认为联合体内部沟通是否顺畅					
贵公司在联合体内能获得需要的有效信息、生产资料的及时程度					
共享的信息、生产资料在联合体内得到有效利用程度					
共享的资料、生产资料及时更新程度					

六、联合体内制度规范情况

26. 联合体业务处理和运营是否有标准的流程和制度文本？○没有 ○有；若有，请回答以下问题，没有请跳过此题：

	非常同意	比较同意	一般	比较不同意	非常不同意
现有的制度非常合理					
组织成员对各自工作任务清楚					
联合体拥有完善的问题处理流程，问题处理效率高					

27. 联合体是否具有成员激励规章制度：○没有 ○有；若有，您是否满意该规章制度：

（1）非常不满意 （2）比较不满意 （3）一般 （4）比较满意 （5）非常满意

28. 联合体是否具有成员监督制度：○没有 ○有；若有，您是否满意该规章制度：

（1）非常不满意 （2）比较不满意 （3）一般 （4）比较满意 （5）非常满意

七、联合体内制度执行情况

29. 您所在的家庭农场年度受培训次数：

(1)1次以下　(2)1—2次　(3)3—4次　(4)5—6次　(5)7次及以上

30. 请根据实际情况,在您认为的空格内打钩(√)：

	高	较高	一般	较低	很低
农场对于现代机械的使用程度					
对机械使用程度受培训影响的程度					
参与的培训的有效程度					
企业在联合体利益分配中的合理程度					
贵公司的员工对联合体运作流程的了解程度					
联合体规章制度完善、纪律严明程度					
联合体内部管理合理程度					
联合体各成员能共同进行生产计划的制定和执行协作					
联合体制度仍有需要完善之处					
联合体制度能根据发展不断进行自我完善					
联合体中企业履行合同状况					
联合体中合作社履行合同状况					

31. 您对联合体哪些方面比较满意(可多选)：

(1)利益分配　(2)任务分配　(3)管理机制　(4)其他_____

32. 您认为联合体存在哪些需要改进的地方(可多选)：

(1)联合体利益分配不均

(2)联合体管理机制需要改进

(3)联合体任务分配不合理,使某方负担过重

(4)其他_____

八、家庭农场对联合体稳定性认知状况

33. 请根据实际情况,在您认为的空格内打钩(√):

(1)渠道治理机制的测量

请根据您的同意程度,在每题后的表格中勾选	非常同意	比较同意	一般	比较不同意	非常不同意
A1. 您与合作企业(合作社)签订了规范的契约					
A2. 协议内容是否详细阐述双方权利和义务					
A3. 对于未来可能出现的情况,协议明确规定处理方案					
A4. 协议明确规定了出现争议时如何解决的方案					
A5. 协议明确规定出现违约后的补救措施和法定责任					
B1. 合作社会与您共同规划下一阶段的生产计划					
B2. 生产过程中出现问题,合作社会与您共同积极解决					
B3. 您与合作社(公司)之间在生产规模上会共同计划					
B4. 合作社(公司)与您之间一直保持良好沟通					
B5. 大家一起致力于进一步加强彼此之间的合作关系					

续表

请根据您的同意程度,在每题后的表格中勾选	非常同意	比较同意	一般	比较不同意	非常不同意
C1. 大家自觉遵守交易过程中的数量约定					
C2. 大家自觉遵守交易过程中的价格约定					
C3. 您会因为违约带来的道德风险而倾向于维持合约					
C4. 您会遵守协议上并未明文规定,但是行业内都默认遵守的规则					

(2) 违约倾向和续约意愿的测量

请根据您的同意程度,在每题后的表格中勾选	非常同意	比较同意	一般	比较不同意	非常不同意
D1. 您并不总是按照协议约定进行生产					
D2. 如果其他收购者收购价格更高,您会选择与他们合作					
D3. 有时,您会选择隐瞒一些事实,以便从合作者那里得到想要的东西					
D4. 在生产和销售过程中,可能会做一些协议不允许的事情					
D5. 您与现在的合作者合作愉快,愿意继续签订合约					
D6. 您愿意与现有的合作者保持长期合作关系					
D7. 合同到期之后您就不会再做了					

(3)渠道稳定性的测量

请根据您的同意程度,在每题后的表格中勾选	非常同意	比较同意	一般	比较不同意	非常不同意
E1. 您与目前合作的合作社(公司)之间存在一些不稳定因素会导致您有违约的可能					
E2. 您与目前的合作者之间关系比较稳定					
E3. 您与目前的合作者能够维持长期稳定关系					
E4. 您很有可能因为一些因素终止当前合作					

34. 您的农场目前面临的主要困难是(可多选):

(1)市场信息不准确 (2)家庭农场发展不规范 (3)对农场的认识不足 (4)缺少技术支持 (5)生产基础设施落后 (6)缺少管理经验和相关的农业知识 (7)融资困难

35. 您需要哪些方面的支持(可多选):

(1)种养技术、经营管理培训 (2)土地流转扶持与优惠 (3)市场信息及时提供 (4)生产性基础设施建设和维护

36. 你认为限制联合体发展有哪些因素(可多选):

(1)人才储备匮乏 (2)缺乏优势产品 (3)资金短缺 (4)产业标准不完善 (5)农产品流通和经营环境不宽松 (6)其他_____

37. 您认为后期联合体发展应在哪些方面加强完善,对联合体未来发展有没有更好建议?

参考文献

[1] F.E. Kast, J.E. Rosenzweig, *Organization and Management: Systems Approach*, McGraw-Hill Inc., 1970.

[2] F.A. Hayek, *Individualism and Economic Order*, University of Chicago Press, 1948.

[3] Constantine lliopoulos, "Ownership and Governance in Agricultural Cooperatives: An Update", *Agricultural Economics Research Institute (AGRERI)*, 2015.

[4] D.C. North, *Institutions, Institutional Change and Economic Performance*, Cambridge University Press, 1990.

[5] O.E. Williamson, *The Economic Institutions of Capitalism*, Free Press, 1985.

[6] O.E. Williamson, *The Economic Institutions of Capitalism: Firms, Markets, Relational Contracting*, Das Summa Summarum des Management Gabler, 2007, pp.61-75.

[7] Yoram Barzel, "Measurement Cost and the Organization of Markets", *The Journal of Law and Economical*, 1982.

[8] Arnt Buvik, George John, "When Does Vertical Coordination Improve Industrial Purchasing Relationships?", *Journal of Marketing*, 2000.

[9] Danny Pimentel Claro, Geoffrey Hagelaar, Onno Omta, "The Determinants of Relational Governance and Performance: How to Manage Business Relationships?", *Industrial Marketing Management*, 2003.

[10] Joseph P. Cannon, Ravi S. Achrol, Gregory T. Gundlach, "Contracts, Norms, and Plural form Governance", *Journal of the Academy of Marketing Science*, 2000.

[11] Ronald Coase, "The Problem of Social Cost", *The Journal of Law & Economics*, 2013.

[12] Dani Rodrik, World Bank, "Goodbye Washington Consensus, Hello Washington Confusion?", *Journal of Economic Literature*, 2006.

[13] Mario Franco, "Performance in Strategic Alliances: An Analysis of Objective and Subjective Measures", *International Journal of Entrepreneurial Venturing*, 2011.

[14] Ranjay Gulati, Tarun Khanna, Nitin Nohria, "Unilateral Commitments and the Importance of Process in Alliances", *MIT Sloan Management Review*, 1994.

[15] Mark Granovetter, "Economic Institutions as Social Constructions: A Framework for Analysis", *Acta Sociologica*, 1992.

[16] B.C. Greenwald, Joseph E. Stiglitz, "Externalities Economics with Imperfect Information and Incomplete Markets", *Quartey Journal of Economics*, 1986.

[17] John Hagedoorn, "Understanding the Cross-level Embeddedness of Interfirm Partnership Formation", *Academy of Management Review*, 2006.

[18] Kelly Hewett, R. Bruce Money, Sharma Subhash, "An Exploration of the Moderating Role of Buyer Corporate Culture in Industrial Buyer-Seller Relationships", *Journal of the Academy of Marketing Science*, 2002.

[19] George Hendrikse, "Chain Interdependencies, Measurement Problems and Efficient Governance Structure: Cooperatives Versus Publicly Listed Firms", *Social Science Electronic Publishing*, 2012.

[20] Justin Yifu Lin, Guofu Tan, "Policy Burdens, Accountability, and the Soft Budget Constraint", *American Economic Review: Papers and Proceedings*, 1999.

[21] Clare Levay, "Agricultural Co-operative Theory: A Review", *Journal of Agricultural Economics*, 1983.

[22] Steven S. Lui, HangYue Ngo, "The Influence of Structural and Process Factors on Partnership Satisfaction in Interfirm Cooperation", *Group & Organization Management*, 2005.

[23] Naresh K. Malhotra, Sung S. Kim, Ashutosh Patil, "Common Method Variance in IS Research: A Comparison of Alternative Approaches and a Reanalysis of Past Research", *Management Science*, 2006.

[24] Marglin Stephen, "What Do Bosses Do?", *Review of Radical Political Economy*, 1974.

[25] Mancur Olson, "The Logic of Collective Action", *Harvard University*, 1977.

[26] Tim Mazzarol, Elena Mamouni Limnios, Sophie Reboud, "Co-operatives as a Stra-

tegic Network of Small Firms: Case Studies from Australian and French Co-operatives", *Journal of Co-operative Organization and Management*, 2013.

[27] Miguel Hernandez-Espallardo, Narciso Arcas-Lario, Gustavo Marcos-Matas, "Farmers' Satisfaction and Intention to Continue Membership in Agricultural Marketing Co-operatives: Neoclassical Versus Transaction Cost Considerations", *European Review of Agricultural Economics*, 2013.

[28] Yolanda Montegut, Eduard Cristóbal, Frederic Marimon, "The Singularity of Agrarian Cooperatives Management: Cooperatives Positioning in the Olive Oil Sector in Spain", *Kasarinlan Philippine Journal of Third World Studies*, 2011.

[29] Mark Granovetter, "Economic Action and Social Structure: The Problem of Embeddedness", *Mark Granovetter*, 1985.

[30] Erik A.Mooi, Mrinal Ghosh, "Contract Specificity and Its Performance Implications", *Journal of Marketing*, 2010.

[31] Lubos Pastor, Pietro Veronesi, "Uncertainty about Government Policy and Stock Prices", *The Journal of Finance*, 2012.

[32] O.Pesa Maa, Torsten M. Pieper, R. Vinhas Da Silva, et al., "Trust and Reciprocity in Building Inter-personal and Inter-organizational Commitment in Small Business Co-operatives", *Journal of Co-operative Organization and Management*, 2013.

[33] Matthew J.Robson, Leonidas C.Leonidou, Constantine S.Katsikeas, "Factors Influencing International Joint Venture Performance: Theoretical Perspectives, Assessment, and Future Directions", *MIR: Management International Review*, 2002.

[34] Prem N. Shamdasani, Jagdish N. Sheth, "An Experimental Approach to Investigating Satisfaction and Continuity in Marketing Alliances", *European Journal of Marketing*, 1995.

[35] Christopher T. Street, Ann-Frances Cameron, "External Relationships and the Small Business: A Review of Small Business Alliance and Network Research", *Journal of Small Business Management*, 2007.

[36] Vítor Figueiredo, Mário Franco, "Factors Influencing Cooperator Satisfaction: A Study Applied to Wine Cooperatives in Portugal", *Journal of Cleaner Production*, 2018.

[37] Valentina Fantin, Serena Righi, Irene Rondini, Paolo Masoni, "Environmental Assessment of Wheat and Maize Production in An Italian Farmers' Cooperative", *Journal of Cleaner Production*, 2017.

[38] Robert K.Yin, *Case Study Research：Design and Methods*, 2003.

[39] Yadong Luo, "Contract, Co-operation, and Performance in International Joint Ventures", *Strategic Management Journal*, 2002.

[40] Zeying Huang, Ying Xu, Di Zeng, Chen Wang, Jimin Wang, "One Size Fits All? Contract Farming Among Broiler Producers in China", *Journal of Integrative Agriculture*, 2018.

[41] 皮尔逊：《时间中的政治：历史、制度与社会分析》，江苏人民出版社2014年版。

[42] 李平、曹仰锋：《案例研究方法：理论与范例——凯瑟琳·埃森哈特论文集》，北京大学出版社2012年版。

[43] 青木昌彦、奥野正宽、冈崎哲二：《市场的作用，国家的作用》，中国发展出版社2001年版。

[44] 伊丹广之：《启动隐形资产》，华夏出版社2000年版。

[45] 庄序莹：《公共管理学（第2版）》，复旦大学出版社2012年版。

[46] 周黎安：《转型中的地方政府：官员激励与治理》，格致出版社2008年版。

[47] 詹姆斯：《自由、市场和国家——80年代的政治经济学》，上海三联书店1989年版。

[48] 詹姆斯：《没有政府的治理》，江西人民出版社2001年版。

[49] 罗荣渠：《现代化新论——世界与中国的现代化进程》，北京大学出版社1995年版。

[50]《马克思恩格斯选集》第2卷，人民出版社1995年版。

[51] 张静：《基层政权：乡村制度诸问题》，上海人民出版社2007年版。

[52] 陈宏伟、穆月英：《社会网络、交易成本与农户市场参与行为》，《经济经纬》2020年第5期。

[53] 陈曼、甘臣林、梅昀、陈银蓉：《农户生计视角下农地流转绩效评价及障碍因子诊断——基于武汉城市圈典型农户调查》，《资源科学》2019年第8期。

[54] 陈华彬：《乡村振兴视阈下联合体研究——产生机理、运营机制和实证分析》，《重庆理工大学学报（社会科学）》2019年第3期。

[55] 成灶平：《联合体管理协同机制研究》，《北京农业职业学院学报》2021年第1期。

[56] 冯华、李君翊：《组织间依赖和关系治理机制对绩效的效果评估——基于机会主义行为的调节作用》，《南开管理评论》2019年第3期。

[57]冯伟、石汝娟、夏虹等:《农村一二三产业融合发展评价指标体系研究》,《湖北农业科学》2016年第21期。

[58]方志权:《关于发展家庭农场的对策研究》,《科学发展》2013年第12期。

[59]高杨、李佩、陆姣:《基于发展新理念的粮食类家庭农场成长绩效测评研究》,《华中农业大学学报(社会科学版)》2018年第2期。

[60]格里·斯托克:《作为理论的治理:五个论点》,《国际社会科学(中文版)》1999年第2期。

[61]郭珍、郭继台:《乡村产业振兴的生产要素配置与治理结构选择》,《湖南科技大学学报(社会科学版)》2019年第6期。

[62]韩超、肖兴志、李姝:《产业政策如何影响企业绩效:不同政策与作用路径是否存在影响差异?》,《财经研究》2017年第43期。

[63]江飞涛、耿强、吕大国、李晓萍:《地区竞争、体制扭曲与产能过剩的形成机理》,《中国工业经济》2012年第6期。

[64]姜长云:《推进农村三次产业融合发展要有新思路》,《宏观经济管理》2015年第7期。

[65]姜长云:《完善农村一二三产业融合发展的利益联结机制要拓宽视野》,《中国发展观察》2016年第2期。

[66]姜长云:《新时代创新完善农户利益联结机制研究》,《社会科学战线》2019年第7期。

[67]寇光涛、卢凤君:《适度规模、合理契约与农业产业化经营主体的目标协同机制研究》,《管理现代化》2016年第2期。

[68]刘刚:《契约型农产品渠道中的龙头企业与农户关系稳定性研究》,《现代财经(天津财经大学学报)》2015年第5期。

[69]刘景东、朱梦妍:《惯例多元性:研发联盟何以提升治理绩效》,《科技进步与对策》2020年第23期。

[70]刘畅、李赫、马国巍:《种植型家庭农场经营绩效评价——以黑龙江省为例》,《农业经济与管理》2020年第6期。

[71]李明贤、唐文婷:《地域特点、资源整合与农村一二三产业深度融合——来自湖南省涟源市的经验》,《农业现代化研究》2017年第6期。

[72]李含悦、张润清:《国外农业合作组织发展经验对联合体建设的启示》,《改革与战略》2018年第12期。

[73]李博、左停:《精准扶贫视角下农村产业化扶贫政策执行逻辑的探讨——以Y

村大棚蔬菜产业扶贫为例》,《西南大学学报(社会科学版)》2016年第4期。

[74]林毅夫:《产业政策与我国经济的发展:新结构经济学的视角》,《复旦学报(社会科学版)》2017年第2期。

[75]潘利兵:《发展农产品加工业和休闲农业积极引领农村一二三产业融合发展》,《农业工程技术》2015年第29期。

[76]俞可平:《全球治理引论》,《政治学(人大复印报刊资料)》2002年第3期。

[77]任重、薛兴利:《家庭农场发展效率综合评价实证分析——基于山东省541个家庭农场数据》,《农业技术经济》2018年第3期。

[78]申建林、姚晓强:《对治理理论的三种误读》,《湖北社会科学》2015年第2期。

[79]邵科、徐旭初:《合作社社员参与:概念、角色与行为特征》,《经济学家》2013年第1期。

[80]邵慧敏、秦德智:《内部信任对农民专业合作社绩效的影响分析》,《农村经济》2018年第3期。

[81]唐超、农峰:《现代农业产业联合体经营模式初探与路径优化——基于安徽宿州市淮河粮食产业联合体的案例研究》,《农村经济与科技》2016年第21期。

[82]汤文华:《乡村振兴战略视角下联合体发展问题及对策》,《安徽农学通报》2020年第12期。

[83]汤文华:《乡村振兴战略下联合体发展问题及对策》,《江西农业》2020年第5期。

[84]汤文华:《联合体研究文献综述》,《老区建设》2019年第6期。

[85]汤文华:《联合体合联机制研究——兼论江西"绿能"产业化联合体》,《安徽农业科学》2020年第13期。

[86]汤文华:《联合体形成机理与合联机制研究》,《北方经济》2019年第9期。

[87]吴敬琏:《产业政策面临的问题:不是存废,而是转型》,《兰州大学学报(社会科学版)》2017年第6期。

[88]吴艳、温忠麟、侯杰泰、Herbert W.Marsh:《无均值结构的潜变量交互效应模型的标准化估计》,《心理学报》2011年第10期。

[89]王恺:《新型农业生产经营主体风险管理问题探析》,《安徽农业科学》2015年第15期。

[90]王树祥:《农业产业化经营模式探讨》,《中国检验检疫》2004年第2期。

[91]王舜卿:《专业化是我国农业发展的必然趋势》,《中国农业资源与区划》1994年第1期。

[92]王晓芹:《基于利益联结机制视角下的江苏联合体发展探索研究——安徽省宿州市淮河粮食产业化联合体调研》,《市场周刊》2019年第12期。

[93]王丽佳、霍学喜:《社员对合作社满意度影响因素研究》,《华中农业大学学报(社会科学版)》2016年第1期。

[94]万俊毅、曾丽军:《合作社类型、治理机制与经营绩效》,《中国农村经济》2020年第2期。

[95]万俊毅、敖嘉焯:《企业间交易治理机制研究述评与展望》,《外国经济与管理》2013年第3期。

[96]徐健、张闯、夏春玉:《契约型渠道关系中农户违约倾向研究——基于社会网络理论和渠道行为理论的视角》,《财经问题研究》2012年第2期。

[97]徐子风、杨忠伟、王震:《多元发展诉求耦合下的农村城镇化路径——基于家庭农场发展实践的探讨》,《现代城市研究》2015年第10期。

[98]夏春玉、张闯、董春艳、梁守砚:《"订单农业"中交易关系的建立、发展与维护——以经纪人主导的蔬菜流通渠道为例》,《财贸研究》2009年第4期。

[99]段海波:《当议农业产业融合机制和农业产业化》,《改革与战略》2014年第5期。

[100]杨斌、王占岐、胡学东:《基于改进可拓物元模型的土地整治项目绩效评价及影响因素分析》,《中国土地科学》2018年第7期。

[101]杨丹、唐羽:《合谋视角下的农民专业合作社绩效与评级》,《农业技术经济》2019年第3期。

[102]杨雪、王礼力:《社员对农民专业合作社满意度的影响因素分析》,《北方园艺》2014年第21期。

[103]张琛、孔祥智:《组织合法性、风险规避与联合社合作稳定性》,《农业经济问题》2018年第3期。

[104]张琛、黄博、孔祥智:《家庭农场综合发展水平评价与分析——以全国种植类家庭农场为例》,《江淮论坛》2017年第3期。

[105]张笑寒、陈毓雯:《收入差异视角下农户对专业合作社的满意度研究——基于江苏省的农户调研数据》,《农业现代化研究》2019年第6期。

[106]庄贵军、周筱莲、徐文:《关系营销导向:量表的重新设计与检验》,《商业经济与管理》2007年第9期。

[107]周艳丽:《乡村振兴战略下联合体的培育发展研究》,《农业经济》2019年第4期。

[108]周艺珮、李松岸、兰勇:《联合体利益链接机制效果评价研究》,《农村经济与科技》2019年第6期。

[109]曾文杰:《基于合作伙伴关系的供应链协同影响因素研究》,华中科技大学2010年博士学位论文。

[110]朱雪霞:《锡山先锋家庭农场促一三产业融合发展》,《江苏农业科技报》2015年第1期。

[111]钟真、蒋维扬、赵泽瑾:《联合体的主要形式与运行机制——基于三个典型案例的研究》,《学习与探索》2021年第2期。

后　　记

本书是国家社会科学基金项目"产业融合视角下农业产业化联合体的协同机制及效益评价"(17BJY087)的最终研究成果。

我对农业产业化联合体的研究兴趣源于2014年我在安徽省农业委员会的挂职锻炼。当时随着我省农业现代化进程的不断加快,农业产业化龙头企业、农民合作社、专业大户和家庭农场等新型农业经营主体迅速发展,由新型农业经营主体组成的现代农业产业化联合体应运而生。因工作需要,委员会领导安排我参加了安徽省政府办公厅组织的现代农业产业化联合体调研,在安徽省宿州、宣城、合肥、阜阳多地开展了深入调查,完成了安徽省现代农业产业联合体发展情况调研报告,并参与了安徽省政府《安徽省扶持现代农业产业化联合体试行办法》的制定,为本课题的研究奠定了基础。

回到学校之后,我一直从事农村一二三产业融合理论与实践方面的研究,深感农业组织融合的重要性。2015年中央"一号文件"首次提出通过"推进农村一二三产业融合发展"的途径来促进农民增收。2016年中央"一号文件"再次强调,要推进农村三产深度融合。如何才能推动农村一二三产业融合？融合的机制和模式是什么？农业产业化联合体不正是推动农村一二三产业融合的一种创新模式探索吗？因此,我决心对农业产业化联合体作一个系统性的研究,并于2017年获得了国家社会科学基金项目的资助。在研究过程中,我和王瑞深感这一项目研究的复杂性,不仅涉及许多理论与实践问题,而且是中国乡村振兴的难点,我们力求研究的视角尽可能全面,以期"窥一斑而知全豹"。

在研究过程中,校内外专家围绕研究内容和调研方案,提出了富有建设性的建议。我的研究生石珊、黄韬略、奚之兵、谢林燕、刘月、朱闯等参与了问卷调查、录入及数据处理工作,本科生王后庆参与了部分数据的处理工作。在课题调研过程中,承蒙安徽省委农村工作领导小组办公室、安徽省农业农村厅、合肥市农业农村局、池州市农业农村局、宣城市发展改革委员会、芜湖市发展改革委员会、亳州市政协等单位给予了大力支持,相关县区的同志参与或支持了本课题的调研工作,对以上单位、领导、专家和同学们的支持,在此一并表示感谢!

我国著名农业经济学者、中国人民大学孔祥智教授在百忙之中为本书作了序,充分肯定了本书的理论价值和应用价值,这是本书极大的荣耀,也是对我们莫大的鼓励,特此感谢。

本书汲取和引用了国内外许多专家学者的研究成果,并尽可能在书中作了说明与注释,在此对有关专家学者一并表示感谢。

历时五年,调研、论证、修改、再调研、再论证,如此反复,终于从系统化的视角厘清了现阶段农业产业组织融合的协同机制,并整理形成此书稿。受条件因素限制,本书中难免会有不够完善之处,恳请读者批评指正。未来,我们将以此为起点,继续致力于农村一二三产业融合的研究,为开创乡村振兴新局面贡献力量。

王艳荣

2024年6月1日于经管楼

责任编辑：陆丽云
封面设计：汪　莹

图书在版编目(CIP)数据

农业产业化联合体的协同机制与绩效评价/王艳荣,王瑞 著.—北京：人民出版社,2024.8
ISBN 978-7-01-026613-8

Ⅰ.①农…　Ⅱ.①王…②王…　Ⅲ.①农业产业化-研究-中国　Ⅳ.①F320.1

中国国家版本馆CIP数据核字(2024)第108108号

农业产业化联合体的协同机制与绩效评价
NONGYE CHANYEHUA LIANHETI DE XIETONG JIZHI YU JIXIAO PINGJIA

王艳荣　王瑞　著

人民出版社 出版发行
(100706 北京市东城区隆福寺街99号)

北京汇林印务有限公司印刷　新华书店经销

2024年8月第1版　2024年8月北京第1次印刷
开本：710毫米×1000毫米 1/16　印张：20.75
字数：298千字

ISBN 978-7-01-026613-8　定价：98.00元

邮购地址 100706　北京市东城区隆福寺街99号
人民东方图书销售中心　电话 (010)65250042　65289539

版权所有·侵权必究
凡购买本社图书，如有印制质量问题，我社负责调换。
服务电话：(010)65250042